I0152239

Ben yaptım. "Onun Yolu"

Kişisel Tanıklık tarafından yazılmıştır

Elizabeth Das

Turkish

ISBN Ciltsiz 978-1-961625-69-3
ISBN Ebook veya dijital 978-1-961625-70-9

Kongre Kütüphanesi Kontrol Numarası:
"BU KİTAP Hristiyan ve din dünyasında "A" olarak derecelendirilmiştir"
Contact:nimmidas@gmail.com; nimmidas1952@gmail.com
YouTube Kanalı "Günlük Ruhsal Diyet Elizabeth Das
https://waytoheavenministry.org
1. youtube.com/@dailyspiritualdietelizabet7777/videos
2. youtube.com/@newtestamentkjv9666/videos
https://waytoheavenministry.org

Diğer formatlara ek olarak, 'Ben yaptım. "Onun Yolu"' kitapları Sesli Kitap, ciltsiz kitap ve E-kitap platformlarında mevcuttur. Kitaplara 30'dan fazla farklı dilde erişilebilmektedir.

Elizabeth Das tarafından yazılan 'Günlük Ruhsal Diyet' adlı yıllık okuma kitabına birçok dilde erişilebilir. Hem E-kitap hem de ciltsiz kitap formatlarında erişilebilir.

ÖNSÖZ

"Çünkü benim düşüncelerim sizin düşünceleriniz değil, sizin yollarınız da benim yollarım değil" diyor RAB. Çünkü gökler yerden nasıl yüksekse, benim yollarım da sizin yollarınızdan, benim düşüncelerim de sizin düşüncelerinizden öyle yüksektir." (Yeşaya 55:8-9)

Bu kitap, kendisini müjdeleme ve Rab'bin Sözü'nü öğretme hizmetine adamış olan Bayan Elizabeth Das'ın anılarından ve kısa tanıklıklarından oluşmaktadır. Kararlılık ve duanın gücüyle "O'nun yolunu" arayan Bayan Das, sizi hayatını değiştiren deneyimleri aracılığıyla kişisel bir yolculuğa çıkaracak. Hindistan'da doğup büyüyen Bayan Das, aile ibadethanesinde düzenli olarak ibadet etti. Kalbi ona Tanrı'da daha fazlası olması gerektiğini söylediği için din onu tatmin etmedi. Sık sık kiliseleri ziyaret etti ve dini organizasyonlara katıldı ancak hiçbir zaman tam olarak tatmin olmadı.

Bir gün kendi memleketi olan Hindistan'dan uzak bir ülkede gerçeği bulmak için yola çıktı. Yolculuğu, Tek Gerçek Tanrı'yı bulmak için derin bir arzu duyduğu Hindistan'ın Ahmadabad kentinde başlar. O dönemde Amerika'daki özgürlükler nedeniyle ve anavatanının dini kültür ve geleneklerinden uzakta olan Bayan Das, bu Yaşayan Tanrı'nın gerçeğini bulmak amacıyla Amerika'ya gitti. Tanrı'yı Amerika dışında hiçbir yerde bulamayacağınızdan değil, çünkü Tanrı her yerde mevcut ve her şeye kadirdir. Ancak, bu kitap onun kurtuluşuna giden yolu ve ruhunun sevgilisine duyduğu derin aşkı açıklayacağından, Tanrı Bayan Das'ı buraya götürdü.

"İsteyin, size verilecektir; arayın, bulacaksınız; kapıyı çalın, size açılacaktır. Çünkü her isteyen alır; arayan bulur; kapıyı çalana kapı açılır." (Matta 7:7-8)

Bayan Das'ı, Güney Kaliforniya'da katıldığım küçük bir kiliseye ilk girdiğinden beri, yaklaşık 30 yıldır şahsen tanıyorum. Anavatanına ve Hindistan halkına duyduğu sevgi, tüm kültürlerden ve geçmişlerden ruhları Rab'be kazanmak için derin bir arzu duyan Bayan Das için aciliyet gerektiren bir hizmettir.

"Doğruların meyvesi yaşam ağacıdır; canları kazanan bilgedir. (Süleyman'ın Özdeyişleri 11:30)

Bayan Das, Wylie, Teksas'taki ev merkezli ofisinden Tanrı Sözünü yaymak için aktif olarak çalışmaktadır. Waytoheavenministry.org adresindeki web sitesini ziyaret ederek İngilizce'den Gujarati diline çevrilmiş Kutsal Kitap Çalışmalarını edinebilirsiniz. Ayrıca Hindistan'daki kiliselerin yerlerini de bulabilirsiniz. Bu kiliselerin pastörleri Bayan Das ile aynı hakikat sevgisini paylaşmaktadır. Hindistan'da düzenlenen Yıllık Konferanslar için konuk konuşmacılar edinmek amacıyla Amerika Birleşik Devletleri'ndeki ve yurtdışındaki apostolik inanç bakanlarıyla bağlantı kurmaktadır. Bayan Das'ı n Hindistan'daki hizmeti ve çalışmaları iyi bilinmektedir. Bunlar arasında Hindistan'da pastoral bir Apostolik İncil Koleji, bir yetimhane ve gündüz bakım merkezleri bulunmaktadır. Bayan Das, Amerika'dan Hindistan'da birçok kişinin Rab İsa Mesih'i tanıdığı kiliselerin kurulmasına yardımcı olmuştur. Kendisi büyük bir inanca sahip, istikrarlı ve dualarından vazgeçmeyen bir kadındır. Bu başarıları, her şey için tamamen Tanrı'ya bağımlı ve engelli olarak yaşarken elde etmiştir. Yetersiz mali desteği, imkanlarından daha büyük olan güçlü iradesinin ve kararlılığının bir kanıtıdır. Bayan Das kendinden emin bir şekilde, "Tanrı bana her zaman destek oluyor ve benimle ilgileniyor" diyecektir. Evet, O bir şekilde bunu yapıyor ve onun ihtiyaçlarını fazlasıyla karşılıyor!

Sabahtan akşama kadar Tanrı'nın işini yapmakla meşgul olan Bayan Das, benimle ya da yardıma ihtiyacı olan herhangi biriyle dua etmeye her zaman hazırdır. Tanrı her zaman cevaptır. O boşluğun arasında duruyor, anında derin bir dua, yetki ve şefaatle. Tanrı Bayan Das'la ilgileniyor çünkü onun müjdelemeye karşı bir sevgisi var. O'nun sesini dinliyor ve "O'nun Yollarına" karşı gelmiyor. İtaat fedakârlıktan daha büyüktür, Tanrı'yı hoşnut etme tutkusuyla itaat etmek.

Bu kitabı yazmak için belirlenmiş zaman bu. Tanrı "Büyük Stratejist "tir. O'nun yolları mükemmel ve titizdir. Olaylar ve durumlar belirlenmiş zamanlarından önce gerçekleşmez. Kutsal Ruh aracılığıyla Tanrı'nın zihnini duyma ve yüreğini hissetme konusunda yönlendirilmek için dua edin. Bu kitap, O'nun yollarıyla etkilediği erkek ve kadınların yaşamlarının kalbinde yazılmaya devam edecektir.

Rose Reyes,

TEŞEKKÜRLER

Aileme ve arkadaşlarıma, özellikle de annem Esther Das'a en derin minnettarlığımı ifade ediyorum. O, bakanlığımı ilerletmeme yardımcı olan ve beni her zaman her yönden destekleyen Hristiyan bir hanımefendinin en büyük örneğidir.

Arkadaşım Rose'a beni desteklediği ve bu kitabın bazı bölümlerinin bir araya getirilmesine yardımcı olduğu için teşekkür ederim.

Dua ortağım Rahibe Veneda Ing'e de her zaman bana ulaşabildiği için teşekkür etmek istiyorum; ama en çok da hararetli duaları için teşekkür ediyorum.

Çeviri ve redaksiyonda büyük yardımları olan herkes için Tanrı'ya şükrediyorum. Bu kitabı bir araya getirmeme yardımcı olmak için zamanlarını ayıran diğer pek çok kişi için de Tanrı'ya şükrediyorum.

İçindekiler

TANRININ YOLLARI

- *Tanrı'ya gelince, O'nun yolu kusursuzdur, RAB'bin sözü denenmiştir, O'na güvenen herkes için bir siperdir. (Mezmurlar 18:30)*

- *Ama O benim izlediğim yolu bilir, Beni sınadığında altın gibi çıkacağım. Ayağım onun adımlarını tuttu, Yolunu tuttum, dönmedim. Dudaklarının buyruğundan da dönmedim, Ağzından çıkan sözleri gerekli yiyeceğimden üstün tuttum." (Eyüp 23:10-12)*

- *RAB'bi bekle, O'nun yolunu tut, ülkeyi miras almak için seni yüceltecek; kötülerin kökü kesildiğinde, bunu göreceksin. (Mezmurlar 37:34)*

- *RAB bütün yollarında doğru, bütün işlerinde kutsaldır. (Mezmurlar 145:17)*

- *Tanrınız RAB'bin buyruklarını yerine getirir, O'nun yollarında yürürseniz, RAB size ant içtiği gibi, sizi kendisi için kutsal bir halk yapacaktır. (Tesniye 28:9)*

- *Birçok kişi gidip, "Gelin, RAB'bin dağına, Yakup'un Tanrısı'nın Tapınağı'na çıkalım" diyecek. Bize yollarını öğretsin, biz de yollarında yürüyelim. Çünkü Yasa Siyon'dan, RAB'bin sözü Yeruşalim'den çıkacak. (Yeşaya 2:3)*

- *Yumuşak huylulara yargıda yol gösterecek, Yumuşak huylulara yolunu öğretecek. (Mezmurlar 25:9)*

Kitap Referansı: KUTSAL KİTAP, Kral James Versiyonu

Bölüm 1

Başlangıç: Gerçeğin Ruhunu Ararken.

1980 yılının Haziran ayında, her şeyin yaratıcısı olan Tanrı hakkındaki gerçeği bulmak için güçlü bir arzuyla Amerika Birleşik Devletleri'ne geldim. Hindistan'da Tanrı'yı bulamıyor değildim çünkü Tanrı her yerdeydi ve evreni varlığı ve görkemiyle dolduruyordu; ama bu benim için yeterli değildi. Mümkünse O'nu şahsen tanımak istiyordum.

"Ve sanki büyük bir kalabalığın sesini, çok sayıda suyun sesini ve güçlü gök gürlemelerinin sesini işittim, 'Alleluia' diyorlardı: Çünkü her şeye gücü yeten Rab Tanrı egemenlik sürüyor." (Vahiy 19:6)

Tanrı beni Amerika Birleşik Devletleri'ne yönlendirdiğinde olağanüstü bir yolculuktaydım. Gitmeyi seçtiğim yerin orası olduğunu düşünmüştüm ama zaman beni yanılttı. Tanrı'nın bu kararda sandığımdan daha fazla payı olduğunu anlamaya başladım. Bu, düşüncelerimi ve yaşamımı değiştirmenin "O'nun Yolu" idi.

Amerika, din özgürlüğü sunan, çok kültürlü insanların kaynaştığı, zulüm korkusu olmadan dini haklarını kullanmak isteyenlere özgürlükler ve koruma sağlayan bir ülkedir. Tanrı beni yönlendirmeye başladıkça bu ülkedeki bulanık sularda sıçramalar yapmaya başladım.

Sanki bana yol göstermek için basamak taşları döşüyordu. Bu "taşlar", geri dönüşün olmayacağı vahye giden uzun ve çalkantılı bir yolculuğun temelini oluşturuyordu. Ödül, inancımın her dönemecinde ve sınavında O'nun Yollarıyla yaşamaya değecekti.

"Tanrı'nın Mesih İsa'daki yüce çağrısının ödülü için hedefe doğru ilerliyorum. Bu nedenle, kusursuz olanların çoğu böyle düşünsün; aşka türlü düşünürseniz, Tanrı bunu bile size açıklayacaktır. Ne var ki, şimdiden erişmiş olduğumuz yerde, aynı kural uyarınca yürüyelim, aynı şeye dikkat edelim." (Filipililer 3:14-16)

Kaliforniya'ya vardığımda, bu süre zarfında çok fazla Doğu Kızılderilisi görmedim. Amerika'daki yaşama alıştım ve burada ne için bulunduğuma odaklandım. İncil'in Yaşayan Tanrısını, havariler Yuhanna, Petrus ve Pavlus'un ve çarmıhı taşıyıp İsa'yı takip eden diğerlerinin Tanrısını arıyordum.

Yaşayan Tanrı'nın Sözü olan Kutsal Kitap'a göre birçok muhteşem mucize, işaret ve harikalar yaratan Yeni Ahit'in Tanrısı'nı bulmaya cesaret ettim. Beni gerçekten tanıdığını düşünecek kadar küstah olabilir miydim? Tanrı'da daha fazlası olmalıydı. Güney Kaliforniya'da bulunan bir metropol olan Los Angeles bölgesinde çeşitli mezheplerden birçok kiliseyi ziyaret etmeye başladım. Daha sonra Los Angeles'ın doğusunda West Covina adlı bir şehre taşındım ve o bölgedeki kiliseleri de ziyaret etmeye başladım. Muhtemelen dünyadaki diğer tüm ülkelerden daha fazla tanrısı olan çok dindar bir ülkeden geliyorum. Ben her zaman tek bir Tanrı'ya, Yaratıcı'ya inandım. Kalbim onu kişisel bir şekilde tanımaya çalıştı. O'nun kesinlikle var olduğunu ve O'nu kişisel olarak tanımaya duyduğum tutkulu arzu nedeniyle beni bulabileceğini düşündüm. Durmadan aradım ve Kutsal Kitap'ı sürekli okudum ama bir şeyler hep eksikti. Ağustos 1981'de Birleşik Devletler Posta Ofisi'nde işe başladım ve burada iş arkadaşlarıma Tanrı hakkında sorular sormaya başladım. Ayrıca Hıristiyan radyosunu dinlemeye başladım ve burada farklı vaizlerin Kutsal Kitap'la ilgili konuları tartıştıklarını ama kendi aralarında bile aynı fikirde olmadıklarını duydum. Düşündüm ki, bu kesinlikle kafa karışıklığı yaratan bir Tanrı olamazdı. Bu dini ikilemin doğru bir cevabı olmalıydı. Kutsal Yazıları araştırmam ve dua etmeye devam etmem gerektiğini biliyordum. Birçok Hıristiyan iş arkadaşım da benimle konuştu ve tanıklıklarını paylaştı. Rab hakkında bu kadar çok şey bilmelerine şaşırmıştım. O zaman Tanrı'nın, muhteşem gerçeğinin vahyini almam için bir zaman belirlediğini bilmiyordum.

Kardeşim şeytan tarafından ele geçirilmişti ve bir mucizeye ihtiyacı vardı. Mucizelere ve bu şeytani güçlerden kurtuluşa inanan Kutsal Kitap'a inanan Hıristiyanları aramak zorunda kaldım. Bu şeytani ruhlar hiç acımadan kardeşimin zihnine işkence ediyorlardı. Ailem onun için son derece endişeliydi ve onu bir psikiyatriste götürmekten başka çaremiz yoktu. Kardeşime eziyet etmenin ve onu yok etmenin şeytanın hoşuna gittiğini biliyordum. Bu İncil'de bahsedilen ruhsal savaştı. Çaresizlik içinde kardeşimi psikiyatriste götürdük. Onu değerlendirdikten sonra bize İsa'ya inanıp inanmadığımızı sordu. İnandığımızı söyledikten sonra iki kilisenin adreslerini ve telefon numaralarını yazmaya başladı ve bana verdi. Eve döndüğümde, her iki papazı da aramak niyetiyle bilgilerin yazılı olduğu iki kağıdı da şifonyerimin üzerine koydum. Tanrı'nın beni doğru kiliseye ve pastöre yönlendirmesi için dua ettim. Amerika'daki kiliselerle ilgili çok olumsuz şeyler duymuştum, bu yüzden çok temkinli davranıyordum. Rab, kendisini sevenleri tüm gerçeğe yönlendirmek için peygamberleri, öğretmenleri ve vaizleri kullanır. Rab benim lambam ve karanlığımı aydınlatan ışığım oldu. Tanrı kesinlikle kardeşimi de karanlığından çıkaracaktı. Sonsuz bir karanlık denizi gibi görünen bu yerde Tanrı'nın beni bulacağına gerçekten inanıyordum; çünkü bu ailem için çok karanlık ve zor bir dönemdi.

"Sözün ayaklarıma kandil, yoluma ışıktır."(Mezmurlar 119:105)

"Dua ve Oruç."

Her iki adresi de şifonyerimin üzerine koydum. Her iki pastörü de aradım ve her ikisiyle de iletişim kurdum. Aynı anda, konuşmama devam edebileceğim pastörün Rab tarafından yönlendirilmesi için dua ediyordum. Bu sırada şifonyerdeki bir numaranın kaybolduğunu fark ettim. Dikkatlice aradım ama bulamadım. Artık benim için sadece bir numara mevcuttu. O numarayı aradım ve Kaliforniya'da evimden sadece 10 dakika uzaklıkta bulunan kilisenin papazıyla konuştum. Kardeşimin bugün özgür olacağını düşünerek kardeşimi bu kiliseye götürdüm ama öyle olmadı. Kardeşim o gün tam olarak kurtulamadı. Bu yüzden papaz bize bir Kutsal Kitap çalışması teklif etti. Biz de teklifini kabul ettik ve üye olma niyetimiz olmadan, sadece ziyaretçi olarak kiliseye gitmeye başladık. Bunun hayatımın dönüm noktası olacağını çok az biliyordum. O zamanlar Pentekostal yöntemine ve onların dillerde konuşma inancına karşıydım.

Kilisenin azizleri inançlarında çok samimiydiler. Özgürce ibadet ettiler ve oruç çağrısı yaptığında pastöre itaat ettiler çünkü kardeşimi kontrol eden ruhsal güçler ancak Tanrı Sözü'nün dediği gibi "dua ve oruçla" dışarı çıkabilirdi. Bir keresinde İsa'nın öğrencileri bir şeytanı kovamadılar. İsa onlara bunun imansızlıklarından kaynaklandığını söyledi ve onlar için hiçbir şeyin imkânsız olmayacağını söyledi.

"Bu türden olanlar ancak dua ve oruçla çıkar." (Matta 17:21)

Hepimiz birkaç kez birkaç gün oruç tuttuk ve kardeşimin çok daha iyiye gittiğini görebiliyordum. Pastörle evimde Kutsal Kitap çalışmaları yapmaya devam ettik, bize öğrettiği her şeyi anlıyorduk; ancak su vaftizini açıklamaya başladığında, yorumu beni rahatsız etti. Kutsal yazıları bize açıkça göstermesine rağmen, "İsa" adına vaftiz edildiğini hiç duymamıştım. Orada yazıyordu ama ben görememiştim. Belki de anlayışım körleşmişti.

Papaz gittikten sonra kardeşime dönüp şöyle dedim" :Aynı İncil'i kullanan tüm vaizlerin farklı fikirler ürettiğini fark ettin mi? Artık bu vaizlerin söylediklerine gerçekten inanmıyorum." Kardeşim bana dönerek, "O haklı!" dedi. Kardeşime çok kızdım ve ona şöyle sordum: "Yani bu papazın öğretisine inanacak mısın? Ben buna inanmıyorum." Bana tekrar baktı ve "O doğruyu söylüyor" dedi. Tekrar cevap verdim, "Bütün vaizlere inanıyorsun ama bana inanmıyorsun!" Kardeşim yine ısrar etti, "O haklı." Bu kez kardeşimin yüzünün çok ciddi olduğunu görebiliyordum. Daha sonra Kutsal Kitap'ı aldım ve ilk kilisenin tarihinin anlatıldığı Elçilerin İşleri Kitabı'nı incelemeye başladım. Çalıştım, çalıştım; yine de nedenini anlayamadım, Tanrı'nın YOLU vardı. Tanrı'nın her insanla farklı şekilde ilgilendiğine inanıyor musunuz? Burada her kaynak ve medya aracılığıyla Tanrı'yı arıyordum. Bu süre zarfında Tanrı'nın yüreğime, "Vaftiz edilmelisin" diye seslendiğini duydum. O'nun buyruğunu duydum ve bu sözleri başka hiç kimsenin bilmediği bir şekilde yüreğimde sakladım.

O gün geldiğinde Papaz yanıma geldi ve bana bir soru sordu: "Peki şimdi vaftiz olmaya hazır mısın?" Daha önce hiç kimsenin bana bu soruyu sormamış olmasına şaşırarak ona baktım. Bana Rab İsa'nın vaftiz edilmem konusunda kendisiyle konuştuğunu söyledi, ben de e"vet" dedim. Tanrı'nın bu konuda Pastör'le konuşmasına çok şaşırmıştım. "Umarım Tanrı bu adama her şeyi söylemiyordur, çünkü düşüncelerimiz her zaman doğru ve hatta uygun olmayabilir" diye düşünerek kiliseden ayrıldım.

Günahın Bağışlanması için Vaftiz.

Vaftiz günüm geldi çattı. Papazdan beni Baba, Oğul ve Kutsal Ruh'un adıyla vaftiz ettiğinden emin olmasını istedim. Papaz bana sürekli "Evet, bu İsa'nın adı" diyordu. Endişeliydim ve üzgündüm; eğer beni Baba, Oğul ve Kutsal Ruh adına vaftiz etmezse bu adamın beni cehenneme göndereceğini düşündüm. Bu yüzden ona Baba, Oğul ve Kutsal Ruh'un adıyla vaftiz ettiğinden emin olması için tekrarladım ama papaz da tekrarlamaya devam etti. "Evet, onun adı İsa." Bu Pastörün ne demek istediğimi gerçekten anlamadığını düşünmeye başladım. Tanrı vaftiz olmam konusunda benimle konuştuğuna göre, O'na itaatsizlik edemezdim. O zaman bunu anlamamıştım, ama Tanrı'nın adını tam olarak bilmeden O'na itaat ediyordum ve Kurtuluş'un İsa'nın Adı'ndan başka bir adla olmadığını tam olarak anlamamıştım.

"Başka hiç kimsede kurtuluş yoktur; çünkü göklerin altında insanlar arasında kurtulmamız için verilmiş başka bir ad yoktur." (Elçilerin İşleri 4:12)

*"Sizler benim tanıklarımsınız, diyor Rab ve seçtiğim **kulum**: Beni tanıyıp bana inanın ve benim O olduğumu anlayın: Benden önce Tanrı yoktu, benden sonra da olmayacak. Ben, ben bile, Rab'bim; ve benden başka **kurtarıcı** yoktur."(Yeşaya 43:10-11)*

Önce, sonra ve sonsuza dek, sadece tek bir Tanrı ve Kurtarıcı vardı, var ve var olacaktır. Burada bir insan hizmetkâr rolünde olacak, Yehova Tanrı **Ben O'yum** diyor.

O ki, Tanrı biçiminde olduğu halde, Tanrı'yla eşit olmayı haksızlık saymadı. Tanrı: Ama kendini değersiz kıldı, hizmetkâr kılığına girdi ve insan benzeyişine büründü: İnsan kılığına girerek kendini alçalttı ve ölüme, çarmıh ölümüne bile boyun eğdi. (Filipililer 2:6-8)

İsa insan bedenindeki Tanrı'ydı.

*Tanrısallığın gizemi tartışmasız büyüktür: **Tanrı bedende göründü**, (1 Timoteos 3:16)*

Ruh olan bu tek Tanrı neden bedene büründü? Bildiğiniz gibi, ruhun eti ve kanı yoktur. Eğer O'nun kan dökmeye ihtiyacı olsaydı, o zaman bir insan bedenine ihtiyacı olurdu.

İncil der ki:

*Bu nedenle kendinize ve Kutsal Ruh'un **kendi kanıyla** satın aldığı **Tanrı'nın kilisesini** beslemeniz için sizi gözetmen yaptığı bütün sürüye dikkat edin. (Elçilerin İşleri 20:28)*

Kiliselerin çoğu Tanrı'nın birliğini ve İsa'nın adının gücünü öğretmez. İnsan Mesih İsa olarak beden almış bir Ruh olan Tanrı, öğrencilerine büyük görevi vermiştir:

*"Bu nedenle siz gidin ve bütün ulusları **kendi adlarıyla** vaftiz ederek onlara öğretin. Baba'nın, Oğul'un ve Kutsal Ruh'un (tekil)." (Matta 28:19)*

Öğrenciler İsa'nın ne demek istediğini açıkça biliyorlardı, çünkü Kutsal Yazılarda yazıldığı gibi O'nun Adıyla vaftiz etmeye gittiler. Her vaftiz edişlerinde "**İsa'nın** Adıyla" demeleri beni hayrete düşürmüştü. Kutsal Yazılar Elçilerin İşleri Kitabı'nda bunu desteklemektedir.

O gün İsa'nın adıyla suya dalarak vaftiz oldum ve sudan çıktığımda sanki suyun üzerinde yürüyormuşum gibi hafiflemiş hissettim. Ağır bir günah dağı üzerimden kalkmıştı. Bu ağırlığı üzerimde taşıdığımı bilmiyordum. Ne muhteşem bir deneyimdi! Hayatımda ilk kez kendime "küçük günahları olan bir Hıristiyan" dediğimi fark ettim, çünkü hiçbir zaman büyük bir günahkâr olduğumu hissetmemiştim. Neye inandığımdan bağımsız olarak, günah yine günahtı. Günah işliyor ve günah düşünüyordum. Artık yalnızca Tanrı'nı nvarlığına inanmıyor, Tanrı Sözü'nün söylediklerine katılarak sevinç ve gerçek Hıristiyanlığı deneyimliyordum.

Tekrar Kutsal Kitap'a döndüm ve aynı ayeti araştırmaya başladım. Tahmin edin ne oldu? Anlayışımı açtı ve ilk kez açıkça gördüm ki, Vaftiz sadece İSA'NIN ADIYLA yapılır.

O zaman Kutsal Yazıları anlayabilsinler diye onların anlayışını açtı (Luka 24:45)

Kutsal yazıları çok net görmeye başladım ve Şeytan'ın, kan dökmek için beden almış olan En Yüce Tanrı'nın planını ortadan kaldırmak için ne kadar işbirlikçi olduğunu düşündüm. Kan **İSA**'nın İsmi altında gizlidir. Şeytan'ın saldırısının İsme olduğunu hemen anladım.

*"Tövbe edin ve günahlarınızın bağışlanması için her biriniz **İsa Mesih'in adıyla** vaftiz olun ki, Kutsal Ruh armağanını alasınız." (Elçilerin İşleri 2:38)*

Bu sözler, Yeni Ahit'teki ilk kilisenin başlangıcında, Pentikost Günü'nde Havari Petrus'un söyledikleriydi. Vaftizimden sonra Los Angeles'ta bir arkadaşımın kilisesinde Kutsal Ruh armağanını aldım.

Bu, Kutsal Ruh'un vaftizi konusunda Kutsal Yazılar'a göre bilinmeyen bir dilde ya da dillerde konuşmamla ortaya çıktı:

"Petrus daha bu sözleri söylerken, Kutsal Ruh sözü işitenlerin hepsinin üzerine indi. Petrus'la birlikte gelen sünnetlilerden iman edenler, öteki uluslardan olanların üzerine de Kutsal Ruh armağanı döküldüğü için şaşkına döndüler. Çünkü onların ***dillerle konuştuklarını*** *ve Tanrı'yı yücelttiklerini duydular."*
(Elçilerin İşleri 10: 44-46)

İnsanların vaftiz törenini değiştirdiklerini açıkça anladım. Bugün bu kadar çok dine sahip olmamızın nedeni budur. Bu ilk imanlılar daha sonra yazılmış olan Kutsal Yazılar'a göre vaftiz edildiler. Petrus bunu vaaz etti ve elçiler bunu gerçekleştirdi!

"Bizim gibi Kutsal Ruh'u almış olanların vaftiz edilmemesi için suyu yasaklayan var mı? Ve onlara ***Rab'bin adıyla vaftiz*** *olmalarını buyurdu. Sonra belli günler kalması için ona dua ettiler."*
(Elçilerin İşleri 10:47-48)

Yine, İsa'nı nAdıyla Vaftiz'in kanıtı.

Ama Tanrı'nın Egemenliği ***ve İsa Mesih'in adıyla*** *ilgili şeyleri duyuran Filipus'a inandıklarında,* ***kadın erkek vaftiz*** *oldular (Çünkü henüz hiçbirinin üzerine düşmemişti:* ***yalnızca Rab İsa'nın adıyla vaftiz oldular)." (Elçilerin İşleri8:12,16)***

Elçilerin İşleri 19

Apollos Korint'teyken Pavlus yukarı kıyılardan geçerek Efes'e geldi ve orada bazı kişilerle karşılaştı. Öğrencilerine, "İman ettiğinizden beri Kutsal Ruh'u aldınız mı?" diye sordu. Onlar da, "Kutsal Ruh'un var olup olmadığını bile duymadık" dediler. O da onlara, "O zaman neye vaftiz edildiniz?" diye sordu. Onlar da, "Yahya'nın vaftiziyle" dediler. Bunun üzerine Pavlus, "Yahya, kendisinden sonra gelecek olana, yani Mesih İsa'ya iman etmeleri için halka tövbe vaftiziyle vaftiz etti" dedi. Bunu duyunca ***Rab İsa'nın adıyla vaftiz*** *oldular. Pavlus ellerini onların üzerine koyunca* ***Kutsal Ruh üzerlerine indi; dillerle konuştular*** *ve peygamberlik ettiler. (Elçilerin İşleri 19:1-6)*

Elçilerin İşleri 19 bana çok yardımcı oldu, çünkü Kutsal Kitap ***Tek bir vaftiz*** *olduğunu söyler. (Efesliler 4:5)*

Hindistan'da vaftiz edildim ve burada söylemeliyim ki, üzerime su serpildi, vaftiz edilmedim.

Gerçek öğreti **elçiler ve peygamberler** tarafından oluşturulmuştur. İsa kan dökmek ve örnek olmak için geldi. (1Peteros 2:21)

Elçilerin *İşleri 2:42 Elçilerin* ***öğretisine,*** *paydaşlığa, ekmek kırmaya ve yemek yemeye kararlılıkla devam ettiler.*

Efesliler-2*:20 İsa Mesih'in kendisi baş köşe taşı olmak üzere* ***elçilerin ve peygamberlerin temeli üzerine inşa edilmiştir;***

Galatyalılar. 1:8, 9 Ama biz ya da gökten bir melek, size duyurduğumuz Müjde'den başka bir Müjde duyurursa, lanetlensin. Daha önce söylediğimiz gibi, şimdi yine söylüyorum, eğer bir kimse size aldığınız Müjde'den başka bir Müjde vaaz ederse, lanetlensin.

(Bu çok derindir; hiç kimse doktrini değiştiremez, hatta daha önceden kurulmuş olan Havariler bile).

Bu ayetler gözlerimi açtı, şimdi Matta 28:19'u anlıyorum.
Kilise İsa'nın Gelinidir, İsa'nın adıyla vaftiz edildiğimizde O'nun Adını almış oluruz. Süleyman'ın Şarkısı kilise ve damadın bir alegorisidir, burada gelin İsmi almıştır.

Güzel merhemlerinin tadı yüzünden ***Adın*** *dökülen* ***merhem*** *gibidir, Bu yüzden bakireler seni sever (Süleyman'ın Şarkısı 1:3)*

Artık Kutsal Kitap'ta bahsedildiği gibi vaftiz olmuştum ve aynı Kutsal Ruh'a sahiptim. Bu hayali bir şey değildi; gerçekti! Onu hissedebiliyor ve duyabiliyordum ve diğerleri de yeni doğuşun tezahürüne tanık oldular. Söylediğim kelimeleri ne biliyordum ne de anlayabiliyordum. Müthiş bir şeydi.

*"Çünkü **bilinmeyen** bir **dilde** konuşan, insanlarla değil, Tanrı'yla konuşur; çünkü hiç kimse onu anlamaz, oysa ruhta gizemler konuşur." (I Korintliler 14:2)*

*"Bilmediğim bir dilde dua edersem, ruhum dua eder, ama **anlayışım verimsiz olur**." (I Korintliler 14:14)*

Annem, ben doğmadan bir süre önce Güney Hindistan'dan gelen bir misyonerin onu bir nehirde vaftiz ettiğini ve yukarı çıktığında tamamen iyileştiğini anlattı. Bu vaizin onu nasıl vaftiz ettiğini bilmediğim için nasıl iyileştiğini merak etmiştim. Yıllar sonra babam bana bu papazın onu İsa'nın Adıyla vaftiz ettiğini doğruladı, ki bu İncil'e uygundur.

İncil der ki:

"Bütün suçlarınızı bağışlayan, bütün hastalıklarınıza şifa verendir." (Mezmurlar 103:3)

Yeni doğumumdan sonra, iş yerindeki arkadaşlarıma ve aileme Kutsal Kitap Çalışmaları vermeye başladım. Yeğenim Kutsal Ruh armağanını aldı. Kardeşim, kuzenim ve teyzem, ailemin birçok üyesiyle birlikte vaftiz edildi. Bu yolculukta Tanrı'yı daha yakından tanıma arzusundan çok daha fazlası olduğunu bilmiyordum. Bu deneyimin mümkün olduğunu fark etmemiştim. Tanrı, Ruh aracılığıyla imanlının içinde yaşar.

Vahiy ve Anlama.

Kendimi Kutsal Yazıları incelemeye ve Kutsal Kitabı tekrar tekrar okumaya adadım, Tanrı anlayışımı açmaya devam etti.

"Böylece Kutsal Yazılar'ı anlayabilsinler diye onların anlayışını açtı." (Luka 24:45)

Kutsal Ruh'u aldıktan sonra, daha önce görmediğim birçok şeyi öğrenmeye ve görmeye başladıkça anlayışım daha da netleşti.

*"Ama Tanrı bunları **bize Ruhu aracılığıyla açıkladı**; çünkü Ruh her şeyi, Tanrı'nın derin işlerini araştırır." (1. Korintliler 2:10)*

O'nun bizim için isteğini anlamamız, Sözü'ne göre yaşamak için bilgeliğe sahip olmamız, "**O'nun Yolları** "nı bilmemiz ve itaatin bir seçenek değil bir gereklilik olduğunu kabul etmemiz gerektiğini öğrendim.

Bir gün Tanrı'ya "Beni nasıl kullanıyorsun?" diye sordum. O da bana "Duada" dedi.

Bu nedenle, kardeşlerim, çağrınızı ve seçiminizi kesinleştirmek için gayret gösterin; çünkü bunları yaparsanız asla düşmezsiniz: (2. Petrus 1:10)

Kiliseye gitmenin insana sahte bir güvenlik hissi verebileceğini öğrendim. Din kurtuluş değildir. Dinin kendisi sadece kendi doğruluğunuz konusunda kendinizi iyi hissetmenizi sağlayabilir. Kutsal Yazıları bilmek tek başına Kurtuluş getirmez. Kutsal Yazıları çalışma yoluyla anlamalı, dua yoluyla vahiy almalı ve gerçeği bilmek için arzu duymalısınız. Şeytan da Kutsal Yazıları bilir ve ateşle yanan gölde sonsuza dek kalmaya mahkûmdur. **Tanrısallık** görünümünde olan ama ***Tanrı'nın gücünü* inkâr** eden kuzu postuna bürünmüş kurtlar tarafından aldatılmayın. Hiç kimse bana Kutsal Kitap'ta bahsedildiği gibi dillerde konuşmanın kanıtıyla Kutsal Ruh'a ihtiyacım olduğunu söylemedi. İnanlılar Kutsal Ruh'u aldıklarında mucizevi bir şey olur. Öğrenciler Kutsal Ruh'la ve ateşle doldular.

Ama Kutsal Ruh üzerinize geldikten sonra ***güç*** *alacaksınız; Yeruşalim'de, bütün Yahudiye'de, Samiriye'de ve dünyanın öbür ucuna dek bana tanıklık edeceksiniz. (Elçilerin İşleri1:8)*

Müjde'yi yaymak için öylesine yanıp tutuşuyorlardı ki, bugün bile bazılarının yaptığı gibi, o zamanın birçok Hıristiyanı gerçeğin Müjdesi uğruna hayatlarını kaybetti. Bunun, bugün bazı kiliselerde öğretilen doktrinlerin aksine, derin bir inanç ve sağlam bir doktrin olduğunu öğrendim.

Dirilişten sonra İsa sözünde, bunun kişinin O'NUN ELÇİSİ olduğunun işareti olacağını söyler.

".... yeni dillerle konuşacaklar." (Markos 16:17)

Yunanca'da **dil** glossa, İngilizce'de ise Tanrı tarafından verilen doğaüstü dil armağanıdır. Bu konuşma şeklini öğrenmek için okula gitmezsiniz. Bu yüzden **Yeni Dil** deniyor.

Bu, En Yüce Tanrı'nın öğrencisini tanımanın işaretlerinden biridir.

Tanrı ne kadar harika değil mi? Öğrencilerinin çok özel bir şekilde tanınmasını sağladı.

İbadetin Gücü.

İbadet etmenin gücünü ve ibadet ederken Kutsal bir varlığı gerçekten hissedebileceğinizi öğrendim. 1980'de Amerika'ya geldiğimde, Doğu Hintlilerin Tanrı'ya özgürce ibadet etmekten utandıklarını gözlemledim. Eski Ahit'te Kral Davut, Rab'bin önünde dans eder, zıplar, el çırpar ve ellerini yukarı kaldırırdı. Tanrı'nın yüceliği, Tanrı halkı en yüksek övgü ve yüceltmeyle tapındığında ortaya çıkar. Tanrı halkı, Rab'bin varlığının aralarında yaşaması için gerekli atmosferi yaratır. Tapınmamız Rab'be karşı koyamayacağı bir koku gönderir. O gelecek ve halkının övgülerinde yaşayacaktır. Duadan sonra, O'ndan bir şey ya da iyilik istemeden tüm yüreğinizle O'nu övmek ve O'na tapınmak için zaman ayırın. Kutsal Kitap'ta O, gelini (kilise) için gelen bir Damat'a benzetilir. O, KENDİSİNE TAPINMAKTAN utanmayacak tutkulu bir gelin aramaktadır. Gururumuzu bir kenara bırakırsak Taht Odası'na ulaşacak bir tapınma sunabileceğimizi öğrendim. Sözü vaaz eden ve tapınmanın Tanrı için ne kadar önemli olduğunu söylemekten çekinmeyen vaizler için Tanrı'ya şükürler olsun.

"Ama gerçek Tapınanların, Tanrı'ya tapacakları saat geldi ve şimdi geliyor. Baba'ya ruhta ve gerçekte tapın; çünkü Baba kendisine tapınacakları arar." (Yuhanna 4:23)

Tanrı'nı nvarlığı çocuklarının üzerine indiğinde, mucizeler gerçekleşmeye başlar: şifa, kurtuluş, diller ve yorumlar, peygamberlik, ruhun armağanlarının tezahürleri. Hepimiz bir araya gelip tapınma, yüceltme ve en yüksek övgüyü sunabilirsek, bir kilise ayininde Tanrı'nın ne kadar çok gücünü barındırabiliriz. Artık dua edecek sözünüz kalmadığında, tapının ve övgü kurbanı sunun! Şeytan, Yaratıcısı olan Tek Gerçek Tanrı'ya tapınmanızdan nefret eder. Kendinizi yalnız hissettiğinizde ya da korkuya kapıldığınızda, tapının ve kendinizi Tanrı'ya bağlayın!

Başlangıçta bu tür bir tapınma ve övgü benim için çok zordu ama daha sonra kolaylaştı. O'nun sesinin benimle konuştuğunu duymaya başladım. O'nun Ruhu'na itaat etmemi istiyordu. Dini geçmişim beni Tanrı'ya özgürce tapınmaktan alıkoymuştu. Çok geçmeden Ruh'la bereketleniyordum, şifa geliyordu ve günah olarak görmediğim şeylerden kurtuluyordum. Bunların hepsi benim için yeniydi; Tanrı'nın varlığını yaşamımda her hissettiğimde içsel olarak değişmeye başladım. Büyüyor ve Tanrı'yla Mesih merkezli kişisel bir yürüyüş deneyimliyordum.

Gerçeğin Ruhu.

Gerçeğe duyulan sevgi esastır çünkü din aldatıcı olabilir ve alkol ya da uyuşturucu bağımlılığından daha kötüdür.

"Tanrı bir Ruh'tur; O'na tapınanlar O'na ruhta ve gerçekte tapınmalıdırlar." (Yuhanna 4:24)

Kutsal Ruh beni özgür kıldığında dine olan esaret zincirlerim üzerimden düştü. Kutsal Ruh'la bilinmeyen dillerde konuştuğumuzda, ruhumuz Tanrı'yla konuşur. Tanrı'nı nsevgisi çok büyüktür ve bu deneyim doğaüstüdür. Tanrı'nın Sözü'ne aykırı olan Kutsal Kitap öğretisini kabul ettiğim yıllar öncesini düşünmeden edemedim.

Tanrı'yla olan ilişkimde, O'nun Sözü'nde büyüdükçe ve "**O'nun Yolları** "nı öğrendikçe daha fazla gerçeği ortaya çıkardı. Bu, yavrularını küçük porsiyonlarla besleyen serçeler gibiydi, göklerde uçmayı öğrenene kadar her gün daha güçlü ve istikrarlı bir şekilde büyürler. Gerçeğin Ruhu'nu arayın ve O size her şeyi bilmeniz için rehberlik edecektir. Bir gün biz de Rab'le birlikte göklerde uçacağız.

"Gerçeğin Ruhu geldiğinde, sizi tüm gerçeğe yönlendirecektir." (Yuhanna 16:13a)

Kutsal Unction:

Kardeşimin kötü ruhlarla olan durumundan dolayı çok üzülürken bu muhteşem gerçeği bulduk. Bu gerçeği benimsedim ve Kutsal Ruh bana Mesih İsa'daki yeni yaşamıma engel olan engellerin üstesinden gelmem için güç verdi ve bana insanlara öğreterek faaliyet göstermem ve hizmet etmem için kutsal kutsama verdi. Bu kutsama aracılığıyla Tanrı'nın ruhsal coşku ve ifade yoluyla hareket ettiğini öğrendim. Bu ayrıcalık, kişiye bu ayrıcalığı veren dini bir ayin ya da resmi bir atama değil, Tanrı'nın Kendisi olan Kutsal Olan'dan gelir.

Anointing:

Tanrı'nın meshedilişini yaşamımda hissetmeye başladım ve beni dinleyenlere tanıklık ettim. Tanrı'nı nmeshetme gücü sayesinde kendimi Söz'ün öğretmeni olarak buldum. Hindistan'da avukatlık yapmak istediğim bir dönem vardı ama Rab beni Sözünün öğretmeni haline getirdi.

"Ama O'ndan aldığınız meshedilmişlik sizde kalır ve kimsenin size öğretmesine ihtiyacınız yoktur; ama aynı meshedilmişlik size her şeyi öğrettiği, gerçek olduğu ve yalan olmadığı için, size öğrettiği gibi siz de O'na yardım edeceksiniz." (1. Yuhanna 2:27)

"Ama siz Kutsal Olan'dan gelen bir ilhama sahipsiniz ve her şeyi biliyorsunuz." (1. Yuhanna 2:20)

Kendimi Tanrı'ya sundum ve O da meshetme gücü aracılığıyla gerisini halletti. Ne muhteşem bir Tanrı! İşini yaparken sizi güçsüz bırakmayacaktır. Hastalıklar nedeniyle bedenim güçsüzleştikçe daha çok dua etmeye başladım ama dua ederek, oruç tutarak ve sürekli O'nun Sözünü okuyarak Ruhsal yürüyüşüme zaman ve çaba harcadıkça içimdeki Tanrı'nın Ruhu her geçen gün daha da güçlendi.

Hayat Değişimi:

Bir an için geriye dönüp baktığımda, Tanrı'nın beni nereden getirdiğini ve yaşamımın O'nun yollarından nasıl yoksun olduğunu gördüm. Değiştirme gücüm olmayan bedensel bir doğaya sahiptim. Başka ruhlara sahiptim ama Kutsal Ruh'a sahip değildim. Duanın bir şeyleri değiştirdiğini öğrendim ama asıl mucize benim de değişmiş olmamdı. Yollarımın **O'nun yollarına** daha çok benzemesini istiyordum, bu yüzden bedensel doğamı değiştirmek için oruç tuttum. Hayatım bu yolda önemli ölçüde değişmişti, ama Tanrı'ya olan tutkulu arzum arttıkça daha yeni başlamıştı. Beni iyi tanıyan başkaları da değiştiğime tanıklık edebilirdi.

Ruhsal Savaş:

Dini değil, yalnızca gerçeği öğretmeye özen gösterdim. İsa Mesih'in adıyla vaftiz olmanın ve Tanrı'nın Kutsal Ruhu'nun (Holy Ghost) bir gereklilik olduğunu öğrettim. O, Yorgan'dır ve inananlara karşı gelen engelleri ve kötü güçleri aşma gücünüzdür.

Tanrı'dan istedikleriniz için dizlerinizin üzerinde savaşmaya her zaman hazır olun. Şeytan sizi ve ailenizi ezmek istiyor. Karanlığın güçleriyle savaş halindeyiz. Ruhların kurtulması için mücadele etmeli ve günahkârların yüreklerine Tanrı tarafından dokunulması için dua etmeliyiz ki onlar üzerinde egemen olan güçlerden uzaklaşabilsinler.

Çünkü biz bedene ve kana karşı değil, yönetimlere, güçlere, bu dünyanın karanlığının egemenlerine, yüksek yerlerdeki ruhsal kötülüğe karşı mücadele ediyoruz." (Efesliler 6:12)

Yaşayan bir ruh.

Herkesin yaşayan bir ruhu vardır; bu ruh size ait değildir, Tanrı'ya aittir. Bir gün öldüğümüzde ruhumuz Tanrı'ya ya da Şeytan'a geri dönecektir. İnsan bedeni öldürebilir ama ruhu yalnızca Tanrı öldürebilir.

*"İşte, bütün canlar benimdir; babanın canı gibi, oğulun canı da benimdir: günah işleyen can **ölecektir**." (Hezekiel 18:4)*

"Bedeni öldürüp de canı öldüremeyenlerden korkmayın; cehennemde hem canı hem bedeni yok edebilecek olandan korkun." (Matta 10:28)

Sevgi Ruhu.

Tek bir yaşam Tanrı için çok şey ifade eder, çünkü O her birimizi çok önemser ve sever. Bu Hakikat Müjdesi'ne sahip olan inananlar, **Sevgi** Ruhu'nda İsa'nın sevgisini başkalarına anlatmakla sorumlu tutulurlar.

*"Size yeni bir buyruk veriyorum: Birbirinizi **sevin**; ben sizi nasıl **sevdiysem**, siz de birbirinizi öyle **sevin**. Birbirinizi **severseniz**, benim öğrencilerim olduğunuzu herkes anlayacaktır." (Yuhanna 13:34-35)*

Onun için bir tehdit haline geldiğimizde şeytan bize karşı gelecektir. Cesaretimizi kırmak onun işidir; ancak ona karşı zafer vaadimiz vardır.

"Ama Rabbimiz İsa Mesih aracılığıyla bize zafer veren Tanrı'ya şükürler olsun." (1. Korintliler 15:57)

Burada şunu vurgulamama izin verin: Şeytan'ın kötülük olarak kastettiği şeyi Tanrı berekete dönüştürdü.

İncil der ki:

"Ve biliyoruz ki, Tanrı'yı sevenler, O'nun amacı doğrultusunda çağrılmış olanlar için her şey iyilik için birlikte işler." (Roman 8:28)

Rab İsa Mesih'e ÖVGÜLER olsun!

Bölüm 2

Kudretli Hekim

Tıp bilimi, toplam otuz dokuz hastalık kategorisi olduğunu bildirmektedir. Örneğin kanseri ele alalım, pek çok kanser türü vardır. Ayrıca birçok ateş türü vardır ama hepsi ateş kategorisine girer. Eski Roma ve Musa kanunlarına göre, ceza olarak kırktan fazla kırbaç cezası veremezdiniz. Bu Roma ve Yahudi yasasını ihlal etmemek için sadece otuz dokuz kırbaç cezası uyguladılar. İsa'nın sırtına otuz dokuz çizik atılması tesadüf müdür? Birçokları gibi ben de bu sayı ile İsa arasında bir ilişki olduğuna inanıyorum.

"*Ona kırk sopa vurabilir, ama daha fazlasını vuramaz; çünkü daha fazlasını vurursa, kardeşin sana aşağılık görünür." (Tesniye 25:3)*

"*Günaha karşı ölüp doğruluğa doğru yaşayalım diye günahlarımızı ağaç üzerinde kendi bedeninde yüklenen O'dur; O'nun sıyrıklarıyla iyileştiniz." (1. Petrus 2:24)*

"*Ama o bizim suçlarımız yüzünden yaralandı, suçlarımız yüzünden yaralandı; esenliğimizin cezası onun üzerindeydi; ve onun çizgileriyle iyileştik." (Yeşaya 53:5)*

Bu kitap boyunca, Tanrı'nın iyileştirici gücü ve uyuşturucu, alkol ve şeytani ele geçirilmeden kurtuluşun gücüne ilişkin tanıklıklar okuyacaksınız. Kendi kişisel hastalıklarımla başlıyorum, Tanrı bana hiçbir şeyin onun için çok zor ya da çok büyük olmadığını erkenden gösterdi. O, Kudretli Hekim'dir. Fiziksel durumumun ciddiyeti acı veren hastalıklarla kötüden daha kötüye doğru değişti. Bugün beni ayakta tutan Tanrı'nın Sözü ve O'nun vaatleridir.

Kronik Sinüzit.

Uyumamı engelleyecek kadar şiddetli bir sinüs sorunum vardı. Gün boyunca insanları arar ve benim için dua etmelerini isterdim. O an için iyi oluyordum ama gece tekrar başlıyor ve uyuyamıyordum.

Bir Pazar günü kiliseye gittim ve Papaz'dan benim için dua etmesini istedim. Elini başıma koydu ve benim için dua etti.

"Aranızda hasta olan var mı? Kilisenin ileri gelenlerini çağırsın, onlar da Rab'bin adıyla yağ sürerek onun için dua etsinler."
(Yakup 5:14)

Tapınma töreni başladığında, ruh üzerime özgürce gelirken Tanrı'yı övmeye ve O'na tapınmaya başladım. Rab bana önünde dans etmemi söyledi. Ruh'ta O'na itaat ederek önünde dans etmeye başladım ve birden tıkalı burnum açıldı ve genzimi tıkayan şey dışarı çıktı. Anında nefes almaya başladım ve bu durum bir daha geri gelmedi. Bu sinüs rahatsızlığını kendi sözlerim ve düşüncelerimle kabullenmiştim. Ancak sonunda inancımızı her zaman dile getirmemiz ve asla itiraf etmememiz ya da şüphe duymamamız gerektiğini öğrendim.

Bademcik iltihabı.

Kronik bademcik iltihabım vardı ve korkunç sürekli ağrı nedeniyle uyuyamıyordum. Bu durumdan yıllarca muzdarip oldum. Bir doktora göründükten sonra; bir Hematoloğa yönlendirildim. Nispeten küçük bir bademcik ameliyatı, vücudumun pıhtılaşmasını zorlaştıran bir kan hastalığı nedeniyle benim için tehlikeli ve uzun bir ameliyat olacaktı. Başka bir deyişle, kan kaybından ölebilirdim! Doktor bu ameliyata dayanmamın ya da acıya katlanmamın mümkün olmadığını söyledi. Kendi iyileşmem için dua ettim ve kiliseden de benim için dua etmelerini istedim. Bir gün kiliseme ziyaretçi bir vaiz geldi. Cemaati selamladı ve şifaya ihtiyacı olan olup olmadığını sordu.

Kendi şifamı alma konusunda emin olmasam da, Tanrı'ya güvenerek ön tarafa doğru ilerledim. Yerime döndüğümde bir sesin bana şöyle dediğini duydum.

"İyileşmeyeceksin."

Bu sese çok kızmıştım. Bu ses bu şüpheyi ve inançsızlığı nasıl cesaretle dile getirebilirdi? Bunun iyileşmemi engellemek için şeytanın bir oyunu olduğunu biliyordum. Bu sese karşı cevap verdim,

"Şifamı alacağım!"

Yanıtım kesin ve güçlüydü çünkü bunun tüm yalanların babası olan şeytandan geldiğini biliyordum. Kutsal Ruh bize şeytan ve melekleri üzerinde yetki verir. Beni şifamdan ve huzurumdan mahrum etmesine izin vermeyecektim. O bir yalancı ve içinde gerçek yok! Tanrı'nın Sözü ve vaatleriyle karşılık veriyordum.

"Siz babanız şeytandansınız ve babanızın arzularını yerine getireceksiniz. O başlangıçtan beri katildir ve gerçeğe uymaz, çünkü onda gerçek yoktur. Yalan söylediği zaman kendi yalanını söylemiş olur; çünkü o yalancıdır ve yalanın babasıdır." (Yuhanna 8:44)

Anında ağrım geçti ve iyileştim! Bazen istediğimiz şey için savaşmak ve düşmanın, yani şeytanın bizden almak istediği şeyi geri almak için düşmanın kampına girmemiz gerekir. Acı beni terk ederken, şeytan "Sen hasta değildin" dedi. Düşman beni bir "şüphe bulutu" ile gerçekten hasta olmadığıma ikna etmeye çalışıyordu. Şeytanın bu yalanının nedeni Tanrı'ya yücelik vermememdi. Şeytan'a kesin bir yanıt vererek, "Evet, hastaydım!" dedim. İsa anında bademciklerimin her iki yanına da ağrı koydu. "Rab İsa, hasta olduğumu biliyorum ve sen beni iyileştirdin" diye karşılık verdim. Ağrı beni sonsuza dek terk etti! Bir daha asla acı çekmedim. Hemen ellerimi kaldırdım, Rab'be şükrettim ve Tanrı'ya yücelik verdim. İsa o gün benim iyileşebilmem için sırtına çizikler atmıştı. O'nun Sözü aynı zamanda günahlarımın da bağışlanacağını söylüyordu. Ayağa kalktım ve o gün kilisede Rab'bin beni nasıl iyileştirdiğine tanıklık ettim. İyileşmemi zorla kabul ettim.

"Vaftizci Yahya'nın günlerinden bugüne dek göklerin egemenliği şiddete uğradı ve şiddet yanlıları onu zorla ele geçirdi." (Matta 11:12)

"Ve imanın duası hastayı kurtaracak ve Rab onu diriltecek; ve eğer günah işlemişse, onu bağışlayacaktır." (Yakup 5:15)

"Bütün suçlarınızı bağışlayan, bütün hastalıklarınıza şifa veren O'dur." (Mezmurlar 103:3)

Ayağa kalkıp Rab'bin yaptıkları hakkında tanıklık ettiğimizde, sadece Tanrı'ya yücelik kazandırmakla kalmayız, aynı zamanda bunu duymaya ihtiyacı olan başkalarının da imanını artırırız. Ayrıca şeytana karşı taze kan olur.

"Ve Kuzu'nun kanıyla ve şahadetlerinin sözüyle onu yendiler; ve ölüme karşı canlarını sevmediler".(Vahiy 12:11)

Tanrı hem büyük hem de küçük mucizeler gerçekleştirir. Tanrı'nın sizin için yaptıklarını başkalarına anlattığınızda şeytanı yenersiniz. Tanrı'ya tüm yüreğinizle tapınmaya başladığınızda şeytanı kaçırırsınız! Tüm yalanların babasını yenmek için iman silahlarına ve Kutsal Ruh'un gücüne sahipsiniz. Bunları kullanmayı öğrenmeliyiz.

Görme Kusuru.

Amerika'ya gelmeden önce, 1974 yılında görme ile ilgili bir sorunum vardı. Kendim ve önümdeki başka bir nesne arasındaki mesafeyi ayırt edemiyordum. Bu durum şiddetli baş ağrılarına ve mide bulantısına neden oluyordu. Doktor, egzersizlerle düzeltilebilecek bir retina rahatsızlığım olduğunu söyledi; ancak bende işe yaramadı ve baş ağrılarım devam etti.

Kaliforniya'da şifa gücüne inanan bir kiliseye gidiyordum. Kiliseden benim için dua etmelerini istedim. İyileştiğime inanmama yardımcı olan şifa tanıklıkları duymaya devam ettim. Kiliseler tanıklıklara izin verdiği için çok minnettarım, böylece başkaları da Tanrı'nın bugün sıradan insanların yaşamlarında gerçekleştirdiği mucizelerin övgü dolu raporlarını duyabiliyorlar. Tanıklıkları dinlemek her zaman inancımı artırdı. Tanıklık sayesinde çok şey öğrendim.

Tanrı göz uzmanına görünmemi istediği için daha sonra bir göz doktoruna gittim.

Bu doktor gözlerimi muayene etti ve aynı sorunu tespit etti ancak ikinci bir görüş almamı istedi. Bir hafta sonra şiddetli bir baş ağrısı ve gözlerimde dayanılmaz bir ağrı olduğu için dua istedim.

İkinci bir görüş için gittim, gözlerimi muayene ettiler ve gözlerimde hiçbir sorun olmadığını söylediler. Çok mutlu olmuştum.

Altı ay sonra, işe giderken doktorun söylediklerini düşündüm ve hiçbir şeyin yanlış olmadığına ve gözlerde kusur teşhisi koyan diğer doktorun yanıldığına inanmaya başladım. Tüm bu aylar boyunca iyileşmiştim ve ne kadar hasta olduğumu unutmuştum.

Tanrı benimle konuşmaya başladı, "Dayanılmaz bir ağrın, baş ağrın ve mide bulantın olduğunu hatırlıyor musun?"

Ben de "Evet" dedim. Sonra Tanrı dedi ki, "Hindistan'dayken doktorun gözünde bir sorun olduğunu söylediğini ve sana göz koordinasyon egzersizleri öğrettiğini hatırlıyor musun? Son altı ay boyunca bu sorun nedeniyle eve hiç hasta gelmediğini hatırlıyor musun?"

"Evet" diye cevap verdim.

Tanrı bana "Gözlerini iyileştirdim!" dedi.

Tanrı'ya şükürler olsun ki bu, üçüncü doktorun neden bende bir sorun bulamadığını açıkladı. Tanrı, gözlerimin derinliklerine inip onları iyileştirebileceğini bana göstermek için bu deneyimi yaşamama izin verdi. Tanrı Sözü şöyle der" :Ben yüreği bilirim, yüreğin sahibini değil." Zihnimde bu sözler üzerinde dikkatle düşünmeye başladım. Yüreğimin sahibi olabilirim ama ne kendi yüreğimi ne de yüreğimde ne olduğunu biliyorum. Bu nedenle Tanrı'nın yüreğimde yalnızca iyilik, sevgi ve iman bulabilmesi için sürekli dua eder, oruç tutar ve Söz'ü okurum. Ne düşündüğümüze ve ağzımızdan ne çıktığına dikkat etmeliyiz. İyilik üzerinde derin düşünün, çünkü Tanrı düşüncelerimizi bilir.

"Ağzımdan çıkan sözler, yüreğimden geçen düşünceler senin gözünde kabul görsün, ya RAB, gücüm, kurtarıcım." (Mezmurlar 19:14)

"Yürek her şeyden çok aldatıcı, çok kötüdür; onu kim bilebilir? Ben Rab yüreği araştırır, dizginleri denerim, herkese yoluna, yaptıklarının meyvesine göre veririm." (Yeremya 17:9-10)

Mezmurlar 51'e kendim için dua ediyorum:

"Ey Tanrı, içimde temiz bir yürek yarat, İçimde doğru bir ruhu yenile." (Mezmurlar 51:10)

Anksiyete.

Kelimelerle ifade edemediğim bir şey yaşadığım bir dönemden geçiyordum. Tanrı'ya zihnimde neden böyle hissettiğimi bilmediğimi söylediğimi hatırlıyorum. Dua ettim ve Tanrı'dan bu ezici duyguyu anlayamadığımı çünkü o sırada hiçbir şey için endişelenmediğimi söyledim. Bu his bir süre devam etti ve fiziksel olarak değil ama zihinsel olarak kendimi "kötü" hissetmeme neden oldu ki bunu en iyi bu şekilde tarif edebilirim. Daha sonra işteyken elimde bu küçük ilham kitabı vardı.

Tanrı" ,Bu kitabı aç ve oku" dedi.

"Kaygı" konusunu buldum. Tanrı, sahip olduğunuz şeyin kaygı olduğunu söyledi. Bu sözcüğe aşina değildim. Bu sözcük hakkında net bir anlayışa sahip olmadığım için İsa sözlüğe bakmamı söyledi. Tam olarak yaşadığım belirtileri buldum. Tanımı, zihni rahatsız eden ve acı veren bir huzursuzluk durumunda tutan, gelecekteki ya da belirsiz bir şey ya da olayla ilgili endişe ya da kaygıydı.

"Evet Tanrım, ben de aynen böyle hissediyorum!" dedim.

Vardiyalı çalışıyordum ve izin günümde erkenden yatıyordum. Bu süre zarfında sabahları erken kalkıp dua ederdim ve bir gün Tanrı bana uyumamı söyledi. "Tanrı bunu neden söylesin ki?" diye düşündüm. Tanrı'yla yürüyüşümün bu ilk aşamasında, O'nun sesini ayırt etmeyi ve duymayı öğreniyordum. Yine kendi kendime dedim ki, Tanrı neden bana uyumamı söylüyor? Sanırım bu şeytan.

Sonra Tanrı'nın bazen bize hiç mantıklı gelmeyen şeyler söylediğini, ama bize önemli bir mesaj verdiğini hatırladım. Kısacası, O'nun mesajı, sizden daha kutsal olmamıza gerek olmadığıydı.

"Çünkü benim düşüncelerim sizin düşünceleriniz değil, sizin yollarınız da benim yollarım değil, diyor RAB. Çünkü gökler yerden nasıl yüksekse, benim yollarım da sizin yollarınızdan, benim

düşüncelerim de sizin düşüncelerinizden öyle yüksektir." (Yeşaya 55:8-9)

Başka bir deyişle, dua doğru yoldur ama o sırada doğru yol değildi. Bana hizmet etmesi için Meleğini çoktan göndermişti ve benim yatakta olmam gerekiyordu. Dinlenmek için bir zaman vardır ve Tanrı'nın Kutsal Ruh'u yenileyerek dua aracılığıyla lambalarımızı taze yağla doldurması için bir zaman vardır. Doğada, Tanrı'nın istediği gibi bedenlerimizi ve zihnimizi yenilemek için uykuya ve dinlenmeye ihtiyacımız vardır. Bizler Tanrı'nın Tapınağıyız ve kendimize bakmamız gerekir.

*Ama **meleklerden** hangisine, "Ben düşmanlarını ayaklarının altına serinceye dek sağımda otur" dedi? Onların hepsi **kurtuluşun mirasçıları olanlara hizmet etmek üzere gönderilmiş hizmetkâr ruhlar** değil mi?(İbraniler 1:13,14)*

Tekrar uykuya daldığımda rüyamda kafası olmayan bir adam gördüm. Başsız adam başıma dokundu. Daha sonra, kendimi yenilenmiş ve tamamen normal hissederek uyandım; Tanrı'nın başıma dokunması ve beni bu endişeden kurtarması için bir Şifa Meleği gönderdiğini biliyordum. Tanrı'ya o kadar minnettardım ki beni dinleyen herkese anlattım. Zihnimi etkileyen anksiyetenin korkunç zayıflatıcı semptomlarını yaşadım. Her gün kaygıyla uyanıyorsunuz; zihniniz rahatlamak için tam olarak dinlenmediği için size asla huzur vermiyor. Anksiyete aynı zamanda şeytanın sizi korku ya da paniğe boğmak için kullandığı bir araçtır. Birçok şekilde ortaya çıkabilir ve sizde olduğunu bile bilmiyor olabilirsiniz. Yapılacak en iyi şey strese nasıl tepki verdiğinizi değiştirmek ve vücudunuza her gün yenilenmesi için gerekenleri verip vermediğinizi kendinize sormaktır. Siz "O'nun Tapınağı" ile ilgilendiğinizde gerisini Tanrı halledecektir.

"Eğer biri Tanrı'nın tapınağını kirletirse, Tanrı onu yok edecektir; çünkü Tanrı'nın tapınağı kutsaldır, siz de bu tapınaktasınız". (1. Korintliler 3:17)

Onun sesi.

Tanrı'ya sahip olduğunuzda doyarsınız çünkü O'nun sevgisine dalmışsınızdır. O'nu ne kadar çok tanırsanız, O'nu o kadar çok seversiniz! Onunla ne kadar çok konuşursanız, sesini o kadar çok duymayı öğrenirsiniz. Kutsal Ruh Tanrı'nın sesini ayırt etmenize yardım eder. Sadece o küçük sesi dinlemeniz gerekir. Bizler O'nun sesini bilen, O'nun otlağının koyunlarıyız.

"İsa onlara, 'Size söyledim, ama inanmadınız' diye karşılık verdi, 'Babam'ın adıyla yaptığım işler bana tanıklık ediyor. Ama siz inandınız. Çünkü size söylediğim gibi, benim koyunlarımdan değilsiniz. Koyunlarım sesimi işitir, onları tanırım ve beni izlerler: Onlara sonsuz yaşam veriyorum; asla yok olmayacaklar, kimse onları elimden alamayacak. Onları bana veren Babam her şeyden büyüktür; ve hiç kimse onları Babamın elinden koparıp alamaz. Ben ve Babam biriz." (Yuhanna 10:25-30)

Kendimizi O'nun "koyunları" olarak adlandıranlarımız ve inanmayanlarımız vardır. O'nun koyunları Tanrı'nın sesini duyar. Dini şeytanlar aldatıcıdır. Bize Tanrı'ya sahip olduğumuzu hissettirirler. Kutsal Kitap bizi sahte öğretiler konusunda uyarır.

"Tanrısallık biçimine sahip olmak ama onun gücünü inkâr etmek." (2. Timoteos 3:5)

Tanrı şöyle der: "Beni tüm yüreğinle ara ve bulacaksın." Bu bize uyan bir yaşam tarzı bulmakla ilgili değildir. Dini geleneği değil, gerçeği izleyin. Eğer Tanrı'nı ngerçeğine susamışsanız, onu bulacaksınız. Tanrı Sözü'nü okumalı ve sevmeli, onu yüreğinizde saklamalı ve yaşam tarzınızda göstermelisiniz. Söz sizi içten ve dıştan değiştirir.

İsa, geleneğin ve dinin gücünü Kanının bedeliyle kırmak için geldi. Günahlarımızın bağışlanabilmesi ve Tanrı'yla doğrudan ilişki kurabilmemiz için canını verdi. Yasa İsa'da yerine geldi ama O'nu Rab ve Kurtarıcı, Mesih olarak kabul etmediler.

"Bununla birlikte, önde gelen yöneticiler arasında da birçok kişi O'na iman etti; ama Ferisiler yüzünden havradan atılmamak için O'nu kabul etmediler: Çünkü insanların övgüsünü Tanrı'nın övgüsünden daha çok seviyorlardı." (Yuhanna 12:42, 43)

Grip:

Vücut ağrılarıyla birlikte yüksek ateşim vardı. Gözlerim ve yüzüm de çok şişmişti. Zar zor konuşabiliyordum ve iyileşmem için dua etmesi için kilisemin Elder'ını aradım. Yüz hatlarım anında normale döndü ve iyileştim. İmanlı insanlar ve O'na güvenenlere verdiği güvence için Tanrı'ya şükrediyorum.

"Çünkü Müjdemiz size yalnızca sözle değil, güçle, Kutsal Ruh'la ve büyük bir güvenceyle geldi." (1. Selanikliler 1:5a)

Göz Alerjisi.

Güney Kaliforniya'da ciddi bir duman sorunumuz var. Gözlerimde, havadaki kirlilikle birlikte daha da kötüleşen bir tahriş vardı. Kaşıntı, kızarıklık ve sürekli ağrı dayanılmazdı; gözlerimi yuvalarından çıkaracakmışım gibi hissettiriyordu. Ne kadar korkunç bir duyguydu. Hâlâ büyüyordum ve Tanrı'ya güvenmeyi öğreniyordum. Geçmişte beni iyileştirmiş olmasına rağmen Tanrı'nın bunu iyileştirmesinin imkânsız olduğunu düşünüyordum. İyileşmem için Tanrı'ya inanmakta zorlanıyordum. Tanrı zaten her düşüncemi bildiğinden, imansızlığım yüzünden gözlerimi iyileştiremeyeceğini düşünüyordum, bu yüzden kaşıntıyı hafifletmek için göz damlası kullandım. Rab göz damlalarını bırakmam için benimle konuşmaya başladı. Ama kaşıntı çok kötüydü ve ben bırakmadım. Sonunda göz damlasını bırakana kadar bunu üç kez tekrarladı.

*"Ama İsa onları gördü ve onlara, 'İnsanlar için bu olanaksızdır, ama **Tanrı için her şey mümkündür'** dedi." (Matta 19:26)*

Birkaç saat sonra işteyken kaşıntı beni terk etti. O kadar mutluydum ki iş yerindeki herkese iyileştiğimi anlatmaya başladım. Bir daha asla gözlerim hakkında endişelenmeme gerek kalmadı. Tanrı ve O'nun nasıl düşündüğü hakkında çok az şey biliyoruz. O'nu asla tanıyamayız, çünkü **O'nun yolları** bizim yollarımız değildir. O'nun hakkındaki bilgimiz son derece azdır. İşte bu yüzden gerçek imanlıların Ruh'ta yürümeleri çok önemlidir. Kendi insani anlayışımıza yaslanamayız. İsa o gün bana karşı nazik, sabırlı ve merhametliydi. İsa bana büyük bir ders veriyordu. İyileşme konusunda şüphelerim vardı, ama o gün itaat ettim ve beni iyileştirdi! O benden asla vazgeçmedi ve sizden de asla vazgeçmeyecek!

Bu itaat dersinden sonra her türlü ilacı bir kenara bıraktım. Tanrı'nın beni tüm hastalıklarımdan iyileştireceğine yürekten inandım ve O'na güvenmeye başladım. Zaman geçtikçe O'na inanmayı öğrendim ve Rab'de büyüdüm. O bugün de benim doktorum olmaya devam ediyor.

Boyun Yaralanması:

Bir öğleden sonra kiliseye giderken başka bir araç bana çarptı ve boynumdan yaralandım, bu da işten tıbbi izin almamı gerektirdi. İşe dönmek istedim ama doktor bunu reddetti. "İsa, çok sıkıldım, lütfen gitmeme izin ver" diye dua etmeye başladım. İsa dedi ki, i"şine geri dön ve kimse senin yaralandığını söyleyemeyecek".

"Çünkü seni sağlığına kavuşturacak, yaralarını iyileştireceğim, diyor RAB." (Yeremya 30:17a)

Sonra doktora geri döndüm ve ısrar ettiğim için beni işe dönmem için serbest bıraktı. Tekrar ağrı hissetmeye başladım ve işe çok erken döndüğüm için azarlandım. İsa'nın bana söylediği ve vaat ettiği şeyi hatırladım. Kendime Tanrı'nı nvaadine tutunmam gerektiğini söylemeye başladım ve günden güne daha iyi olmaya başladım. Ne olduğunu anlamadan önce ağrım geçmişti. O akşam amirim fazla mesai yapmamı istedi. Şakayla karışık güldüm ve ona fazla mesai yapacak kadar iyi olmadığımı çünkü ağrılarım olduğunu söyledim. Sahip olmadığım bir şeye sahip olduğumu itiraf ettim. Ağrı hemen geri geldi ve yüzüm çok solgunlaştı, bu yüzden amirim eve gitmemi emretti. Daha önce Tanrı'nın iyi olacağımı söylediğini hatırladım ve bunun üzerinde durmaya kararlıydım. Amirime Tanrı'nı nvaadi nedeniyle eve gidemeyeceğimi söyledim. Başka bir amir Hıristiyan olduğu için ondan benim için dua etmesini istedim. Tekrar eve gitmem konusunda ısrar etti. Acıyı azarlamaya başladım ve iman sözünü söyledim. Kutsal Ruh'un yetkisiyle şeytana yalancı dedim. Anında ağrım geçti.

"Sonra onların gözlerine dokunarak, 'İmanınıza göre olsun' dedi." (Matta 9:29)

Amirime geri döndüm ve ona olanları anlattım. Şeytanın bir yalancı ve tüm yalanların babası olduğu konusunda hemfikirdi. Hastalığı ya da acıyı asla varlığa çağırmamak önemlidir. Tanrı bana o gün gerçek olmayan şeylerle şakalaşmak konusunda çok önemli bir ders verdi.

"Ama iletişiminiz, Evet, evet; Hayır, hayır olsun; çünkü bunlardan fazlası kötülüktür." (Matta 5:37).

Bölüm 3

Tanrı'nın Güçlü Silahları "Dua ve Oruç"

Pazar sabahı, ayin sırasında, dayanılmaz bir acı içinde son sıraya uzanmıştım ve zar zor yürüyebiliyordum. Birdenbire Tanrı bana öne doğru yürümemi ve dua almamı söyledi. Bir şekilde yüreğimde ve Ruh'ta iyileşmeyeceğimi biliyordum ama Tanrı'nı nsesini duyduğum için itaat ettim. Kitapta okuduğumuz gibi

1 Samuel 15:22b. İtaat etmek kurban etmekten daha iyidir.

Yavaşça ön tarafa doğru ilerledim ve yan koridorda yürümeye başladığımda, insanların yanlarından geçerken ayağa kalkmaya başladıklarını fark ettim. Tanrı'nın Ruhu'nun her bir insanın üzerine düştüğüne tanık oldum ve Tanrı'nın beni ön tarafa gönderme amacının ne olduğunu merak ettim.

"Bugün sana buyurduğum bütün buyruklarını yerine getirmek için Tanrın Rabbin sesine kulak verirsen, Tanrın Rab seni yeryüzündeki bütün ulusların üstüne çıkaracak: Tanrınız RAB'bin sesine kulak verirseniz, bütün bu bereketler üzerinize gelecek, sizi kuşatacak." (Tesniye 28:1-2)

Bu olay meydana geldiğinde yerel kiliseme gidiyordum ama bir süre o günü düşündüm. Daha sonra Upland şehrinde bir kiliseyi ziyarete gittiğimde. Eski kilisemizden bir rahibe de bu kiliseye gidiyordu. Arabamda matematik dersi verdiğime dair ilanımı görmüş ve beni işe almak istemiş. Bir gün evimde ona ders verirken bana şöyle dedi: "Rahibe, eski kilisemizde hasta olduğun ve dua almak için ön tarafa yürüdüğün günü hatırlıyorum. İsa'nın adıyla vaftiz olmama ve iki yıldır kiliseye gelmeme rağmen Tanrı'nın varlığını daha önce hiç böyle deneyimlememiştim. Sizin geçtiğiniz gün, Tanrı'nın Ruhu'nu ilk kez hissettim ve çok güçlüydü. Sen geçerken Ruh üzerlerine düştüğü için bütün kilisenin ayağa kalktığını hatırlıyor musun?" O günü çok iyi hatırlıyordum çünkü hala zar zor yürüyebildiğim halde Tanrı'nın beni neden ön tarafa gönderdiğini merak ediyordum. Tanrı'nın onun yolumu tekrar kesiştirmesine izin vermesinin bir nedeni olduğunu hissettim. Tanrı onun aracılığıyla o günle ilgili sorumu yanıtladı.

Tanrı'yı duyduğum ve O'nun sesine itaat ettiğim için mutluydum.

"Çünkü biz görerek değil, imanla yürüyoruz." (2. Korintliler 5:7)

Eylül 1999'daki sakatlığımdan sonra artık yürüyemiyordum, bu yüzden 48 saat boyunca uyumadığım için gece gündüz sürekli dua ederek ve oruç tutarak yatakta kaldım. Acıyı hissetmektense Tanrı'yı aklımda tutmayı tercih ettiğimi düşünerek gece gündüz dua ettim. Sürekli Tanrı ile konuşuyordum. Bizler onurlu ya da onursuz kaplarız. Dua ettiğimizde, Kutsal Ruh'la dua ederek kabımızı Tanrı'nı ntaze yağıyla doldururuz.

Zamanımızı akıllıca kullanmalı ve yaşamın kaygılarının bizi Yaratıcımızla ruhen yakın bir ilişki kurmaktan alıkoymasına izin vermemeliyiz. Şeytan ve ordusuna karşı en güçlü silah dua ve oruçtur.

"Ama siz, sevgililer, Kutsal Ruh'ta dua ederek en kutsal imanınız üzerinde yükselin." (Jude Vs.20)

Dua ettiğinizde ve tutarlı bir dua yaşamınız olduğunda kötülüğü yenersiniz. Tutarlılık her şeye kadirdir. Oruç tutmak Kutsal Ruh'un gücünü artıracak ve cinler üzerinde yetki sahibi olacaksınız. "İsa'nın Adıyla" sözlerini söylediğinizde İsa'nın Adı çok güçlüdür. Ayrıca değerli "İsa'nın Kanı "nın sizin silahınız olduğunu unutmayın. Tanrı'dan sizi O'nun Kanıyla örtmesini isteyin. Tanrı Sözü şöyle der:

"Ve sadık tanık, ölüler arasından ilk doğan ve yeryüzünün krallarının prensi olan İsa Mesih'ten. Bizi sevene ve ***kendi kanıyla günahlarımızdan arındırana****." (Vahiy 1:5)*

"Öyle ki, hastaları sokağa çıkarıp yataklara ve sedirlere yatırıyorlardı; öyle ki, Petrus'un ***gölgesi*** *geçerken bazılarını gölgeleyebilsin." (Elçilerin İşleri 5:15)*

Bölüm 4

Büyük Stratejist Tanrı

Tanrı'nın aklından geçenleri kim bilebilir? 1999 yılında Postanede vardiyalı çalışıyordum, bir ürünü almak için eğildiğimde şiddetli bir sırt ağrısı hissettim. Amirimi aradım ama ne onu ne de başka birini bulabildim. Uyumadan önce dua ettikten sonra ağrının geçeceğini düşünerek eve gittim. Ertesi sabah uyandığımda ağrım devam ediyordu, kilisenin ihtiyarını aradım ve iyileşmem için dua etti. Dua ederken Rab'bin bana postanedeki işverenimi arayıp sakatlığımı bildirmemi söylediğini duydum. Daha sonra işe döndüğümde müfettişime haber vermem söylendi. İşe döndüğümde, yaralanma raporunu doldurmak üzere ofise çağrıldım. Doktorlarına görünmeyi reddettim çünkü doktora gitmeye inanmıyordum. Ben Tanrı'ya güveniyordum. Ne yazık ki sırt ağrım daha da kötüleşti. İşverenim, hafif işlerde çalışmamı haklı çıkarmak için bir yaralanma geçirdiğimi destekleyecek bir doktor belgesine ihtiyaç duyuyordu. Bu zamana kadar, doktorları tarafından görülmek için birkaç talepte bulunuyordum ama artık beni göndermeye pek istekli değillerdi. Yürüdüğümde biraz iyileşme görene kadar iyileştiğimi düşünmediler. Şimdi beni iş kazası doktorlarına yönlendirdiler, o da beni daha sonra bir ortopedi uzmanına yönlendirdi. O da kalıcı bir sırt yaralanması geçirdiğimi doğruladı.

Bu durum işverenimi çok üzdü. Bu sefer doktorlarını görmeyi kabul ettiğim için çok mutluydum. Geleceğin benim için ne getireceğini bilmiyordum ama Tanrı biliyordu. Bana sadece işte hafif görev vermekle kalmadılar, aynı zamanda artık ciddi bir engelim olduğunun da farkındaydılar. Durumum kötüleştikçe, önce altı saat, sonra dört saat, daha sonra da iki saat çalışmama izin verildi. Ağrılarım o kadar dayanılmaz hale geldi ki işe gidip gelmek bile zorlaştı. Beni iyileştirmesi için Tanrı'ya güvenmem gerektiğini biliyordum. Dua ettim ve Tanrı'ya benim için planının ne olduğunu sordum. "*Eve gidiyorsun*" diye cevap verdi. Beni ofise çağıracaklarını ve eve göndereceklerini düşündüm. Daha sonra ofise çağrıldım ve tıpkı Rab'bin söylediği gibi eve gönderildim. Zaman ilerledikçe durumum daha da kötüleşti ve yürümek için desteğe ihtiyacım oldu. Yaralanmamın ciddiyetinin farkında olan bir doktor, davamı üstlenecek bir İşçi Tazminatı doktoruna görünmemi tavsiye etti.

Bir Cuma akşamı postaneden çıkarken kapıyı açtığımda Tanrı'nın sesini duydum: "*Buraya bir daha asla geri dönmeyeceksin.*" Bu sözler karşısında o kadar şaşırmıştım ki, felç olabileceğimi hatta kovulabileceğimi düşünmeye başlamıştım. Ses çok net ve güçlüydü. Bunun gerçekleşeceğinden ve 19 yıldır çalıştığım bu yere bir daha dönmeyeceğimden hiç kuşkum yoktu. İşlerin benim için finansal olarak nasıl sonuçlanacağı belirsizdi. Ancak, Tanrı her şeyi uzaktan görüyor ve gitmem gereken yolu gösteren bir adım daha atıyordu.

Tanrı, usta bir stratejist gibi geleceğimin temellerini yavaşça ve ustalıkla atıyor, artık O'ndan başka hiç kimse için çalışmayacağım bir zaman için hazırlıyordu. Hafta sonundan sonra beni muayene eden yeni bir ortopedi doktoru buldum. Beni neredeyse bir yıllığına geçici olarak sakat bıraktı. Postane beni kendi doktorlarından biri tarafından değerlendirilmek üzere gönderdi ve onun görüşü doktorumunkinin tam tersiydi. İyi olduğumu ve 100 kiloya kadar kaldırabileceğimi söyledi. Bırakın kendi zayıf bedenime eşdeğer bir ağırlığı kaldırmayı, yürüyemiyor, ayakta duramıyor ve hatta uzun süre oturamıyordum bile. Doktorum çok üzgündü. Diğer doktorun sağlığım ve fiziksel yeteneklerim hakkındaki değerlendirmesine katılmıyordu. Tanrı'ya şükürler olsun ki doktorum benim adıma ve işverenimin doktoruna karşı bu duruma itiraz etti. Bunun üzerine işverenim konuyu arabulucu " birhakem" olarak hareket edecek üçüncü bir doktora havale etti. Bu hakem, daha sonra bana sakatlık teşhisi koyan bir ortopedi cerrahıydı. Bunun nedeni iş yerindeki yaralanma değil, kan hastalığımdı. Böylece her şey farklı bir hal aldı. Ben bu hastalıkla doğmuştum. Malulen emeklilik hakkında hiçbir şey bilmiyordum. Kalbimde öfkeyle bu durum hakkında dua ettim. Onun işinin işveren için değil, hasta için adil olanı yapmak olduğunu biliyordum. Ve bir imgelemde bu doktorun tamamen delirdiğini gördüm.

Hemen İsa'dan onu bağışlamasını istedim. Rab benimle konuşmaya başladı ve doktorun senin iyiliğin için elinden geleni yaptığını söyledi. Rab'den bana göstermesini istedim çünkü bu şekilde göremiyordum; ancak cevabım daha sonra gelecekti. Bu arada, artık çalışamadığım için Kalıcı Maluliyet Yardımı için başvuruda bulundum. Talebimin onaylanıp onaylanmayacağından emin değildim. Hem işverenim hem de doktorum sadece bir sırt yaralanması değil, belimde üç tümör ve omurgamda Hemongioma olduğunu biliyordu. Dejeneratif disk hastalığım ve bir kan hastalığım vardı. Vücudum hızla ve çok acı verici bir şekilde kötüleşiyordu.

Hastalıklarımın ve yaralanmalarımın acı verici semptomları beni ciddi şekilde etkilemişti. Kendimi destekleyici yardımla bile yürüyemez halde buldum. Bacaklarımı etkileyen felçlere neyin sebep olduğu bilinmiyordu, bu yüzden başımın MR'ını (Manyetik Rezonans Görüntüleme) çektirmeye gönderildim. Doktor herhangi bir psikolojik durum olup olmadığını araştırıyordu. Tanrı'nın zihnini ve benim geleceğim için hangi adımları attığını kim bilebilir? Tanrı büyük bir stratejisttir çünkü o zamanlar tüm bunların bir nedeni olduğunu çok az biliyordum. Sadece benimle ilgilenmesi için O'na güvenmem gerekiyordu. Kalıcı Maluliyet Yardımları yalnızca kişisel doktoru tarafından tıbbi olarak desteklenebilen kişisel bir tıbbi durumu olan bireyler için onaylanabilir. Yeni doktorumun herhangi bir tıbbi geçmişi olmadığından, Maluliyet Departmanına çalışamama durumumla ilgili tam bir tıbbi değerlendirme sunmayı reddetti. Ayrıca kendimi mali durumumla ilgili bir ikilemde buldum. Cevaplar için bildiğim tek kaynağa gittim. Tanrı, "*Çok sayıda tıbbi raporun var, hepsini doktora gönder*" dedi.

Doktora tüm tıbbi raporlarımı vermekle kalmadım, artık sürekli malulen emeklilik başvurumu doldurmaya da hazırdı. Tanrı'ya şükürler olsun! Kendisinden içtenlikle istediğimizde Tanrı her zaman yanıt vermeye hazırdır. Önemli olan her zaman hareketsiz kalmak ve O'nun yanıtını dinlemektir. Bazen yanıt hemen gelmez. Hayatımı O'nun isteğine göre düzenlemesi için "Büyük Stratejist "i bekledim. Sonraki birkaç ay acı verici ve zorlayıcıydı. Sadece fiziksel acıya katlanmakla kalmadım, aynı zamanda artık bir kitabın sayfasını bile çeviremiyordum. İyileşmek için Tanrı'ya bağımlı olduğumdan, bunu bir nedenden dolayı yaşadığıma ve kesinlikle ölmeyeceğime inandım. Buna inanarak, yaşadığım her an ve içinde bulunduğum durum için Tanrı'ya her gün şükrettim. Acı çektiğim zamanları atlatmak için kendimi duaya ve oruca verdim. O benim tek güç kaynağım ve dua ederken sığındığım yerdi.

Hayatım daha da kötüye gitmeye başlamıştı. Bu zayıflatıcı durumda artık çalışamıyordum. Her gün dua ve yakarışlarla durumum daha iyiye değil, daha kötüye gidiyor gibiydi. Yine de tek cevabın Tanrı olduğunu biliyordum. Hiç şüphesiz, O'nun benim için her şeyi yoluna koyacağını biliyordum. Varlığını ve varlığını bana bildirmişti ve beni sevdiğini biliyordum. Bu, hayatım için kesin bir planı olan "Usta Stratejist "e tutunmak ve onu beklemek için yeterliydi.

O sırada 85 yaşında olan annem benimle birlikte yaşıyordu. Aynı zamanda engelliydi ve yatağa bağlı olduğu için yardıma ve bakıma ihtiyacı vardı. Sevgili annemin bana en çok ihtiyaç duyduğu bir zamanda, onun temel ihtiyaçlarını karşılayamadım. Bunun yerine, zayıf annem kızının sağlığının gözlerinin önünde kötüleşmesini izlemek zorunda kaldı. İki kadın, anne ve kızı, umutsuz gibi görünen bir durumdaydık ama ikimiz de "Mucizelerin Kudretli Tanrısı "na inanıyorduk. Bir gün annem beni yere yığılırken gördü. Benim için bir şey yapmaktan aciz bir şekilde çığlık attı ve haykırdı. Bu sahne annem için çok dayanılmaz ve dehşet vericiydi, ama Rab merhametiyle beni yerden kaldırdı. Bunu duyan erkek kardeşim, kız kardeşim ve ailem durumumun bu raddeye ulaşmış olmasından dolayı çok endişelendiler. Başka bir yerde bakılmakta olan sevgili ve yaşlı babam sadece ağlıyor ve fazla konuşmuyordu, Rab'be hepimizin iyiliği için tüm bunların sona ermesi için dua ettim. Katlanmam gereken sadece benim kişisel acım ve sınavım değildi; artık sevdiklerimi de etkiliyordu. Bu hayatımın en karanlık dönemiydi. Tanrı'nın en başından beri verdiği söze baktım:

"*Gittiğin zaman adımların daralmaz, Koştuğun zaman tökezlemezsin.*" *(Süleyman'ın Özdeyişleri 4:12)*

Yüreğimde büyük bir sevinçle Tanrı'nı nSözünü ve vaadini düşündüm. Sadece bir adım atmakla kalmayacak, bir gün koşma yeteneğine de sahip olacaktım. Dua etmek ve Tanrı'nın yüzünü aramaktan başka yapabileceğim pek bir şey olmadığı için dua etmeye daha fazla zaman ayırdım. Gece gündüz bir takıntı haline geldi. Tanrı Sözü, dalgalı bir denizde benim "Umut Çıpam" oldu. Tanrı ihtiyaçlarımızı karşılar, bu yüzden hareket etmemi biraz daha kolaylaştıran motorlu bir tekerlekli sandalye edinmem için bana bir yol açtı. Ayağa kalktığımda, yardımla bile dengemi sağlayamıyordum. Tüm bedenimde sadece rahatsızlık ve acı vardı ve sahip olduğum her türlü rahatlık "Yorgan" olan Kutsal Ruh'tan geliyordu. Tanrı'nı nhalkı benim için dua ettiğinde, bedenim geçici olarak acıdan kurtuluyordu, bu yüzden her zaman başkalarından dua istedim. Bir gün yere yığıldım ve hastaneye kaldırıldım. Hastanedeki doktor ağrı kesici ilaç almam için beni ikna etmeye çalıştı. Günlerdir ağrılarımın çok şiddetli olduğunu gördüğü için bu konuda ısrarcıydı. Sonunda ilaç almam için verdiği talimatı yerine getirdim ama bu inandığım şeylere aykırıydı.

Benim için Tanrı şifacım ve doktorumdu. Tanrı'nın beni her an iyileştirme yeteneğine sahip olduğunu biliyordum, tıpkı daha önce pek çok kez yaptığı gibi, o halde neden şimdi iyileştirmesin? Bana yardım etmenin Tanrı'nı nsorumluluğu olduğuna kesinlikle inanıyordum. Bu şekilde düşündüm ve imanla dua ettim ve bu konudaki düşüncemi kimse değiştiremezdi. Başka türlüsünü göremiyordum, bu yüzden "Usta Stratejist "i bekledim. Düşünce sürecim Tanrı'ya yaslanarak güçleniyordu. Ne kadar çok dua edersem, O'nunla olan ilişkim de o kadar artıyordu. Bu o kadar derin ve kişiseldi ki, Tanrı'nın ruhani yollarını ya da O'nun varlığını bilmeyen birine açıklanamaz. O muhteşem bir Tanrı! Hastaneden ayrıldığım gün, beni alması için bir arkadaşımı aradım. Dua etmek için elini üzerime koydu ve geçici bir ağrı hafiflemesi yaşadım. Bu sanki Tanrı'nı nreçeteli ilacını almak gibiydi. Bu süre zarfında Tanrı her sabah saat 4.00'te benimle birlikte dua etmesi için bir bayan gönderdi. Sadece geçici bir rahatlama yaşadım ve şimdi bana bir dua ortağı verilmişti. Tanrı'nın her şeyi kontrol altında tuttuğuna tüm kalbimle inandım.

Vücudum kötüleşmeye devam ettikçe işler daha da kötüye gitti. Sinir hasarı nedeniyle alt ve üst ekstremitelerime yeterince kan ve oksijen gitmiyordu. Semptomlar listeme ek olarak idrarımı da tutamaz hale geldim. Ağzımdaki spazmlar nedeniyle kelimeleri telaffuz etmekte zorluk yaşamaya başladım. Siyatik Sinir hasarım vardı ve semptomlar listesi büyümeye devam ediyordu.

İyileşmem çabuk olmadı. O'nun Atasözü 4:12'deki vaadine ne olduğunu merak ettim. Belki de günah işlediğimi düşündüm. Bu yüzden, "Rab İsa, tövbe edebilmem için lütfen neyi yanlış yaptığımı bana bildir" dedim. Tanrı'dan benimle ya da arkadaşımla konuşmasını, bana bir söz göndermesini istedim. Tanrı'ya kızgın değildim, ama O'ndan alçakgönüllü bir yürekle istiyordum. İyileşmek için çaresizdim.

O günün ilerleyen saatlerinde telefonum çaldı, kendi kendime bu benim cevabım olabilir mi diye düşündüm. Ama hayal kırıklığına uğradım, telefon başkası içindi. Yatağa gittim ve sabah saat 4'te dua etmek için uyandım. Dua ortağım Sis. Rena benimle dua etmeye geldi. Ona baktım ve Tanrı'nın onunla konuşmuş olabileceğini ve benim cevabımı almış olabileceğini düşündüm, ama yine hayal kırıklığına uğradım, cevap gelmedi.

O gittikten sonra uzanıp dinlenmek için odama gittim. Orada uzanırken, saat 9.00'da arka kapının açıldığını duydum; gelen evin bakıcısı Carmen'di. İçeri girdi ve bana n"*asıl hissediyorsun*?" diye sordu. "*Berbat hissediyorum*" dedim. Sonra geri döndüm ve odama yöneldim. Carmen "*Sana bir sözüm var*" dedi. Bugün kilisede dua ederken İsa bana geldi ve şöyle dedi: A"*bla. Elizabeth Das bir sınavdan geçiyor, bu onun ateşli ve uzun sınavı ve o yanlış bir şey yapmadı. Altın gibi çıkacak ve ben onu çok seviyorum.*" Bir gece önce taht odasında soruma yanıt isterken O'nunla birlikte olduğumu biliyorum.

RAB'bin eli kısalmaz ki, kurtaramasın; kulağı ağırlaşmaz ki, duyamasın. (Yeşaya 59:1)

Hayatımın bu noktasında delirecekmişim gibi hissediyordum. Artık normal bir şekilde okuyamıyor, hatırlayamıyor ya da konsantre olamıyordum. Tek seçeneğim ve yaşama sebebim Tanrı'ya ibadet etmek ve bol bol dua etmekti. Gün aşırı sadece üç ya da dört saat gibi kısa sürelerle uyuyordum. Uyuduğumda Tanrı benim Şalom'umdu. O'nun Kutsal Adına yücelik, övgü ve onur olsun! Dualarımda Rab'be şöyle yakardım" :Tanrım, bu durumdan hemen kurtulabileceğimi biliyorum çünkü beni iyileştirebileceğine ve iyileştireceğine inancım var." Denemem hakkında düşünmeye başladım, belki de sadece inancımla bundan kurtulamayabilirdim. Sınavların bir başlangıcı ve bir sonu vardır.

Öldürmenin de zamanı var, iyileştirmenin de; yıkmanın da zamanı var, kurmanın da; (Vaiz 3:3)

Tüm bunlar sona erdiğinde, sonsuza dek ayakta kalacak güçlü bir iman tanıklığına sahip olacağıma inanmak zorundaydım. Her Şeye Gücü Yeten Tanrı'nın Harika İşlerinin bir tanığı olarak birçok kişiyle paylaşacağım bir iman tanıklığı! Kendi kendime sürekli tekrarladığım şey, her şeye değeceğiydi. "Umut Çıpama" inanmak zorundaydım çünkü **O'nun yolundan** başka bir yol yoktu! Ve **O'nun yolunda**, O'nun adına verilen güçlü şifa armağanına sahip Olan'a yönlendirileceğim gerçekleşti. Tanrı'nı nSözü asla değişmez, dolayısıyla Tanrı da değişmez. O dün, bugün ve sonsuza dek aynıdır. Yeniden Doğan İnanlılar olarak, imanımızı sevgiyle ikrar etmeli ve Tanrı Sözü'nü sevmeliyiz.

"Çürüyen tohumdan değil, çürümez tohumdan, yaşayan ve sonsuza dek yaşayacak olan Tanrı'nın sözü aracılığıyla yeniden doğmak."
(1. Petrus 1:23)

Kutsal Kitap'taki Tanrı adamlarının da denemeleri olmuştur. Bugün Tanrı'nın bizi denememesi neden farklı olsun ki? Kendimi Kutsal Kitap'taki tanrısal kişilerle kıyaslamıyorum, çünkü Kutsal öğrencilerle kıyaslanmaktan çok uzağım. Eğer Tanrı yüzlerce yıl önce insanların imanını sınadıysa, bugünün kadın ve erkeklerini de sınayacaktır.

Ne"*mutlu ayartılmaya dayanan adama; çünkü* ***denendiğinde,*** *Rab'bin kendisini sevenlere vaat ettiği yaşam tacını alacaktır."*
(Yakup 1:12)

Kutsal Kitap'ta anlatılan Daniel'i düşündüm. Kendisini imanının sınandığı bir durumun içinde buldu. Tanrı Daniel'i aslanlar çukurunda korudu, çünkü Daniel Kral Darius'un yasasına itaat etmedi. O sadece Tanrı'ya dua etti ve Kral Darius'a dua etmeyi reddetti. Sonra Eyüp vardı, Tanrı'yı seven adanmış bir adamdı, sahip olduğu her şeyi kaybetti ve bedeninde hastalık vardı, ama Eyüp Tanrı'ya lanet etmedi. Kutsal Kitap'ta adı geçen daha pek çok kadın ve erkek vardı. Ne yaşamış olurlarsa olsunlar, denemelerinin bir başlangıcı ve bir sonu vardı. Rab her zaman onlarla birlikteydi, çünkü O'na güveniyorlardı. Kutsal Kitap'ta bize örnek ve esin kaynağı olarak verilen bu anlatılardan aldığım derslere tutunuyorum. Tanrı her şeyin cevabıdır. Yalnızca O'na güvenin ve O'nun Sözü'ne sadık kalın, çünkü O'nun Sözü sizin için doğrudur!

İman ve iyi bir vicdana sahip olmak; bazıları imanı bir yana bırakarak gemiyi batırdılar (1 Timoteos 1:19)

İmanınız sınandığında, Tanrı Sözü'ne dayanmayı unutmayın. Düşmandan gelen her saldırıda, O'nun Sözü'nün gücüyle savaş kazanılabilir.

RAB gücüm ve şarkımdır, O benim kurtuluşum oldu, O benim Tanrımdır, (Çık. 15:2a)

Kayamın Tanrısı; ona güveneceğim, O benim kalkanım, kurtuluşumun boynuzu, yüksek kulem, sığınağım, kurtarıcımdır; beni şiddetten kurtarırsın (2Sam. 22:3)

RAB kayamdır, kalemdir, kurtarıcımdır; Tanrım, gücüm, kendisine güveneceğim; siperim, kurtuluşumun boynuzu, yüksek kulemdir. (Mezmurlar 18:2)

RAB ışığımdır, kurtuluşumdur; kimden korkayım? RAB yaşamımın gücüdür; kimden korkayım? (Mezmur 27:1)

Tanrı'ya güveniyorum: İnsanların bana yapabileceklerinden korkmayacağım. (Psa. 56:11)

Kurtuluşum ve yüceliğim Tanrı'dadır; Gücümün kaynağı ve sığınağım Tanrı'dadır. (Psa. 62:7)

Bölüm 5

İnancınızı Açıklamak

Bir süredir yüzümü kaşındıran bir toz alerjim vardı. Tanrı'nın beni bu durumdan iyileştireceğine inanıyordum. Bir gün bir iş arkadaşım bana bakarak alerjimin çok kötü olduğunu söyledi. Ona alerjim olmadığını söyledim ve Tanrı'nın benim şifa talebimle zaten ilgilendiğine inandığımı açıkladım. Bu benim "adını koyma" ve "talep etme" inancımdı. Rab, o gün hastalığı ve tüm semptomları ortadan kaldırarak dilekçemi onurlandırdı. Ne kadar harika bir Tanrı'ya hizmet ediyoruz! Ağzımızla itiraf etmek ve belirtilerimize isim vermek zorunda değiliz. Dua aldığınızda, bunun cennette çoktan halledildiğine ve bir Meleğin size şifanızı getirmek için gönderildiğine inanın. Hastalığınızı ve hastalıklarınızı değil, inancınızı dile getirin. Aklıma İsa ve Kefarnahum'daki Centurion'un İncil'deki öyküsünü getiriyorum:

"İsa Kefarnahum'a girince, bir yüzbaşı gelip kendisine yalvardı ve, 'Rab, uşağım evde felçli olarak yatıyor, çok acı çekiyor' dedi. İsa ona, "Gelip onu iyileştireceğim" dedi. Yüzbaşı, "Rab, ben senin çatımın altına gelmene layık değilim" diye karşılık verdi, "Yalnızca şu sözü söyle, uşağım iyileşecektir. Çünkü ben buyruğum altında askerleri olan yetkili bir adamım. Bu adama, "Git" diyorum, gidiyor; öbürüne, "Gel" diyorum, geliyor; uşağıma, "Şunu yap" diyorum, yapıyor. İsa

bunu duyunca hayret etti ve ardından gelenlere, "Size doğrusunu söyleyeyim, İsrail'de böylesine büyük bir iman görmedim" dedi. (Matta 8:5-10)

Yüzbaşı, İsa'nın sözlerinin gücüne inanarak alçakgönüllülükle Rab'be geldi. Yüzbaşının kendi sözleri İsa'ya, hizmetkârını iyileştirecek olan s"öylenen Söz "ün gücüne olan inancını açığa vurdu. Başkalarına söylediklerimizle onlara iman ve umut getirebiliriz. Başkalarına tanıklık etme fırsatımız olduğunda Kutsal Ruh'un ağzımızdan konuşmasına izin vermeliyiz.

Bu, O'nun başkalarının yaşamlarına etkili bir şekilde dokunmak ve Kurtuluş tohumunu ekmek için bizi kullanma yoludur. Böyle zamanlarda Tanrı, yüreğimizi ve günahkârlara ulaşma arzumuzu bildiği için, meshederek bize konuşacak sözler verecektir. Bizi tövbeye yönelten Tanrı'nı nSevgisi, Merhameti ve Lütfu için çok müteşekkirim. Günahlarımızı bağışlamaya hazırdır ve insan olduğumuzu bildiği için zayıflıklarımızı da bilir.

"Bana, 'Lütfum sana yeter' dedi, 'Çünkü gücüm güçsüzlükte yetkinleşir. Bu nedenle, Mesih'in gücü üzerimde olsun diye, güçsüzlüklerimle övünmeyi yeğlerim. Bu nedenle Mesih uğruna güçsüzlüklerden, kınanmalardan, zorunluluklardan, zulümlerden, sıkıntılardan zevk alırım; çünkü güçsüz olduğumda güçlüyümdür." (2. Korintliler 12:9-10)

İsa onlara, "İmansızlığınız yüzünden" dedi, "Size doğrusunu söyleyeyim, eğer hardal tanesi kadar imanınız varsa, bu dağa, 'Buradan kalk' diyeceksiniz, o da kalkacak ve sizin için hiçbir şey olanaksız olmayacak. (Matta 17:20)

O akşam şeytanın paketini kabul etmediğim için cilt alerjisi tamamen iyileşti.

Bölüm 6

Tanrı'nın ve Hizmetkarının İyileştirici Gücü

Bu bölüme öncelikle Kardeş James Min hakkında biraz bilgi vererek başlamak istiyorum. James biraderin Diamond Bar, Kaliforniya'da bir ayakkabı tamir dükkânı vardı ve burada müşterilerine Tanrı'nın gücü hakkında tanıklık ediyordu. Bir zamanlar ateistti ama Hıristiyan inancını kabul etmeye başladı. Daha sonra Havarilerin hakikat öğretisini öğrendi ve şimdi İsa'nın Adıyla vaftiz edilmiş ve diğer dillerde ya da dillerde konuşmanın kanıtıyla Kutsal Ruh'u almış güçlü bir imanlıdır. Kardeş James'le ilk tanıştığımda bana tanıklığını ve Tanrı'dan kendisini armağanlarda kullanmasını isteyerek nasıl dua ettiğini anlattı, böylece başkaları da inanacak ve mucizeler aracılığıyla Tanrı'yı tanıyacaklardı.

Hıristiyanlar olarak, armağanlarla hareket etmeli ve Tanrı'dan bizi kullanmasını istemekten korkmamalıyız. Bu armağanlar bugün de bizim içindir. Yeni Ahit'in ilk kilisesi Tanrı'nın Ruhu'na karşı duyarlıydı ve Ruh'un Armağanları'yla hizmet ediyordu.

İsa dedi ki:

*"Size doğrusunu söyleyeyim, bana iman eden, benim yaptığım işleri o da yapar; ve bunlardan **daha büyük işler yapar**; çünkü ben Babama gidiyorum". (Yuhanna 14:12)*

Kilise önderinizin bu armağanları anlamanıza yardımcı olması ve armağanınızı desteklemesi için dua edin. Tanrı'dan bunları kullanmanıza yardım etmesini isteyin çünkü bunlar doğrudan Tanrı'dan gelmektedir. Eğer armağanınız kilisede açıkça faaliyet gösteren bir armağansa, yüksek fikirli olmayın. Bazı armağanlarda Tanrı sizi istediği şeyi yapmak için bir araç olarak kullanacaktır. Birkaç armağanınız olabilir ve bunu bilmiyor olabilirsiniz. Bazı armağanlar sizi çok popüler yapmayacaktır ama Tanrı konuştuğunda O'na itaat etmeniz gerekecektir. Her şey armağana bağlıdır. Yeteneğinizi O'nun meshetme gücü altında kullanabilmek için bilgelik duası edin. Tanrı sizi bir nedenle seçti ve hata yapmaz. Armağanlar kilisenin gelişmesi içindir.

O'na ruhta ve gerçekte tapınan tek bir gerçek kilise vardır.

"Armağanların çeşitliliği vardır, ama Ruh aynıdır. Yönetimler farklıdır, ama Rab aynıdır. İşler çeşit çeşittir, ama her şeyi yapan aynı Tanrı'dır. Ama Ruh'un belirtisi herkesin yararlanması için verilmiştir. Birine Ruh aracılığıyla bilgelik sözü; bir başkasına aynı Ruh aracılığıyla bilgi sözü; bir başkasına aynı Ruh aracılığıyla iman; bir başkasına aynı Ruh aracılığıyla şifa armağanları; bir başkasına mucizeler yapma; bir başkasına peygamberlik; bir başkasına ruhları ayırt etme; bir başkasına çeşitli diller; bir başkasına dillerin yorumu verilir: Ama bütün bunlar tek ve aynı Ruh'un işidir ve herkese dilediği gibi bölüştürülür." (I Korintliler 12:4-11)

Kardeş James bana, Tanrı'nı nharika işlerinin mucizeleriyle Kutsal Ruh'ta faaliyet göstermek için bu armağanlar için dua ettiğini söyledi. Gece gündüz sürekli Kutsal Kitap okurdu. Ruh'un Armağanları'nın çalışmasıyla, iman tohumunun imansızın yüreğine ekileceğini fark etti. İsa'nın kendisinin de söylediği gibi, imanlıların kendilerinin bu mucizeleri ve çok daha fazlasını gerçekleştireceklerine dair imanımızın bir örneği olmalıyız.

"İman, umut edilen şeylerin özü, görülmeyen şeylerin kanıtıdır." (İbraniler 11:1)

" Ama iman olmadan O'nu hoşnut etmek olanaksızdır; çünkü Tanrı'ya yaklaşan, O'nun varlığına ve kendisini özenle arayanları ödüllendireceğine inanmalıdır". (İbraniler 11:6)

Kardeş James, Tanrı'nın kendisine ruhani armağanlar vereceğine dair bir görüm gördü. Bugün Şifa ve Kurtuluş armağanlarıyla faaliyet gösteriyor. Kardeş James'in hizmeti sayesinde, herhangi bir yardım almadan tekrar yürüyeceğim gün için cennette belirlenen zaman geldi. Birader James bir kilisenin papazı ya da bakanı değildir. Ruhsal armağanlar nedeniyle kendisine mevki ve para teklif edilmiş olmasına rağmen kilisede yüksek bir mevkide değildir. Tanrı'nın kendisine emanet ettiği armağanlar karşısında alçakgönüllüdür. Tanrı'nın onu İsa'nın adıyla insanlardan cinleri kovmak ve hastalara şifa vermek için nasıl kullandığını gördüm. Kardeş James onları dışarı çağırdığında iblisler İsa'nın adıyla Tanrı'nın yetkisi altına girer. İblislere İsa'nın Adıyla sorular sorar ve onlar da Yakup Kardeş'e yanıt verirler. Bunu birçok kez bizzat gördüm; özellikle de iblislerden gerçek Tanrı'nın kim olduğunu itiraf etmelerini istediğinde. İblis İ"sa" diye cevap verecektir. Ama onlar için İsa'ya dönmek için artık çok geçtir. Bu sınavdan geçerek ve şifa için Tanrı'ya yaslanarak ruhani dünya hakkında çok şey öğrendim.

"Onlara, 'Bütün dünyaya gidin ve Müjde'yi bütün canlılara duyurun' dedi. İman edip vaftiz olan kurtulacak, ama iman etmeyen lanetlenecek. İman edenleri şu belirtiler izleyecek: Benim adımla cinleri kovacaklar; yeni dillerle konuşacaklar; yılanları çıkaracaklar; ölümcül bir şey içseler bile onlara zarar vermeyecek; hastalara el sürecekler ve onlar iyileşecekler." (Markos 16:15-18)

Tanrı'nın lütfuyla, Kardeş James her an herkese İsa hakkında tanıklık etmeye hazırdır. Ev toplantılarında ya da davet edildiği kiliselerde şifa ve kurtuluş hizmetinde çalışmaktadır. Kardeş James İncil'den alıntılar yapar:

Yine de kardeşler, Kutsal Ruh'la kutsanmış olarak öteki ulusların sunusu kabul edilebilsin diye, İsa Mesih'in öteki uluslara hizmetkârı olmam ve Tanrı'nın Müjdesi'ni duyurmam için Tanrı'nın bana verdiği lütuf nedeniyle, size daha cesurca yazdım. Bu nedenle, Tanrı'yla ilgili konularda İsa Mesih aracılığıyla övünebilirim. Çünkü Mesih'in benim aracılığımla, Tanrı'nın Ruhu'nun gücüyle, güçlü belirtiler ve harikalarla, sözle ve eylemle öteki ulusları itaat ettirmek için yapmadığı hiçbir şeyi söylemeye cesaret edemem; öyle ki, Yeruşalim'den İlirikum'a kadar Mesih'in müjdesini tam olarak duyurdum. (Romalılar 15:15-19)

Onunla tanıştığım gün, Rahip James bana sağlığımla ilgili birkaç soru sordu. Ona her şeyi ve belirtilerimi anlattım. Ayrıca ona üç tümörümün olduğu yeri gösterdim. Tümörlerden biri omurgamın dış tarafında, diğeri ise omurganın iç tarafındaydı. Kardeş James omurgamı kontrol etti ve omurgamın ortadan düz olmadığını açıkladı. Bacaklarımı yan yana karşılaştırarak kontrol etti ve bana bir bacağımın diğerinden neredeyse 3 inç daha kısa olduğunu gösterdi. Bir elim de diğerinden daha kısaydı. Omurgam için dua etti ve omurgam, parmağını omurgama paralel olarak düz bir şekilde gezdirebileceği orijinal yerine geri geldi. Bacağım için dua etti ve gözümün önünde hareket etmeye başladı, sonra diğer bacağımla eşit olduğunda büyümesi durdu. Aynı şey elim için de oldu. Diğer elimle eşit şekilde büyüdü. Kardeş James daha sonra yürüme desteğimi kaldırmamı istedi ve ayağa kalkıp İsa'nın Adıyla yürümemi emretti. Dediğini yaptım ve mucizevi bir şekilde yürümeye başladım. Buna tanık olan arkadaşım koşarak geldi ve "Liz bana tutun, desteğine tutun yoksa düşeceksin!" diye bağırdı. O anda yürüyecek güce sahip olduğumu biliyordum ve inançla o adımı attım. Sevinçten havalara uçuyordum!

Uzun süre yürüyememekten kaynaklanan egzersiz eksikliği nedeniyle bacaklarımda kas zayıflığı vardı. Kaslarımı tekrar forma sokmak biraz zaman aldı; bugün bile kaslarım tam gücüne sahip değil. Tanrı'ya şükür yürüyebiliyorum ve arabamı kullanabiliyorum. Kimse bana Tanrı'nın bugün mucizeler yaratmadığını söyleyemez. Tanrı için hiçbir şey imkânsız değildir. Büyük bir sevinçle, engelimi bilen doktoru ziyarete gittim. Herhangi bir yardıma, bastona ya da tekerlekli sandalyeye ihtiyaç duymadan muayenehaneye girdiğim anda, sağlık personeli tamamen şaşırdı. Hemşireler doktoru çağırmak için acele ettiler, doktor da röntgen çektiği için inanılmaz derecede şaşırmıştı. Gördüğü şey, tümörlerin hala orada olduğu, ancak gizemli bir nedenden dolayı buna rağmen yürüyebildiğimdi. Tanrı'ya şükürler olsun! İnanıyorum ki bu tümörler de yakında yok olacak!

Tanrı'nın beni iyileştirdiği gün, herkese Tanrı'nın bizim şifacımız olduğunu ve kurtuluş planının O'na inananlar ve O'nu izleyenler için olduğunu söylemeye başladım. Kardeş James ve Tanrı'nı ntüm nimetleri için Tanrı'ya şükürler olsun!

Verdiğim sözün ilk kısmı gerçekleşmişti.

"Gittiğin zaman adımların daralmaz, Koştuğun zaman tökezlemezsin." (Atasözü 4:12)

Birçok kez düşeceğimi sandım ama hiç düşmedim.

"RAB'bi kutsa, ey canım, Onun bütün iyiliklerini unutma: Bütün suçlarını bağışlayan, Bütün hastalıklarını iyileştiren, Canını yıkımdan kurtaran, Seni sevecenlikle, merhametle taçlandıran, Ağzını iyi şeylerle doyuran, Gençliğin kartalınki *gibi yenilensin diye." (Mezmurlar 103:2-5).*

Bölüm 7

Şeytana ya da Şeytani Şeylere Yol Vermemek

Kaliforniya'dan arkadaşım Rose bir sabah erkenden beni aradı. Bana bir önceki gece kocası Raul'un yatmaya gittiğini, kendisinin ise misafir odasında kalıp gece geç saatlerde radyoda Ouija tahtasıyla ilgili popüler bir programı dinlediğini söyledi. Işıklar kapalıydı ve oda karanlıktı. Birdenbire odada bir varlık hissettiğini söyledi. Kapı aralığına doğru baktı ve orada kocasına benzeyen bir adam duruyordu. Bu figür hızla hareket etmiş ve onu bulunduğu yatağın üzerine yatırmış. Bu "şey" daha sonra onu kollarından tutarak kaldırdı ve göz göze bakacak şekilde oturur pozisyona getirdi. Göz çukurlarında göz olmadığını, sadece derin bir siyahlık olduğunu açıkça görebiliyordu. Onu hala yukarıda tutan kolları ölüm gibi grimsi bir renkteydi ve damarları deriden dışarı çıkıyordu. Bunun kocası değil, kirli bir düşmüş melek olduğunu hemen anladı.

Bildiğiniz gibi bir iblis ve düşmüş bir melek tamamen farklı özelliklere sahiptir. Düşmüş melekler Lucifer ile birlikte cennetten atılmışlardır ve tamamen farklı işlere sahiptirler. Düşmüş melekler tıpkı insanlar gibi bir şeyleri hareket ettirebilirler, ancak bir iblisin planını gerçekleştirmek için bir insan bedenine ihtiyacı vardır. İblisler İsa olmadan ölen insanların ruhlarıdır; onların da sınırlı güçleri vardır.

Ve gökte başka bir mucize göründü; ve yedi başı ve on boynuzu ve başları üzerinde yedi tacı olan büyük kırmızı bir ejderha gördü. Ve kuyruğu göklerin yıldızlarının üçte birini çekti, ve onları yere attı; ve ejderha doğar doğmaz çocuğunu yutmak için doğmaya hazır olan kadının önünde durdu. (Vahiy 12:3,4)

Rose hâlâ savunmasızdı ve donmuş bir halde konuşamıyordu. Raul'e seslenmeye çalıştığını ancak sanki birisi ses tellerini sıkıyormuş gibi sadece kısa boğuşma sesleri çıkarabildiğini söyledi. Arka planda radyo sunucusunu hala duyabiliyordu ve gözleri tamamen açık olduğu için uyumadığını biliyordu ve onları kapatmamak için kendi kendine tekrarladı. Bu olay meydana gelmeden önce gözlerini kısa bir süreliğine kapattığını ve duvar kağıdını parçalayan büyük pençe izlerinin olduğu bir görüntü ya da rüya gördüğünü hatırlıyordu.

Rose'u neredeyse 30 yıldır tanıyorum. Rose yaklaşık 10 yıl önce kiliseden ayrıldı ve artık Rab ile yürümüyordu. Her zaman iletişim halindeydik ve ben onun Tanrı'ya dönmesi için dua etmeye devam ettim. Rose bana en az birkaç kez işten eve dönerken görünürde hiçbir neden yokken çok güçlü bir şekilde dillerde konuştuğunu söyledi. Bunun çok olağandışı olduğunu hissetti çünkü hiç dua etmiyordu. Tanrı'nın Kutsal Ruh aracılığıyla kendisiyle ilgilendiğini fark etti. Tanrı'nın sevgisi ona ulaşıyordu ve Tanrı'nın kontrolü elinde tuttuğunu biliyordu çünkü ziyaretlerinin zamanını O seçiyordu. Rose gözlerini ve zihnini kapattığını ve "İSA!" diye bağırdığını söyledi. Düşmüş melek bir anda bedeninden atladı ve yere değmeden uzaklaştı.

Tekrar hareket edebilene kadar hareketsiz kaldı. Raul'u uyandırdı, o da bunun sadece kötü bir rüya olduğunu söyledi. Onu yatağında yanına yatırdı ve çabucak uykuya daldı. Rose ağlamaya başladı ve az önce meydana gelen dehşeti düşündü ve cenin pozisyonunda olduğunu fark etti. Birden Kutsal Ruh'un doğaüstü gücü üzerine gelip onu o karanlık odaya geri götürürken dillerde konuşmaya başladı. Tam olarak ne yapması gerektiğini anlayarak kapıyı arkasından kapattı. Tanrı'ya yüksek sesle tapınmaya başladı ve bitkin ama büyük bir huzurla yere düşene kadar O'nun Adını yüceltti.

Kapıyı açtığında, Raul'un tüm ışıkları açık bir şekilde oturma odasında durduğunu hayretle gördü. Doğruca yataklarına gitti ve müthiş bir huzurla uyudu. Ertesi akşam yemek hazırlarken Raul Rose'a bir gece önceki "şeyin" geri dönüp dönmeyeceğini sordu. Bu soru karşısında şaşıran Rose, bunu neden sorduğunu, çünkü böyle bir şeyin olduğuna inanmadığını söyledi. Raul Rose'a, dua etmek için odaya girdikten sonra bir şeyin peşinden geldiğini söyledi. Bu yüzden tüm ışıklar açıkken ayaktaydı. Dua edip uyuduktan sonra, ertesi sabah saat 4:00'e kadar onu uyanık tutan korkunç bir şey tarafından saldırıya uğramış. Akşam 11:00'den sabaha kadar Om mırıldanarak meditasyon yapmaya çalışmış. Rose, Raul'un koridordaki dolapta, eve ilk taşındığında atmayı reddettiği bir ruh çağırma tahtası olduğunu hatırladı. Raul'e geri dönüp dönmeyeceğini bilmediğini ama Ouija tahtasından kurtulması gerektiğini söyledi. Raul tahtayı hemen dışarıdaki çöp kutusuna atmıştır. Rose, ondan kurtulması için bu korkunç olayın yaşanması gerektiğini söyledi!

Rose beni aradığında, ona düşmüş meleğin hâlâ evin içinde olabileceğini, bu yüzden telefonda birlikte dua etmemiz gerektiğini söyledim. Rose evi yağlamak için zeytinyağı aldı ve benimle hoparlörden konuştu. "Hazır" dediğimde ona hemen Kutsal Ruh'la dillerde konuşmaya başlayacağını söyledim. "Hazır" dediğimde, Rose anında dillerde konuşmaya başladı ve telefonu yağlamak için yere bıraktı. Evin her yerinde dua ederken, kapıları ve pencereleri İsa'nın adıyla meshederken sesinin azaldığını duyabiliyordum. İçimden bir ses ona garaja gitmesini söylediğinde Rose artık duyma menzilimin dışındaydı. Aynı anda Rose odaları meshettiğini ve garaja açılan arka kapıda olduğunu söyledi. Kapıyı meshettiğinde kapının arkasında şeytani bir varlık hissetmiş. Tanrı'nı nkorumasına inanan Rose kapıyı açtığını ve çok karanlık garaja girdiğini söyledi. İçeri girdikçe Kutsal Ruh'un gücü daha da güçlendi ve onun orada olduğunu hissedebiliyordu! Çöp kutusunun bulunduğu verandaya açılan başka bir kapıya doğru yürüdü. Bu, Raul'un bir gün önce Ouija tahtasını attığı çöp kutusuyla aynı çöp kutusuydu. Rose hiç tereddüt etmeden, Kutsal Ruh'a yüksek sesle ve hararetle dua ederken ruh çağırma tahtasının üzerine zeytinyağı döktüğünü söyledi, sonra da kapağını kapattı. Oturma odasına geri döndü ve ona "garaja git çünkü orada" diye seslendiğimi duyabiliyordu. Rose bana "onun" icabına çoktan baktığını söyledi. Bu, biz dua ederken şeytanın garajda olduğunu doğruladı.

Rose şimdi her şeyin kendisine anlamlı geldiğini söyledi. Tanrı, şefkatli merhameti ve sevgi dolu şefkatiyle, kendisine hizmet etmediği halde Rose'u tam da bugün için hazırlıyordu. Rose'a göre, bu deneyim onu daha önce hiç hissetmediği bir bağlılıkla Tanrı'ya geri döndüren şeydi. Şimdi Norwalk, Kaliforniya'daki Apostolic Lighthouse'a devam ediyor. Sevgisi ve koruması için Tanrı'ya çok minnettardı. Tanrı onu Kutsal Ruh'un inkar edilemez ruhani zırhıyla o gecenin düşmüş meleğiyle yüzleşmeye hazır hale getirdi. Rose için olanlar, İsa'nın Adında Tanrı'nın gücünün doğaüstü bir tezahürüydü. Rose'un Kendi yoluna dönmesi için O'nun sevgisiydi. O'nun elinin, göremedikleri ya da hissedemedikleri şeylere inanmamayı seçerek kendilerine karşı çıkanlar için bile kurtarmak ya da teslim etmek için çok kısa olmadığına inanın. Kurtarıcımız çarmıhta bizim için bedelini Kanıyla ödedi. O hiç kimseyi kendisini sevmeye zorlamayacaktır. Tanrı'nı n Sözü bize küçük bir çocuk gibi gelmeniz gerektiğini söyler ve O'nu tüm yüreğinizle ararsanız bulacağınızı vaat eder. İmansızlar ve kuşkucular olanı ve olacak olanı değiştiremezler. Tanrı'nın doğruluğuna susayın ve Diri Yaşam Suyu'ndan için.

"Neden geldiğimde kimse yoktu? Çağırdığımda cevap veren olmadı mı? Elim kısaldı mı ki, kurtaramıyorum? Benim kurtarmaya gücüm yok mu? İşte, azarlamamla denizi kurutuyorum, Irmakları çöl yapıyorum, Su olmadığı için balıkları kokuyor, Susuzluktan ölüyor." (Yeşaya 50:2)

"Kendilerine karşı gelenlere uysallıkla öğüt veriyorum; öyle ki, Tanrı onlara gerçeği kabul etmeleri için tövbe versin; şeytanın tuzağından kurtulsunlar ve onun isteğiyle tutsak alınsınlar."
(2. Timoteos 2:25-26)

Bölüm 8

Rüya ve Vizyon - "Uyarı"

Bir sabah arabamı sürerken yaklaşmakta olan bir tehlikeyle ilgili bir rüya gördüm. Bu rüyada ön lastik yüksek bir sesle patladı. O kadar yüksekti ki beni uyandırdı. Rüya o kadar gerçekti ki sanki uyanıkmışım ya da ikisinin arasında bir yerdeymişim gibi hissettim. Hafta boyunca bu konuda dua ettim ve arabamı lastikleri kontrol ettirmeye götürmeye karar verdim. Ne yazık ki planlarım sekteye uğradı ve bununla ilgilenemedim. Aynı hafta bazı arkadaşlarımla birlikte duaya ihtiyacı olan Hintli bir aile için dua etmeye gittik. Evlerine giderken mezarlığın yanındaki otoyolda arabamın lastiği patladı. Anında rüyayı gördüğüm gibi hatırladım. Arabamın lastiği patlamıştı ve aile evlerine gelmemiz için ısrar ediyordu. Lastik tamir edildikten sonra başka bir araçla geri döndük ve aileyi görmeye devam ettik. Ailenin tek oğluyla ilgili bir durum vardı, o da yasal bir meseleye karışmıştı ve hapse girecekti. Oğullarının da sınır dışı edilerek kendi ülkelerine gönderilmesinden endişe ediyorlardı. Genç adamın annesi o gün erken saatlerde ağlayarak beni aradı ve oğlunun karşı karşıya kalacağı suçlamaları anlattı. En kötü senaryoyu düşünerek, suçlu bulunacağından ve ardından oğlunu bir daha görememek üzere sınır dışı edileceğinden emindi. Çalışamadığını çünkü hastalarının önünde sürekli ağlayacağını söyledi. O ağlarken, telefonda onunla birlikte bu durum için dua etmeye başladım. Tanrı'nın Ruhu harekete geçtikçe Kutsal Ruh'la bilinmeyen bir dilde ya da dillerde konuşmaya başladım. Yüreğindeki yükün kalktığını ve kendisini rahatlamış hissettiğini söyleyene kadar dua ettim.

"Aynı şekilde Ruh da güçsüzlüklerimize yardım eder; çünkü biz ne için dua etmemiz gerektiğini bilmiyoruz, ama Ruh'un kendisi dile getirilemeyen iniltilerle bizim için aracılık eder. Yürekleri araştıran Ruh'un düşüncesinin ne olduğunu bilir, çünkü Tanrı'nın isteği uyarınca kutsallar için aracılık eder." (Romalılar 8:26- 27).

Annesi ertesi sabah duruşmaya gitmeden önce beni arayıp arayamayacağını sordu. Ona evet dedim ve Tanrı'nın müdahale etmesi için dua edeceğimi söyledim. Mahkemeden sonra beni aramasını istedim, çünkü Tanrı'nın nasıl bir mucize gerçekleştirdiğini bilmek istiyordum. Ertesi gün genç adamın annesi büyük bir sevinçle beni aradı ve "*Olanlara inanmayacak mısın*?" dedi. Ben " de*İnanırım çünkü biz böyle bir Tanrı'ya hizmet ediyoruz*" dedim! Oğlumla ilgili ellerinde herhangi bir kayıt olmadığını söylemeye devam etti. Avukat, kendisinin ve avukatın elinde belgelerin olmasına rağmen mahkemenin böyle bir isme ya da ona karşı herhangi bir suçlamaya rastlamadığını söyledi.

Tanrı dualarımıza cevap vermişti. İmanı o kadar artmıştı ki, o günden sonra ne kadar güçlü bir Tanrı'ya hizmet ettiğimizi ve tüm kalbimizle dua ettiğimizde Tanrı'nın her şeyi nasıl hallettiğini kabul etti. Tanrı'nın mucizelerinin bir tanığı oldu ve Rab'bin onlar için yaptıklarına tanıklık etti. Patlak lastiğe gelince, önceden ilgilenmiş olsaydım yaşanmaması gereken küçük bir aksilikti. Yine de Rab, gelip onlarla birlikte dua etmemiz konusundaki ısrarları sayesinde bu aileye ulaşmamız için bir yol açtı. Bizi Tanrı'nın isteğini yerine getirmekten alıkoyan güçlere karşı koymaya her zaman hazır olmalıyız. Düşmanın, hasmımız olan şeytanın her planına, özellikle de yolumuza çıkan engelleri gördüğümüzde, azimle karşı koymalıyız.

Ailenin evine vardığımızda dua ettiğimizi ve tüm aileye tanıklık ettiğimizi hatırlıyorum. Tanrı Sözü'nü duyurma ve öğretme konusunda harika bir zaman geçirdik. O gün Rab'bin sevinci bizim gücümüz oldu ve olmaya da devam ediyor! O'nun isteğini yerine getirenleri bereketleyecektir.

Bölüm 9

Tüm Gece Dua Toplantısı

Bir gece bazı arkadaşlarımla birlikte bütün gece dua etmeye karar verdik. Daha sonra ayda bir kez "Tüm Gece Dua Toplantısı "nda dua etmeye karar verdik. Bu tüm gece dua toplantıları sırasında harika deneyimler yaşadık. Evdeki birleşik dua zamanımız o kadar güçlü hale geldi ki, bize sonradan katılanlar kendi dualarındaki farkı hemen hissettiler. Bu artık dini bir rutin değil, Ruh'un Armağanlarının tezahürleriyle Kutsal Ruh'ta dua etmekti. Biz dua ederken, bazıları şeytanla güreşmenin ne demek olduğunu deneyimlemeye başladı. Dualarımızda bizi ruhsal savaş alanlarına götüren daha yüksek bir seviyeye ulaştıkça güçler bize karşı geliyordu. Şeytanla savaş halindeydik ve oruç günleri çağırmaya başladık. Bizi Tanrı'yı daha da fazla aramaya zorlayan ruhsal açıdan güçlü bir şeye dokunmuştuk.

Sabah 3:30'daki böyle bir dua toplantısı sırasında arkadaşım Karen meshetme yağını getirmek için ayağa kalktı. Ellerime ve ayaklarıma yağ sürmeye başladı ve sonra Tanrı Sözünü iletmek için birçok yere gitmem gerektiğini ve Tanrı'nın beni kendi amacı için kullanacağını söyleyerek peygamberlik etmeye başladı. İlk başta Karen'a çok kızmıştım çünkü bu mümkün değildi ve hiç mantıklı gelmiyordu. Hayatımın o döneminde, yürüyemediğim için yaklaşık 10 yıldır hiçbir yere gitmemiştim. Bacak kaslarım hala zayıftı ve omurgama baskı yapan ağrılı tümörlerim vardı. Karen' insözleri üzerinde düşündüm ve sonra Tanrı benimle konuştu, onun ağzından "Ben seninle konuşan Rab'bim" dedi, o zaman anladım ki benimle konuşan sadece Karen' in coşkusu değildi. Özür diledim ve Tanrı'dan düşüncem için beni affetmesini diledim.

Birkaç gün sonra Chicago, Illinois'de ruhani yardıma ihtiyacı olan birinden telefon aldım ve ertesi hafta Chicago'ya gitmeye karar verdik. Bu başlı başına büyük bir mucizeydi çünkü o sırada dışarı çıkmayı hiç düşünmemiştim. Peygamberlik mesajı sayesinde, tamamen inançla Chicago'ya yolculuk yaptım. Peygamberlik mesajı olmasaydı kesinlikle gitmezdim. O hafta fiziksel sağlığım daha da kötüleşti ve yataktan çıkamaz hale geldim. Ayrıca Chicago'ya çok kar yağdığını da duydum. İnancımın sınandığını fark ettim. Hayatımın o döneminde etrafta dolaşmak için tekerlekli sandalyeye ihtiyacım vardı. Chicago'daki aile şeytani güçlerin kendilerine karşı geldiğini deneyimliyordu. Yakın zamanda Tanrı'ya dönmüşler ve büyücülük yapmayı bırakmışlardı. Aile üyelerinin çoğu da Rabbimiz İsa Mesih'e dönmüştü. Rab onları iyileştirmiş ve günaha tutsak eden bu şeytani güçlerden kurtarmıştı. Tanrı'nın bana böyle bir yolculuğa dayanma gücü vermesi gerektiğini anladım ve gitmemin Tanrı'nın isteği olduğu kısa sürede ortaya çıktı. Tanrı'nın bana O'nun sesine itaat etmem gerektiğini söylediği iki rüya görmüştüm. Tanrı'ya itaatsizlik etmedim ve O'nu sorgulamamayı öğrendim. O'nun yollarının bana mantıklı gelmek zorunda olmadığını çabucak öğreniyordum. Chicago'ya vardığımız gün hava çok sıcaktı. Ayrıca ağrım da yoktu. Kutsal Yazılar'ın dediği gibi gözle değil, imanla yürürüz. Bir şeyler bize imkânsız göründüğünde" ,Tanrı için her şeyin mümkün olduğuna" inanmalıyız. O her şeyi halletti ve bana Chicago'da Kendi isteğini yerine getirmem için enerji verdi. Ayrıca diğer aileleri evlerinde ziyaret etmek ve onlara hizmet etmek için zamanımız oldu.

Eve dönmek üzere yola çıktığımızda fırtına başladı, birçok uçuş iptal edildi, ancak Tanrı'ya şükürler olsun ki uçuşumuz gecikmesine rağmen Kaliforniya'ya geri dönebildik. Tanrı'ya şükürler olsun! O gerçekten benim "Kaya ve Kalkanım", ruhani ve doğal fırtınalardan koruyucum.

Bu yolculuk hepimiz için bir inanç ve bereket tanıklığı oldu. İtaat etmemiş olsaydım, Tanrı'nı nEllerinin eserinin bereketini deneyimleyemezdim. Tanrı bugün bizimle nasıl konuştuğu konusunda beni şaşırtmaktan asla vazgeçmiyor. Her Şeye Gücü Yeten Tanrı, hâlâ benim gibi sıradan insanlarla konuşuyor. Yaratıcımıza hizmet etmek ve O'nun kudretli işlerini görmek, bugün O'na inanan ve O'nu çağıran insanların yaşamlarına dokunmak ne büyük bir ayrıcalık. Tanrı'nın tüm dikkatimi toplaması için bir kehanet mesajı ve iki rüya görmem gerekti. Tanrı'nın düşüncelerini ve biri için ne gibi planları olabileceğini tam olarak anlayamayacağımızı hatırladım. O anda, bize hiçbir anlam ifade etmese ya da mantıklı gelmese bile itaat etmeliyiz. Zaman içinde O'nun sesini duymayı ve ruhları ayırt etmeyi öğrendim. O size asla Sözüne aykırı bir şey yapmanızı söylemeyecektir. İtaat etmek fedakârlıktan daha iyidir.

"Samuel, 'RAB yakmalık sunulardan ve kurbanlardan, RAB'bin sözünü dinlemekten hoşlandığı kadar hoşlanıyor mu? İtaat etmek kurbandan, söz dinlemek koçların yağından daha iyidir."
(1. Samuel 15:22)

"Çünkü benim düşüncelerim sizin düşünceleriniz değil, sizin yollarınız da benim yollarım değil, diyor RAB. Çünkü gökler yerden nasıl yüksekse, benim yollarım da sizin yollarınızdan, benim düşüncelerim de sizin düşüncelerinizden öyle yüksektir."
(Yeşaya 55: 8, 9)

Bölüm 10.

Kehanet Mesajı

Aynı ortak inancı ve Tanrı sevgisini paylaşan dostlara sahip olmak büyük bir nimettir. Bir zamanlar ABD Postanesi'nde çalışırken iş arkadaşım olan Karen adında bir arkadaşım var. Karen, ben ona tanıklık ettiğimde Rab'bi tanıdı. Daha sonra ilk kilisenin elçisel hakikat öğretisini kabul etti. Karen, Hindistan'ın Mumbai kentindeki misyonerlik çalışmalarına gönülden destek veren nazik bir insandı. Oradaki hizmet için yürekten bir sevgisi vardı ve Mumbai'de bir kilise inşa edilmesi için kendi parasını bağışladı.

West Covina'da yaşarken bir gün Karen arkadaşı Angela'yı evime getirdi. Arkadaşı çok heyecanlıydı ve Tanrı için yanıp tutuşuyordu. Bana geçmişte kendini defalarca keserek intihara teşebbüs ettiğini ve fuhuş geçmişiyle ilgili tanıklığını anlattı. Onun tatlı ruhunu sevdim ve ona benim için dua etmesinin bir sakıncası olup olmadığını sordum. "*Burada*" mı? Diye sordu. "*Evet burada*" diye cevap verdim. Benim için dua etmeye başladığında, Kehanet Ruhu onun üzerine geldi. Rab'bin Sözü'nü *söylemeye başladı*" :*Tanrı sana başladığın kitabı bitirmeni söylüyor. Bu kitap birçok insan için bir bereket olacak. Bu kitap sayesinde birçok insan kurtulacak.*" Çok mutlu olmuştum çünkü ne onun ne de Karen'ın benim yıllar önce anılarımı yazmaya başladığımdan haberi vardı. Bu kitabı yazmak için ilk kez bir yıl önce

Bayan Saroj Das ve bir arkadaşımdan ilham aldım. Bir gün, yerel bir kiliseden Rab'de bir kız kardeş, elinde bir kalemle yanıma geldi ve bana "*Şimdi yaz!*" diye emretti.

Sağlığımla ilgili daha fazla sorun yaşayana kadar yazmaya başladım ve sonra bıraktım çünkü başarmak benim için çok büyük bir görevdi. Şimdi, kitap konusu yeniden ortaya çıkmıştı. Kitap yazma girişimimden kimsenin haberi yoktu. Deneyimlerim toplanacak ve yazılacaktı, böylece başkaları da ilham alabilecekti. Buna uymak zorundaydım ama tüm bunların nasıl gerçekleşeceği benim için hala büyük bir gizemdi. Birçok nedenden dolayı fiziksel olarak yazamazdım ama yine de Tanrı bunun gerçekleşmesi için bir yol bulmalıydı. Mesajı duyduktan sonra bunu yapma arzusu ve aciliyeti duydum; ancak gerisini Tanrı'nın yapması gerekecekti. İlk yolculuğum Yaşayan Tanrı'yı bulmaktı ve O beni buldu! Eğer Tanrı'yla olan deneyimlerimi yazmazsam, bu gerçek anlatılar sonsuza dek kaybolacak. O kadar çok insanın yaşamı etkilendi ve mucizevi bir şekilde etkilendi ki, bu kitap her olayı ve mucizeyi içeremez. Tanrı'nı nmucizeleri ben bu bedenden ayrılıp Rab'bin yanında olduğumda bile devam edecek. İman bir yerde başlar. Bir başlangıcı vardır ve sınırsızdır çünkü imanın farklı ölçüleri vardır. İman ekildiğinde Tanrı Sözü'yle sulanır ve başkalarının tanıklıklarıyla beslenir. Bir hardal tohumu kadar imanımız varsa dağları yerinden oynatabileceğimizi söyleyen kutsal kitabı düşündüm. Amerika'ya yaptığım bu yolculuğun beni hayatımı değiştirecek deneyimlerle dolu bir labirente götüreceğini ya da bir gün O'nun yollarını onurlandırmak hakkında yazacağımı nereden bilebilirdim? Bir gün arkadaşım Rose'a Tanrı'nı nmesajından ve bu kitapla ilgili planından bahsettim. Rose beni dinledi ve notlarıma baktı. Beni yıllardır tanıyordu ve Amerika'daki yaşamım hakkında zaten çok şey biliyordu. Yazma işi iki deneyimsiz kişinin hayal bile edemeyeceği bir şekil aldı. Rab bir yol açtı ve birçok zorluk ve çok "garip" olaydan sonra kitap tamamlanacaktı. Rab konuşmuştu ve şimdi O'nun planı gerçekleşti.

Karen'ı narkadaşı kehanette bulunmaya devam etti. Bana "*Tanrı bu ayın sonuna kadar senin için bir şey yapacak*" dedi. Ve Tanrı'nın onun kehanet mesajları aracılığıyla benimle konuştuğu daha pek çok şey. Bu gerçek uğruna ne kadar çok zorluk çektiğimi hatırlamaya başladım. Tanrı'nın bu genç bayan aracılığıyla benimle konuştuğu gün, Tanrı yüreğimdeki soruyu yanıtladı. O'nun isteğini yerine getirecektim ve cesaretlendirici sözler ilerledi. Duymaya ihtiyacım olan sözler. Benim bir "*Altın Kap*" olduğum kehanetinde bulundu. Bu beni çok alçakgönüllü kıldı. İmanla, Tanrı'yla uyum içinde yürümek için elimizden geleni yaparız ve O'nu gerçekten hoşnut edip etmediğimizden emin olamayız. O gün O'nu hoşnut ettiğimi bana bildirerek beni kutsadı. Yüreğim büyük bir sevinçle doldu. Bazen ne istediğimizi unuturuz ama duamız yanıtlandığında şaşırırız.

Kutsal Kitap'ın dediği gibi O'nun kişilere saygı duymadığına inanmalıyız. Statünüzün ya da kastınızın ne olduğu önemli değildir, çünkü Tanrı'yla birlikte yaşamda kast ya da statü sistemi yoktur. Tanrı hepimizi aynı şekilde sever ve O'nunla kişisel bir ilişkiye sahip olmamızı ister; putlara ve insanlara hizmet eden birçok nesil tarafından aktarılan dini geleneklere değil. Putlar göremez ve duyamaz. Din hayatınızı ya da kalbinizi değiştiremez. Din sadece kendini tatmin ettiği için geçici olarak iyi hissetmenizi sağlar. Gerçek Tanrı sizi kucaklamak ve kabul etmek için bekliyor. İsa dünyanın önünde kurban edilen Tanrı Kuzusu'ydu. Çarmıhta öldükten sonra dirildi ve bugün ve sonsuza dek yaşamaktadır. Artık Rabbimiz ve Kurtarıcımız İsa Mesih aracılığıyla Tanrı'yla doğrudan ilişki kurabiliriz. Tanrı'yla olan yürüyüşümüzde farklı düzeyler vardır. O'nu daha çok arzulamalı ve sevgide, imanda ve güvende büyümeye devam etmeliyiz. Bu deneyim beni çok alçakgönüllü kıldı. Tüm arzum ve amacım O'nu hoşnut etmektir. Tanrı'da olgunlaşmanın ruhsal büyüme düzeyleri vardır. Zamanla olgunlaşırsınız, ama bu tamamen O'nunla olan ilişkinize ayırdığınız zamana ve çabaya bağlıdır. Ayın sonunda koşullar beni 23 yıldır katıldığım kiliseden ayrılmaya yöneltti. Tanrı bir kapıyı kapattı ve başka bir kapıyı açtı. O zamandan beri tıpkı bu kitabın başında bahsettiğim basamak taşları gibi kapıları kapatıp açmaya devam ediyor. Tanrı her zaman benimle ilgileniyordu. Kısa bir süre West Covina'da bir kiliseye katıldım ve sonra başka bir kapı ardına kadar açıldı.

Aynı genç bayan birkaç yıl sonra tekrar kehanette bulundu ve bana toplanmamı söyledi, "*taşınıyorsun*". Çok şaşırmıştım çünkü annem çok yaşlıydı ve benim durumum hala düzelmemişti. Tanrı'ya inandım. Bir yıl sonra olan oldu, Kaliforniya'dan Teksas'a taşındım. Daha önce hiç gitmediğim ve kimseyi tanımadığım bir yere. Bu, hayat yolculuğumda başka bir maceranın başlangıcıydı. Bekâr bir kadın olarak Tanrı'nı n Sesi'ne boyun eğiyordum ve itaat etmek zorundaydım. Tanrı benden hiçbir şey almadı. Sadece bazı şeyleri ve yerleri değiştirdi ve hayatıma yeni dostluklar ve insanlar katmaya devam etti. Teşekkürler Tanrım, bugün hayatım çok kutsanmış durumda!

Bölüm 11

Bir İnanç Hamlesi

Nisan 2005'te Teksas'ın Longhorn eyaletine taşındım. Tanrı peygamberlik mesajları aracılığıyla farklı insanları kullanıyordu. Taşınmam onaylanmıştı ve tek yapmam gereken inanç sıçramasını gerçekleştirmekti. Her şey ilk olarak 2004 yılında Kardeş James ve Rab'de bir dost olan Angela'nın benimle telefonda dua etmesiyle başladı. Rahibe Angela bana "*Bu yılın sonuna kadar taşınacaksın*" diyerek kehanette bulunmaya başladı. O yılın Ocak ayından Ağustos ayına kadar hiçbir şey olmadı ve Eylül ayında bir öğleden sonra annem beni yatak odasına çağırdı. Bana kız kardeşimin ailesinin başka bir eyalete taşınacağını ve benim de onlarla birlikte taşınmamı istediklerini söyledi. Nereye taşınacaklarına karar vermemişlerdi ama seçenekler Teksas, Arizona ya da Amerika'yı tamamen terk edip Kanada'ya taşınmaktı. Daha sonra Rahibe Angela'yı aradım ve ona olanları anlattım. Ona kesinlikle Teksas'a gitmek istemediğimi söyledim. Oraya gitmek hiç aklıma gelmemişti, bu yüzden orada yaşamak bile bir seçenek değildi. Hayal kırıklığıma rağmen Rahibe Angela Teksas'ın bir eyalet olduğunu söyledi. İtaatkârlığımız sayesinde bu karar alındı ve sonunda Teksas'a taşınmamıza neden olan da bu oldu. O zamanlar Tanrı'nı nbu yöndeki adım taşlarını çoktan döşemiş olduğunu çok az biliyordum. Rahibe Angela ile yaptığım konuşmadan sonra, iki hafta içinde Teksas'ta olmak üzere kendim için uçak rezervasyonları yaptırdım. Benden habersiz, kız kardeşimin ailesi Plano çevresindeki bölgeyi görmek için çoktan Teksas'a gitmişti.

Rahibe Angela benim için dua ediyordu ve bana endişelenmememi, İsa'nın seni havaalanından alacağını söyledi. Kardeş Blakey ve Rahibe Blakey o kadar nazik ve sabırlıydı ki bu bana Rahibe Angela'nın kehanetini hatırlattı. Beni havaalanından memnuniyetle aldılar ve tüm ihtiyaçlarımda sevgi dolu ve şefkatli bir şekilde yardımcı oldular.

Rahibe Angela, göreceğim ilk evi çok seveceğimi ama benim evim olmayacağını söylemeye devam etti. İnternet aracılığıyla o bölgedeki Birleşik Pentekostal Kiliseleri aramaya başladım ve Teksas'ın Allen şehrindeki Birleşik Pentekostal Kilisesi'nin Pastörü Pastor Conkle ile temasa geçtim. Pastör Conkle'a Teksas'ta ne yaptığımı anlattım. Daha sonra benden Nancy Conkle'ı aramamı istedi. Nedenini bilmiyordum ve onun karısı ya da sekreteri olabileceğini düşündüm. Nancy Conkle'ın ailenin reisi, ailenin ve kilisenin besleyici annesi olduğu ortaya çıktı. Rahibe Conckle kendi altı çocuğunu yetiştirmiş ve toplam on bir kardeş olan erkek ve kız kardeşlerinin yetiştirilmesine yardımcı olmuştu! Nancy Conkle ile konuştuktan sonra Pastör Conkle'ın beni neden bu güçlü ve sevecen bayanla görüştürdüğünü anladım. Rahibe Conkle daha sonra beni emlakçılık yapan diğer kardeşi James Blakey ve eşi Alice Blakey ile görüştürdü. Teksas'ın Wylie adlı küçük bir kasabasında, Allen'dan sadece birkaç dakika uzaklıkta, düz arazilerin taşra yollarında yaşıyorlar.

Bölgeyi tanıdıktan sonra evimi satışa çıkarmak için Kaliforniya'ya geri döndüm. Evim iki ay içinde satıldı. Daha sonra ev aramaya başlamak için Teksas'a geri döndüm. Tanrı'nın hangi şehirde yaşamamı istediği konusunda dua ettim çünkü çok sayıda küçük şehir ve kasaba vardı. Tanrı "Wylie" dedi. Önemli kararlar almadan önce dua etmek ve Tanrı'nın isteğini sormak önemlidir, çünkü her zaman doğru olan bu olacaktır.

"Çünkü Tanrı'nın isteği buysa, iyilik yaptığınız için acı çekmeniz, kötülük yaptığınız için acı çekmenizden daha iyidir." (1. Petrus 3:17)

Daha sonra Kardeş Blakey ve Rahibe Blakey'e peygamberlik mesajlarından ve Tanrı'ya itaat etmek istediğimden bahsettim. İsteklerime saygı göstermeye çok dikkat ettiler ve onlara Tanrı'nın benimle konuştuğunu söylediğim her şeyi dinlediler. Ayrıca onlara Teksas'a yaptığım ilk yolculuk sırasında Tanrı'nın bana, "*Senin için ne planladığımı bilmiyorsun*" dediğini de söyledim. Bana karşı o kadar sabırlı davrandılar ki, Tanrı'nın sözlerine karşı gösterdikleri duyarlılık için her zaman minnettar kalacağım. Blakey Ailesi bu peygamberlik mesajının gerçekleşmesinde ve Teksas'taki yeni hayatımda büyük bir rol oynadı. Üç gün boyunca Wylie'de evleri görmeye başladık ve üçüncü gün akşam Kaliforniya'ya dönmek zorunda kaldım. Beni yeni bir arazideki örnek bir evi görmeye götürdüler ve sonra Rahibe Blakey "Bu senin evin" dedi. Gerçekten de öyle olduğunu hemen anladım. Hemen evi satın almak için gerekli evrak işlerini başlattım ve işlerin bir şekilde hallolacağını bilerek hemen havaalanına doğru yola çıktım. Aynı zamanda Tanrı bana üç aylığına Hindistan'a gitmemi söyledi. O'nu sorgulamadım ve Teksas'taki evi satın almaya devam etmesi için Blakey Kardeş'e vekâlet verdim, Kaliforniya'daki mali işlerimle ilgilenmesi için de emlak işleriyle uğraşan yeğenim Steve'e vekâlet verdim. On yıl aradan sonra ülkem Hindistan'a dönüyordum. İyileştiğim için Tanrı'ya şükürler olsun çünkü bacaklarımda hareket kabiliyeti olmasaydı bunu yapamazdım. Hindistan'a uçuyor ve Teksas'ta bir ev satın alıyordum. Hayatımda her şey hızla değişiyordu.

Hindistan'a dön.

Hindistan'a vardığımda her şeyin nispeten kısa bir süre içinde değiştiğini hemen fark ettim. Bu ülkenin yeniden canlanması için 25 yıl boyunca dua ettim ve oruç tuttum. Hindistan putperestliğin, taştan, tahtadan ve demirden heykellere tapınmanın yaygın olduğu çok dindar bir ülkedir. Göremeyen, konuşamayan ya da duyamayan ve hiçbir güce sahip olmayan dini imgeler. Bunlar zihinlerde ya da kalplerde değişim yaratmayan dini geleneklerdir.

"Beni terk eden, başka ilahlara buhur yakan, kendi ellerinin ürünlerine tapan bu insanlara karşı bütün kötülüklerine ilişkin yargılarımı açıklayacağım." (Yeremya 1:16)

Hıristiyanlık, dinler arasında ve özellikle Hıristiyanlara karşı çok fazla zulüm ve nefretin olduğu bu ülkede azınlıktaydı. Hıristiyanlara yönelik baskılar, masum insanların kanının dökülmesi, kiliselerin yakılması, insanların dövülmesi ya da öldürülmesiyle onları inançlarında daha da güçlendirdi. Ne yazık ki, anneler ve babalar İsa'ya döndüklerinde ve ailelerinin dinini terk ettiklerinde kendi çocuklarını reddettiler. Dışlanmış olabilirler ama babasız değillerdir çünkü Tanrı gözlerimizden akan yaşları silecek olan Cennetteki Babamızdır.

"Sanır mısınız ki, ben yeryüzüne barış getirmeye geldim? Size derim ki, hayır; aksine bölünme: Çünkü bundan böyle bir evde beş kişi bölünecek, üç kişi ikiye, iki kişi üçe karşı olacak. Baba oğula, oğul babaya; anne kıza, kız anneye; kaynana gelinine, gelin kaynanasına karşı bölünecek." (Luka 12:51-53)

Her yerde ellerinde İncillerle yürüyen insanlar görmek beni çok şaşırttı ve dua toplantıları yapıldığını duydum. Birçok birlik kilisesi ve tek Tanrı'ya inananlar vardı. Tanrı beden alarak, İsa Mesih'in bedeninde aramızda yaşamaya geldi. Ve tek gerçek Tanrı'nın tanrısallığının gizemi de böyledir.

*"Tanrısallığın gizemi tartışmasız büyüktür: **Tanrı bedende belirdi**, Ruh'ta aklandı, melekler tarafından görüldü, öteki uluslara duyuruldu, dünyada iman edildi ve yüceliğe alındı."(1 Timoteos 3:16)*

"Filipus O'na, 'Rab, bize Baba'yı göster' dedi, 'Bu bize yeter. İsa ona, "Bunca zamandır seninle birlikteyim, ama sen beni tanımadın mı, Filipus?" dedi. Beni gören Baba'yı görmüştür; o halde nasıl, "Bize Baba'yı göster" dersin? Benim Baba'da, Baba'nın da bende olduğuna inanmıyor musun? Size söylediğim sözleri kendim için söylemiyorum; ama içimde yaşayan Baba, işleri O yapar. Ya benim Baba'da,

Baba'nın da bende olduğuma inanın, ya da yaptığım işlerin hatırı için *bana inanın." (Yuhanna 14:8-11)*

"Tek bir Tanrı olduğuna inanıyorsunuz, iyi ediyorsunuz; şeytanlar da inanıyor ve titriyor." (Yakup 2:19)

Tanrı'ya susamış insanları görmek büyük bir mutluluktu. İbadetleri çok güçlüydü. Yirmi beş yıl önce terk ettiğim Hindistan'dan tamamen farklı bir Hindistan'dı. Genç ve yaşlı insanlar Yehova Tanrı'nın şeylerini arzuluyorlardı. Hinduların dini kutlamalarında Hıristiyan broşürleri dağıtan gençleri görmek yaygındı. Gün boyunca kiliseye gidiyorlar ve öğleden sonra 2:30'daki ayinden sonra yaklaşık 3:00'te geri dönüyorlardı. Hindular ve Müslümanlar da şifa bulmak ve kurtuluşa ermek için ayinlerimize geliyorlardı. İnsanlar Tanrı Sözü'nden vaaz dinlemeye ve Kutsal Kitap'tan öğreti almaya açıktı. Bu Hint kiliselerinden haberdar oldum ve pastörleriyle telefon ve e-posta yoluyla iletişim kurdum. Birleşik Pentekostal Kiliseleri ile bağlantı kurarak Hintli Pastörler adına yıllık konferanslarında konuşmak üzere Hindistan'a gitmeye istekli Amerikalı vaizler buldum. Tanrı'nı n yardımıyla çok başarılı olduk. Amerika'daki vaizlerin ülkem için dertlenmeleri ve Hintli vaizlere manevi destek vermeleri beni çok mutlu etti. Çok küçük ve mütevazı bir kilisenin Hintli bir pastörüyle tanıştım. O kadar çok yoksulluk vardı ve insanların ihtiyaçları o kadar büyüktü ki para göndermek için kişisel bir taahhütte bulundum. Amerika'da çok kutsanmış durumdayız. "Hiçbir şeyin imkânsız olmadığına" inanın. Eğer vermek istiyorsanız, bunu inançla ve sevinçle yapın ve gizlice verin. Yıllarca kimse benim taahhüdümden haberdar olmadı. Asla kişisel kazanç için ya da başkalarından şan veya övgü almak için vermeyi beklemeyin. Saf bir yürekle verin ve Tanrı'yla pazarlık yapmayın.

"Bu nedenle sadaka verirken, ikiyüzlülerin havralarda ve sokaklarda yaptıkları gibi, insanların gözünde yücelmek için önünüzde boru çalmayın. Size doğrusunu söyleyeyim, onların ödülleri vardır. Ama sadaka verirken sağ elinin ne yaptığını sol elin bilmesin: Öyle ki,

verdiğin sadakalar gizli kalsın, gizliyi gören Baban da seni açıkça ödüllendirsin." (Matta 6:2-4)

Tanrı evde kalabilmem için hayatımda bazı şeylerin olmasına izin vermişti. Rahip James'in dua ettiği ve Tanrı'nın beni tekerlekli sandalyeden kaldırdığı güne kadar hastalıklarımın nasıl ilerlediğini, artık yürüyemediğimi, düşünemediğimi ve normal hissedemediğimi hayretle hatırlıyorum. Tümörler ve kan hastalığı nedeniyle hala engelli sayılıyordum ve aylık yetersiz bir maluliyet çekiyle yaşıyordum. Tanrı işimi elimden aldığı için çekimin bir önemi yoktu, benim endişem faturalarımı nasıl ödeyeceğimdi. İsa benimle iki kez konuştu ve S"eninle ilgileneceğim" dedi. Kaliforniya'da ya da Teksas'ta yaşasam da İsa tüm ihtiyaçlarımı karşılayacaktı. Tanrı bunu kendi zenginliğinden ve bolluğundan yaptı. Tüm günlük ihtiyaçlarım için Tanrı'ya güvendim.

Ama önce Tanrı'nın Egemenliği'ni ve O'nun doğruluğunu arayın; bütün bunlar size eklenecektir. (Matta 6:33)

Hindistan'dan ayrılmadan önce kilisedeki bazı hanımlar bana artık kendileri için lüks şeyler almadıklarını söylediler. Giymek zorunda oldukları şeylerle yetiniyorlardı çünkü yoksullara yardım etmekten çok büyük bir tatmin duyuyorlardı.

Ama hoşnutlukla birlikte tanrısallık büyük kazançtır. Çünkü bu dünyaya hiçbir şey getirmedik ve hiçbir şey götüremeyeceğimiz de kesindir. Yiyeceğimiz ve giyeceğimiz varsa, bunlarla yetinelim. (1 Tim.6:6-8)

Yaşlılar ve küçük çocuklar da sevgi projelerinde yer aldılar. Yoksullara vermek üzere hediye paketleri yapmak için bir araya geldiler. Vermenin bereketinden çok memnundular.

"Verin, size verilecektir; iyi bir ölçü, bastırılmış, birlikte çalkalanmış ve taşan, insanlar koynunuza verecektir. Çünkü nasıl ölçtüyseniz, size yine öyle ölçülecektir." (Luka 6:38)

Bu kadar kısa bir süre içinde neler olduğunu bir düşünün. Evimi sattım ve başka bir eyalette yeni bir ev satın aldım. Ülkemin Rab İsa Mesih'e susamış insanlarla değiştiğini gördüm. Şimdi Teksas'ta yeni bir yaşama başlamayı bekliyordum. Tanrı'ya öncelik verdiğimizde, Yücelik Rabbi de bize sadık kalacaktır.

Amerika'ya dönüş.

Hindistan'dan üç ay sonra döndüm. Evim hazır olduğunda Teksas'a uçtum. 26 Nisan 2005'te uçağım Dallas-Ft. Worth Havaalanı'na inerken ağlıyordum çünkü bu ülkeye ilk geldiğimden beri tüm ailemden ve arkadaşlarımdan tamamen ayrı kalmıştım. Sonra Tanrı bana aşağıdaki ayeti verdi:

Ama şimdi seni yaratan RAB şöyle diyor, ey Yakup, Seni biçimlendiren RAB, ey İsrail, Korkma, çünkü seni kurtardım, Seni adınla çağırdım, Sen benimsin. Sulardan geçersen, seninle olacağım; Irmaklardan geçersen, seni taşırmayacaklar; Ateşten geçersen, yanmayacaksın; Alev seni tutuşturmayacak. Çünkü ben Tanrın RAB'bim, İsrail'in Kutsalı, Kurtarıcın: Senin için Mısır'ı, Etiyopya'yı, Seba'yı fidye olarak verdim. Gözümde değerli olduğun, onurlu olduğun için seni sevdim; bu yüzden senin uğruna insanlar, canın uğruna halklar vereceğim. Korkma, çünkü ben seninleyim; Soyunu doğudan getireceğim, Seni batıdan toplayacağım; Kuzeye, "Vazgeç", Güneye, "Geri durma" diyeceğim; Oğullarımı uzaklardan, Kızlarımı dünyanın öbür ucundan getireceğim; (Yeşaya 43:1-6)

Geldiğim gün kendimi o büyük yeni evde yalnız buldum. Oturma odasının ortasında durup evimin tamamen boş olduğunu gördüğümde gerçekle yüzleştim. Yere oturdum ve ağlamaya başladım. Kendimi çok yalnız hissediyordum ve sevgili annemi bıraktığım Kaliforniya'ya, evime geri dönmek istiyordum. Uzun süre birlikte yaşamıştık ve o benim büyük bir parçamdı. Bu ayrılık duygusundan o kadar bunalmıştım ki havaalanına gitmek ve Kaliforniya'ya geri uçmak istedim. Artık bu evi istemiyordum. Üzüntüm gerçekliğimden daha büyüktü. Ben bu duyguları yaşarken Tanrı bana Blakey Kardeş'i aramam gerektiğini hatırlattı. Blakey birader o anda neler hissettiğimi bilmiyordu ama Tanrı biliyordu. "Şimdi Das Kardeş, bizden sadece bir telefon uzaklığında olduğunu biliyorsun" dediğinde çok şaşırdım. Sözleri tamamen kutsaldı çünkü acım ve tüm umutsuzluğum anında yok oldu. Bir ailem olduğunu, yalnız olmadığımı ve her şeyin yoluna gireceğini hissettim. O günden sonra Blakey ailesi, hiç kimsemin olmadığı bir zamanda beni kendi ailelerine kabul etti.

Kız kardeşim ve ailesi daha sonra Wylie'den sadece birkaç mil uzaklıktaki Plano, Teksas'a taşındı. Blakey ailesi on bir erkek ve kız kardeşten oluşuyordu. Çocukları ve torunları bana aileden biri gibi davranırdı. Sayıları 200'e yakındı ve Wylie'deki Blakey Ailesi'ni herkes bilir. Bana muazzam bir destek oldular ve ben de her zaman kendimi bir "Blakey" gibi hissettim! Evime yerleştikten sonra bir kilise bulmam gerekiyordu. Tanrı'ya benim için hangi kiliseyi istediğini sordum. Birçok kiliseyi ziyaret ettim. Sonunda Garland şehrinde bir kiliseyi, Kuzey Şehirleri Birleşik Pentekostal Kilisesi'ni ziyaret ettim. Tanrı açıkça "Burası senin kilisen" dedi. Hâlâ burada toplanıyorum. Kilisemi seviyorum ve harika bir papaz olan Rev. Hargrove'u buldum. Blakey Ailesi beni öğle yemeğine ya da kiliseden sonra akşam yemeğine davet eden geniş ailem oldu. Beni aile toplantılarına ve aile tatillerine de dahil ettiler. Tanrı ihtiyacım olan her şeyi harika bir şekilde sağladı.

Yeni Papazım, kilisem ve beni ailelerine kabul eden Blakey'ler için Tanrı'ya şükrediyorum. Artık yeni evimde rahatça yaşıyorum. Tanrı, "Seninle ilgileneceğim" sözünü tuttu. Tanrı tüm bunları benim için seçti, yaşamımla ilgili isteğine göre. Şimdi sabah 3:50'de dua etmek için uyandığım andan itibaren O'nun için çalışıyorum. Kahvaltımı yapıyorum ve evdeki ofisimde Rab'bin işini yapmaya hazırlanıyorum. Arkadaşlarım size "Rahibe Liz'e asla gerçek bir işi olmadığını söylemeyin" diyeceklerdir. Benim cevabım ne olacak? Rab için çalışıyorum, mesai saati gözetmeksizin uzun saatler çalışıyorum ve maaş çeki almıyorum. Tanrı benimle ilgileniyor ve ödülüm cennette olacak.

İşimi takdir ediyorum ve yaptığım işi seviyorum!

Bölüm 12

Şeytani Kurtuluş ve Tanrı'nın İyileştirici Gücü

Bir Pazar günü öğleden sonra, şeytani ruhların saldırısına uğrayan babası için gidip dua etmemizi isteyen Bay Patel'den bir telefon aldım. Bay Patel 30 yılı aşkın bir süredir Amerika'da yaşayan bir mühendisti. Benim şifamı duymuştu ve Rab İsa Mesih'i duymaya açıktı. Ertesi gün kardeşinin evine gittik ve orada Bay Patel ve ailesiyle (kardeşi, kardeşinin karısı, iki oğlu, babası ve annesi) bir araya geldik. Herkes bizi dinlerken, Hıristiyan olan bir başka kardeş İsa'yı nasıl tanıdığını anlatmaya başladı. Baba, yaşlı Bay Patel, put tanrılara taptığını ama bu tapınmayı gerçekleştirirken her zaman kendini kötü hissettiğini söyledi. Sanki karnına bir çubuk batıyormuş gibi hissettiğini ve yürüdüğünde ayağının altında taş varmış gibi acı çektiğini söyledi. Rab İsa Mesih'in adıyla onun için dua etmeye başladık. Şeytani ruhtan kurtulana kadar dua ettik ve kendini çok daha iyi hissetmeye başladı. Ayrılmadan önce, Rab'bin adının gücünü ve şeytani saldırıların geri gelmesinden nasıl uzak kalacağını anlaması için bir Kutsal Kitap çalışması aldı.

Oğulları ve torunlarından biri yaşlı Bay Patel'in İSA'nın adını söylemesi için ısrar ettiğinde çok memnun olduk; ancak Patel T"anrı"

(Bhagvan) demekte bir sakınca görmedi. Oğullar dua almak için sıraya girerken torunlar "Hayır, İsa'nın adını söyleyin" diye ısrar etti. Yirmili yaşlardaki torunlardan biri daha önce bir araba kazası geçirmişti. Dizindeki bir sorun nedeniyle birçok cerraha gitmişti. O gün Rab İsa onun dizini iyileştirdi ve Bay Patel'in küçük kardeşi Tanrı'nın Ruhu'ndan çok etkilendi. Herkes dua aldı ve o gün şifa ve kurtuluş mucizeleri yaratan Tanrı'nı nRuhu tarafından nasıl etkilendiklerine tanıklık etti. Rab İsa insanların arasında yürürken, gelecek olan Krallığın müjdesini öğretti ve vaaz etti ve insanlar arasındaki her türlü hastalığı iyileştirdi. Cinlerin ele geçirdiği ve eziyet ettiği kişileri, delileri ve felçlileri iyileştirdi ve kurtardı (Matta 4:23-24). Bugün Tanrı'nın öğrencileri olarak, O'nun işini yapmaya ve Rabbimiz İsa'nın adıyla başkalarına kurtuluşu öğretmeye devam ediyoruz.

"Başka hiç kimsede kurtuluş yoktur; çünkü göklerin altında insanlar arasında kurtulmamız için verilmiş başka bir ***ad*** *yoktur."*
(Elçilerin İşleri 4:12).

Yaşayan Tanrı'ya hizmet etmenin pek çok yararı vardır. Taştan ya da kayadan yapılmış, göremeyen ya da duyamayan bir Tanrı yerine, insanların yüreklerini araştıran gerçek ve diri Tanrı'ya sahibiz. Yüreğinizi ve zihninizi O'nun sesini dinlemeye açın. Yüreğinize dokunması için dua edin. O'nu reddettiğiniz için sizi bağışlaması için dua edin. O'nu tanımak ve O'na aşık olmak için dua edin. Bunları şimdi yapın, çünkü kapılar yakında kapanacak.

Bölüm 13

İtiraf ve Temiz Bir Vicdan

Bir gün Hintli bir çift beni ziyarete ve birlikte dua etmeye geldi. Dua etmeye hazırlanırken, kadın yüksek sesle dua etmeye başladı. Kocası da onu takip etti. Her ikisinin de aynı dini tarzda dua ettiklerini fark ettim ama yine de güzel sözlerini dinlemekten keyif aldım. Tanrı'ya içtenlikle "Benim ağzımdan dua etmeni istiyorum" dedim. Yüksek sesle dua etme sırası bana geldiğinde Kutsal Ruh görevi devraldı ve Ruh'ta dua ettim.

Aynı şekilde Ruh da güçsüzlüklerimize yardım eder; çünkü ne için dua etmemiz gerektiğini bilmiyoruz; ama Ruh'un kendisi dile getirilemeyen iniltilerle bizim için aracılık eder. Yürekleri araştıran Ruh'un düşüncesinin ne olduğunu bilir, çünkü Ruh Tanrı'nın isteğine göre kutsallar için aracılık eder."(Romalılar 8:26, 27).

Günahı açığa çıkaracak şekilde Tanrı'nın gücüyle Ruh'ta dua ediyordum. Artık dayanamayan koca, şok olmuş olan karısına günahını itiraf etmeye başladı. Daha sonra onlarla günah itirafı aracılığıyla arınma hakkında konuştum.

"Günahlarımızı itiraf edersek, O sadık ve adildir, günahlarımızı bağışlar ve bizi her kötülükten arındırır. Günah işlemediğimizi

söylersek, O'nu yalancı çıkarmış oluruz ve O'nun sözü içimizde değildir." (1. Yuhanna 1:9, 10)

Kocasına, itiraf ettiği için Tanrı'nın onu affedeceğini açıkladım.

Ayrıca günahlarınızı yalnızca sizin için dua edebilecek kişilere itiraf etmeyi unutmayın.

Hatalarınızı birbirinize itiraf edin ve birbiriniz için dua edin ki, iyileşebilesiniz. Doğru bir adamın etkili ve hararetli duası çok şey kazandırır. (Yakup 5:16)

Vaftiz olduğunda Tanrı'nın günahlarını sileceğini ve temiz bir vicdana sahip olacağını açıkladım.

"İsa Mesih'in dirilişi sayesinde vaftiz bile bizi nasıl kurtarıyorsa (bedenin pisliğini atmak değil, Tanrı'ya karşı iyi bir vicdana sahip olmak), şimdi de aynı şekilde kurtarmaktadır."
(1. Petrus 3:21)

Birkaç gün sonra, karı koca Rab İsa'nın adıyla vaftiz oldular. Koca tamamen kurtuldu ve günahları bağışlandı. Her ikisi de Tanrı'nın Krallığı için büyük bir nimet oldular.

"Tövbe edin ve günahlarınızın bağışlanması için her biriniz İsa Mesih'in adıyla vaftiz olun ki, Kutsal Ruh armağanını alasınız."
(Elçilerin İşleri 2:38)

Tanrı, Kendisinin önünde alçakgönüllülük gösterecek olanları arar. Dua ederken kullandığınız sözcüklerin ne kadar etkili ve güzel olduğu değil, tüm yüreğinizle dua ettiğiniz önemlidir. Tanrı dua ederken yüreğinizde ne olduğunu da bilir. Tanrı'dan bağışlanma dileyerek günahı ortadan kaldırın, yoksa dualarınız Kutsal Ruh tarafından engellenecektir. İnanlılar olarak her gün yüreklerimizi araştırır ve kendimizi yargılarız. Günah işlediğimizde Tanrı bizi bağışlamak ve temizlemek için her zaman yanımızdadır.

Bölüm 14.

Ölümün Kıyısında

Daha önce bahsettiğim Kardeş James, Tanrı'nın meshetme gücü aracılığıyla şifa verme yeteneğine sahiptir. Queen of the Valley hastanesinin Yoğun Bakım Ünitesinde (YBÜ) yatan Koreli bir bayan için dua etmeye davet edildi. Doktorlara göre kadın ölmek üzereydi. Cenaze hazırlıkları ailesi tarafından yapılıyordu. O gün Kardeş James'e eşlik ettim ve onun yaşam destek ünitesindeki bedenini gördüm; bilinci yerinde değildi ve ölümün kıyısındaydı. Dua etmeye başladığımda, sanki bir şey beni bacağımdan tutup odadan dışarı atmak istiyormuş gibi hissettim; ancak Kutsal Ruh'un gücü içimde çok güçlüydü ve bu ruhun yoluna devam etmesine izin vermedi.

Sizler Tanrı'nın küçük çocuklarısınız ve onların üstesinden geldiniz; çünkü içinizde olan, dünyada olandan daha büyüktür. (1. Yuhanna 4:4)

Dua ettikten sonra Rab benim aracılığımla konuştu ve şu sözleri söyledim" :Bu makine değişecek." Bu, vücuduna bağlı olan yaşam destek ekipmanına atıfta bulunuyordu. Bu sözleri söylediğimde Tanrı'nın bu çok hasta kadının kaderini belirlediğini duydum. Kardeş James onun için dua etti ve sonra kadının ailesiyle duanın gücü ve Tanrı

Sözü hakkında konuştuk. Onlara kendi iyileşmemi ve Tanrı'nın beni tekerlekli sandalyeden nasıl tekrar yürümeye başlattığını anlattığımda beni dinlediler. Havayolu pilotu olan oğulları da oradaydı ama Korece bilmiyordu. Ailenin geri kalanı Korece konuşurken ben onunla İngilizce konuştum. İlginç bir şekilde, bana annesinin çok hastalandığı gün Kanada'ya seyahat etmesi gerektiğini açıkladı. Annesinin yardım için kocasına seslendiğini ve gitmeyi reddetmesine rağmen hastaneye götürüldüğünü anlattı. Oğlu, annesinin onlara "Beni hastanede öldürecekler" dediğini söyledi. Hastaneye götürülürse öleceğinden emindi. Oğlu bize annesinin onlara her gece siyah giyimli insanların eve geldiğini söylediğini anlatmaya devam etti. Annesi her gece hem ona hem de babasına bağırıyor ve görünürde hiçbir neden yokken öfkeyle tabakları onlara fırlatıyordu. Ayrıca anlayamadıkları bir dilde çekler yazmaya başladı. Sergilediği davranışlar çok tuhaftı. Ona şeytani ruhların bir insanı ele geçirip ona eziyet edebileceğini anlattım. Bu onu çok şaşırtmıştı çünkü bize açıkladığı üzere hepsi kiliseye gidiyordu ve kadın çok para veriyordu ama böyle bir şeyi daha önce hiç duymamışlardı. Şeytanlar Kutsal Ruh'a sahip gerçek imanlılara tabidir; çünkü İsa'nın Kanı onların yaşamları üzerindedir ve İsa'nın Adının yetkisi altında O'nun Adının gücüyle hizmet ederler.

Genç adama Kardeş James ve benim İsa'nın adıyla dua ederek cini kovabileceğimizi söyledim ve o da annesi için kurtuluş duası etmeyi kabul etti. Doktor hastasını görmeye geldiğinde, onun yanıt vermesine şaşırdı ve hastasına ne olduğunu anlayamadı. Aile ona birisinin gece boyunca onun için dua etmeye geldiğini ve tıpkı onlara söylendiği gibi yanıt vermeye başladığını söyledi. Birkaç gün sonra aynı kadın için dua etmek için bir fırsatımız daha oldu. Odaya girdiğimizde gülümsüyordu. Sonra elimi başına koydum ve dua etmeye başladım; elimi fırlattı ve başını yukarı kaldırarak tavanı işaret etti, çünkü konuşamıyordu. Yüz ifadesi değişti ve çok korkmuş görünüyordu. Biz ayrıldıktan sonra durumu daha da kötüleşti. Çocukları onun ne gördüğünü merak ediyorlardı ve ona kötü bir şey görüp görmediğini sordular. O da eliyle "evet" işareti yaptı. Onun için dua etmek üzere tekrar geri döndük çünkü odasındaki şeytani bir ruh olan işkencecisinden çok korkuyordu. Bu kez dua ettikten sonra, muzaffer bir şekilde işkencecilerinden kurtuldu. Dualara karşılık veren Tanrı'ya şükürler olsun. Daha sonra hastaneden taburcu edildiğini, bir rehabilitasyon programına girdiğini ve iyi durumda olmaya devam ettiği evine gönderildiğini duyduk. Ölümün kıyısından dönmüştü.

Git ve dünyaya tanıklık et:

Kimseye söylememeleri için onları görevlendirdi; ama o ne kadar çok görevlendirdiyse, onlar da o kadar çok ***yayınladılar;*** *(Markos 7:36)*

Kendi evine dön ve Tanrı'nın sana ne büyük işler yaptığını göster. Yoluna devam etti ve İsa'nın kendisine yaptığı büyük iyilikleri bütün kente ***duyurdu.*** *(Luka 8:39)*

Kutsal Kitap dışarı çıkıp tanıklık etmemiz gerektiğini söyler. Bu Koreli aile diğer ailelere bu mucize hakkında tanıklık etti. Bir gün Bro. James başka bir Koreli kadından bir telefon aldı. Bu ailenin kocası şiddet yanlısıydı ve ne yaptığını bilmiyordu. Karısı çok ufak tefek ve tatlı bir kadındı. Bazı günler onu öldürmeye çalışıyordu. Birçok kez onu hastaneye götürmek zorunda kalmışlar çünkü kocası onu acımasızca dövüyormuş. Bu mucizeyi duyduktan sonra bizi davet etti ve beni istedi. Onu ve kocasını görmeye gittik. Kardeşim James benden konuşmamı istedi ve dua etti. Hepimiz kutsanmıştık. Birkaç hafta sonra karısı aradı ve kocasının durumu daha iyi olduğu için tekrar gelip gelemeyeceğimizi sordu. Tekrar gittik ve ben bağışlama hakkındaki tanıklığımı anlattım ve Bro. James hepsi için dua etti.

Onlarla çalıştığım zamanları ve bir kadın amirimi paylaştım; beni acımasızca taciz ediyordu ve geceleri uyuyamıyordum. Bir gün onun için dua etmek üzere odama gittim. İsa O"nu affetmelisin" dedi. İlk başta bu bana zor geldi ve onu affedersem bana aynı şeyi yapmaya devam edeceğini düşündüm. İsa'nın benimle konuştuğunu duyduğum için, T"anrım, onu tamamen affediyorum" dedim ve Tanrı merhametiyle onu unutmama yardım etti. Onu affettikçe rahat uyumaya başladım, sadece bu da değil, ne zaman yanlış yapsa bu beni rahatsız etmiyordu.

İncil der ki.

Hırsız çalmak, öldürmek ve yok etmek için gelmez. Ben yaşama sahip olsunlar, hem de bol bol sahip olsunlar diye geldim (Yuhanna 10:10)

Kayınvalidem bu tanıklığı dinlemek için orada olduğu için mutluydum çünkü kalbi üzüntüden ağırlaşmıştı. Tanrı'nın elinin gelip tüm bu durumu değiştirdiğini, bağışlamanın kalplerini kapladığını ve içlerine sevginin girdiğini görmek çok şaşırtıcıydı.

*Ama siz **bağışlamazsanız**, göklerdeki Babanız da suçlarınızı **bağışlamaz**. (Markos 11:26)*

Bağışlamamak çok tehlikeli bir şeydir. Zihin ve beden sağlığınızı kaybedersiniz. Bağışlama sadece düşmanınız için değil, sizin yararınız içindir. Tanrı daha rahat uyuyabilmemiz için bizden bağışlamamızı ister. İntikam almak O'na aittir, bize değil.

*Yargılamayın, yargılanmayacaksınız: Kınamayın, kınanmayacaksınız; **bağışlayın, bağışlanacaksınız**: (Luka 6:37)*

İman duası hastayı kurtaracak, Rab onu diriltecek, günah işlemişse günahları bağışlanacaktır. Birbirinize hatalarınızı itiraf edin ve birbiriniz için dua edin ki, iyileşesiniz. Doğru bir insanın etkili ve içten duası çok yarar sağlar. (Yakup 5:15, 16)

Yukarıdaki öykünün ikinci bölümünde, kocasının zihinsel sorunundan tamamen iyileştiğini ve karısına karşı çok nazik ve sevgi dolu olduğunu duyduk.

Tanrı'ya şükürler olsun! İsa evlerine esenlik getirdi.

Bölüm 15

Tanrı'nın Huzurunda Huzur

Tanrı'nın varlığı ruha huzur getirebilir. Bir keresinde kanserin son evresinde ölümcül hasta olan bir beyefendi için dua etmiştim. Kendisi kilisedeki bir hanımın kocasıydı. Hanımefendi ve oğlu bir keresinde benimle birlikte evimde kalmışlardı.

Ahir Zaman hakkında bir video izleyene kadar hayatlarını değiştirmeye inanmayan bir kiliseye mensuptular. Her ikisi de Rab İsa'nın adıyla vaftiz olma vahyini aldılar ve kendilerini İsa'nı nadıyla vaftiz edecek bir kilise aramaya başladılar. İşte o zaman benim katıldığım kiliseyi buldular. Şeytan kimsenin gerçeği bilmesini istemez, çünkü bu kurtuluşa götürür. Sahte öğretilere ve insan geleneklerine inanırken kurtulduğunuzu düşünerek karanlıkta kalmanızı ister. Gerçeği aradığınız zaman size karşı gelecektir. Bu durumda, bu anne ve oğula karşı kullanılan araç, Tanrı'ya olan inançları konusunda onları sürekli taciz eden ve alay eden imansız koca ve babaydı. Çoğu zaman dua etmek için evime geliyorlar ve sonunda kalıyorlardı. Bir gün oğlu Rab'bin kendisine, "Günlerin sayılı" dediğini duydu. Baba Dallas, Teksas'taki Baylor Hastanesi'nde Yoğun Bakım Ünitesi'nde (YBÜ) yatıyordu. Dua edilmesini ya da herhangi bir kilise görevlisinin gelip dua etmesini istemediğini onlara açıkça belirtmişti. Bir gün karısına ziyaret edip kocası için dua edip edemeyeceğimi sordum. Bana kocasının nasıl hissettiğini anlattı ve hayır dedi. Tanrı'nın onun katılaşmış yüreğini yumuşatması için dua etmeye devam ettik.

Bir gün oğlu ve eşiyle birlikte hastaneye gittim ve Tanrı'nın onu değiştirdiğine dair bir şans yakaladım. Oğlu babasına, *"Baba, Rahibe Elizabeth'in senin için dua etmesini ister misin?"* diye sordu. *O bir dua savaşçısıdır.* Babası artık konuşamadığı için, onunla iletişim kurabilmek için babasından gözlerini kırpmasını istedi. Daha sonra babasından, kendisi için dua etmemi isteyip istemediğini bize işaret etmek için göz kırpmasını istedi, o da göz kırptı. Günahlarının İsa'nın kanıyla yıkanmasını dileyerek dua etmeye başladım. Onda bazı değişiklikler fark ettim ve Kutsal Ruh'un varlığı odaya girene kadar dua etmeye devam ettim. Ben dua ettikten sonra, baba sanki bize bir şey gösteriyormuş gibi tavanı işaret ederek iletişim kurmaya çalışıyordu. Yazmaya çalıştı ama yazamadı. Oğlu babasından gördüğü iyi bir şeyse göz kırpmasını istedi. Göz kırptı! Sonra babasına ışıksa göz kırpmasını istemiş ama göz kırpmamış. Sonra babasına, gördüklerinin melekler olup olmadığını ve göz kırpmasını istedi. Ama o da göz kırpmadı. Sonunda oğul, gördüklerinin Rab İsa olup olmadığını sordu. Bunun üzerine babası gözlerini kırptı.

Ertesi hafta onu tekrar görmek için hastaneye gittim. Bu kez çok farklıydı ve yüzünde huzurlu bir ifade vardı. Birkaç gün sonra huzur içinde öldü. Tanrı merhameti ve sevgisiyle vefatından önce ona huzur verdi. Bu kadar hasta biri ile Yaratıcısı arasında neler olup bittiğini bilemeyiz. Tanrı'nın varlığı o odadaydı. Tanrı'ya ve kendi ailesine karşı sertleşmiş bir adam gördüm, ama ölümün kapısında Rab ona Kendisini tanıttı ve varlığının bilgisini verdi.

RAB'be şükredin, çünkü O iyidir, çünkü merhameti sonsuza dek sürer. Tanrıların Tanrısı'na şükredin, Çünkü merhameti sonsuza dek sürer. Rablerin Rabbi'ne şükredin, Çünkü merhameti sonsuza dek sürer. Büyük mucizeler yapan yalnız O'dur, Çünkü merhameti sonsuza dek sürer. (Mezmur 136:1-4)

Bölüm 16.

Yaşamda Fedakâr Bir Yaşam Tarzı

Bu sırada saç, giyim, takı ve makyaj üzerine bir Kutsal Kitap çalışması yapıyordum. Kendi kendime, "Bu insanlar eski moda" dedim. Yüreğimde Tanrı'yı sevdiğimi biliyordum; bu nedenle ne giydiğim önemli olmamalıydı. Zaman geçti ve bir gün Tanrı'nın (Rhyma) Ruhu'nun kalbime "kalbinde ne hissediyorsan onu yap" dediğini duydum. O anda gözlerim açıldı. Anladım ki kalbimde dünyaya karşı bir sevgi vardı ve kendimi dünyanın modasına uyduruyordum. (Kafiye, belirli bir zaman ya da durum için size söylenmiş olan Tanrı'nın aydınlatılmış ve meshedilmiş Sözüdür).

Ya RAB, beni araştırdın, beni tanıdın. Düşüşümü de kalkışımı da bilirsin, Uzaktan uzağa düşüncelerimi anlarsın. Yolumu ve yatağımı sen gözlersin, Bütün yollarımı bilirsin. (Mezmur 139:1-3)

Mücevher:

Mücevherleri sevmezdim, bu yüzden sahip olduğum birkaç parçadan kurtulmak zor olmadı.

Aynı şekilde siz eşler de kocalarınıza bağımlı olun ki, söz dinlemeyenler varsa, onlar da söz dinlemeden eşlerinin konuşmalarıyla kazanılsınlar. Süsünüz, saçları örmek, altın takmak ya da giysiler giymek gibi ***dışsal süsler*** *olmasın; ama Tanrı katında çok değerli olan yumuşak huylu ve sessiz bir ruhun* ***süsü*** *gibi, yozlaşmayan yüreğin gizli süsü olsun. Çünkü eski zamanlarda Tanrı'ya güvenen kutsal kadınlar da kocalarına boyun eğerek böyle süslenirlerdi: Sara'nın İbrahim'e efendi diyerek itaat ettiği gibi, siz de iyi davrandığınız ve korkuya kapılmadığınız sürece kimin kızlarısınız? (1. Petrus 3:1-6)*

Aynı şekilde, kadınlar da utanarak ve ağırbaşlılıkla, süslü saçlarla, altınla, incilerle ya da pahalı giysilerle değil, iyi işlerle süslensinler. (1Timoteos 2:9, 10)

Saç

Doğanın kendisi bile size, bir erkeğin uzun saçlı olmasının onun için utanç olduğunu öğretmiyor mu? Ama bir kadının uzun saçı varsa, bu onun için bir yüceliktir; çünkü saçı ona ***örtü*** *olarak verilmiştir. (1. Korintliler 11:14, 15)*

Gençlik yıllarımda saçlarım hep uzundu. Yirmi yaşımda ilk saç kesimimi yaptırdım ve çok kısa olana kadar saçlarımı kesmeye devam ettim. Bu yüzden kesilmemiş saçlarla ilgili öğretiyi ilk başta kabul etmek benim için zor oldu. Saçlarımın uzamasına izin vermek istemiyordum çünkü kısa saçı seviyordum. Bakımı kolaydı. Tanrı'dan kısa saç kullanmama izin vermesini dilemeye başladım. Ama Tanrı, Sözü'nü yüreğime koyarak düşünce tarzımı değiştirdi ve artık saçlarımı uzatmak benim için zor değildi.

Bu süre zarfında annem benimle yaşıyordu. Uzun saçlarıma nasıl bakacağımı bilmediğim için annem benden saçlarımı kesmemi istiyordu çünkü saçlarımın görüntüsünü beğenmiyordu. Kutsal Kitap'tan saç hakkında daha fazla çalışmaya başladım. Daha iyi bir anlayış ve bilgi edindim, bu da inançlarımın yüreğimde güçlenmesine yardımcı oldu.

Dua ettim ve Tanrı'ya "*Uzun saçlarımdan hoşlanmayan annem için ne yapmalıyım*?" diye sordum. Benimle konuştu ve "*Düşüncelerinin değişmesi için dua et*" dedi.

Bütün yüreğinle RAB'be güven, Kendi anlayışına dayanma. Bütün yollarında O'nu tanı, yollarını O yönlendirecektir. (Atasözü 3:5, 6)

Tanrı benim danışmanımdır, bu yüzden onun düşüncelerinin değişmesi için dua etmeye devam ettim.

İsa bizim danışmanımızdır;

*Çünkü bize bir çocuk doğdu, bize bir oğul verildi; yönetim onun omzunda olacak; adı Harika, **Danışman**, Güçlü Tanrı, Sonsuz Baba, Barış Prensi olacak. (Yeşaya 9:6)*

Artık saçlarımı kestirmiyordum. Saçlarım uzamaya devam etti ve bir gün annem bana "Uzun saçla çok güzel görünüyorsun!" dedi. Bu sözleri duyduğumda çok mutlu olmuştum. Rab'bin beni dualarımla yönlendirdiğini ve dualarımı yanıtladığını biliyordum. Kesilmemiş saçlarımın benim ihtişamım olduğunu ve Melekler sayesinde başıma güç verildiğini biliyorum.

Dua ettiğimde güç olduğunu biliyorum. Tanrı'ya şükürler olsun!!!

*Ama başı **açık** dua eden ya da peygamberlik eden her kadın başını lekelemiş olur. Ama bir kadının uzun saçı varsa, bu onun için bir yüceliktir; **çünkü saçı ona örtü olarak verilmiştir**.*
(1. Korintliler 11:5,15,)

Bu kutsal yazı, kesilmemiş saçın bir eşarp, şapka ya da peçe değil, bizim örtümüz olduğu konusunda çok açıktır. Tanrı'nın yetkisine ve O'nun yüceliğine teslimiyetimizi temsil eder. Tanrı'nın Sözü boyunca meleklerin Tanrı'nın Yüceliği'ni koruduğunu göreceksiniz. Tanrı'nın yüceliği her neredeyse, melekler de oradaydı. Kesilmemiş saçlarımız bizim yüceliğimizdir ve Tanrı Sözü'ne teslimiyetimiz nedeniyle

Melekler bizi korumak için her zaman hazır bulunurlar. Bu Melekler bizi ve ailemizi korurlar.

Bu nedenle melekler yüzünden kadının başı üzerinde güç olması gerekir. (1. Korintliler 11:10)

1. Korintliler 11, Tanrı'nı nkadın ve erkek arasındaki kesin ayrımı korumak için düzenli düşüncesi ve eylemidir.

Yeni Antlaşma kadınların kesilmemiş uzun saçları olduğunu gösterir.

*Kentte yaşayan günahkâr bir kadın, İsa'nın Ferisi'nin evinde yemek yediğini öğrenince, kaymaktaşından bir kutu merhem getirip İsa'nın ayaklarının dibinde durarak ağlamaya başladı, gözyaşlarıyla İsa'nın ayaklarını yıkadı, b**aşının tüyleriyle sildi,** ayaklarını öptü ve merhemle meshetti. (Luka 7:37, 38)*

Lordlar Diyor ki

"Ey Yeruşalim, saçlarını kes, savur, Yüksek yerlerde ağıt yak; Çünkü RAB öfkesinin kuşağını reddetti, terk etti." (Yeremya 7; 29)

Kesilmiş saç utancın, rezaletin ve yasın sembolüdür. Saç kesmek, Tanrı'dan uzaklaşmış kişilerin dinsiz ve utanç verici bir davranışını temsil eder. Bu, Rab'bin onları reddettiğinin bir işaretidir. O'nun gelini olduğumuzu unutmayın.

Encyclopedia Britannica, V, 1033, I. Dünya Savaşı'ndan sonra "saçların küt kesildiğini" belirtmektedir. Saçların kesilmesi her yerde neredeyse tüm kadınlar tarafından benimsendi.

Tanrı'nı nSözleri sonsuzluk için belirlenmiştir. Tanrı'nı nkadınlardan istediği kesilmemiş uzun saçlara sahip olmaları, erkeklerden istediği ise kısa saçlara sahip olmalarıdır.

Giyim

Tanrı'nı nSözü bize nasıl giyinmemiz gerektiği konusunda da talimat verir. Yeni iman ettiğimde ve nasıl giyinmemiz gerektiğini öğrendiğimde, giysilerim konusunda ikna olmamıştım. Yaptığım iş nedeniyle pantolon giyerdim. Kendi kendime "*Sadece işe giderken pantolon giymeye devam edersem sorun olmaz*" diye düşündüm. Yeni pantolonlar aldım ve ne kadar güzel göründüğüm konusunda pek çok iltifat aldım. Kadınların erkek kıyafeti giymemesi gerektiğini zaten biliyordum. Pantolon her zaman erkek giysisi olmuştur, kadın değil. Tanrı'nın sözünü yüreğinize yerleştirdiğinizde, giymeniz gereken uygun giysiler konusunda bir kanaat edineceksiniz.

*Kadın erkeğe ait olanı giymeyecek, erkek de kadın giysisi giymeyecek; çünkü böyle yapan herkes Tanrın RAB'be **iğrençlik** etmiş olur. (Tesniye 22:5)*

Karışıklık, erkekler ve kadınlar unisex kıyafetler giymeye başladığında başladı. Bir sonraki adım, Tanrı'nın söylediği gibi sizi şuraya götürecektir:

*Levililer 18:22 Kadınlarla olduğu gibi insanlarla da yatmayacaksın; bu **iğrenç** bir şeydir.*

Giydiklerimizden etkileneceğiz. İğrenç sözcüğü, e"rkeğe ait olanı" giyen kadını ve k"adın giysisi" giyen erkeği tanımlamak için kullanılır. Tanrı cinsel karmaşanın her adımını bilir. Tanrı her iki cinsiyeti de farklı bir amaçla tamamen farklı yaratmıştır. Pantolon giymeye ilk başlayanların kadınlar olduğunu fark ettiniz mi? Bu tıpkı Havva'nın Aden Bahçesi'nde itaatsizlik ettiği zamanki gibidir! Bu kafa karışıklığı, içinde yaşadığımız günümüz toplumunun bir kanıtıdır. Bazen kadın ve erkek arasındaki farkı anlayamazsınız.

70 yılı aşkın bir süre önce kadınların giyimi bir sorun değildi, çünkü temelde uzun elbiseler ya da uzun etekler giyiyorlardı. Karışıklık

yoktu. Kadınlar erkek kıyafetleri giymeye başladıkça, erkek gibi ve erkekler de kadın gibi davranmaya başladı. Bu bir düzensizliktir.

Başlarına keten başlık, bellerine keten ***pantolon giyecekler****; terleten hiçbir şeyle kuşanmayacaklar (Hezekiel 44:18)*

Günümüzü nsapkın, itaatsiz, medya güdümlü kuşağı havanın prensinden, yani Şeytan'dan öğrenmektedir. Kutsal Kitap'taki gerçeklerin farkında değildirler. Ayrıca onların destekçileri de Tanrı'nın değil, insanın öğretisini ve buyruğunu öğreten sahte öğretmenlerdir.

İşte, günlerimi bir el genişliği yaptın; ve yaşım senin önünde bir hiçtir: Gerçekten her insan en iyi halinde tamamen boştur. Sela. Her insan boş yere yürüyor, Boş yere kaygılanıyor, Servet yığıyor, Kimin toplayacağını bilmiyor. (Mezmurlar 39:5-6)

Adem ve Havva Rab'be itaatsizlik edip yasak ağacın meyvesinden yediklerinde günah işlediklerini anladılar ve gözleri çıplaklıklarına açıldı.

İkisinin de gözleri açıldı ve çıplak olduklarını anladılar; incir yapraklarını birbirine dikip kendilerine önlük yaptılar (Yaratılış 3: 7).

Adem ve Havva incir yapraklarıyla örtündüler. İncir yapraklarından önlük yaptılar, ama bu yetersizdi. Tanrı'nın bir örtünme standardı vardır ve bu nedenle onların incir yapraklarıyla uygunsuz bir şekilde örtünmelerini onaylamadı..... Bu yüzden onlara deriden giysiler giydirdi.

RAB Tanrı Adem'le karısına da deriden giysiler yaptı ve onları giydirdi. (Yaratılış 3:21)

Ruhumuzun düşmanı olan Şeytan, bedenin utanmazca teşhir edilmesine neden olmaktan hoşlanır.

Luka 8:35 "Sonra ne yapıldığını görmek için dışarı çıktılar.

İsa'nın ayaklarının dibinde oturmuş, ***giyinmiş*** *ve aklı başında bir adam buldular ve korkuya kapıldılar."*

Bir kişi bedenini örtmediğinde, yanlış güdüler üreten yanlış ruhun etkisinde olduğunu kanıtlar.

Tanrı'nın ruhunu daha iyi anlamak ve yönlendirmek için her zaman Tanrı Sözü'nü okumamız, durmadan dua etmemiz ve oruç tutmamız çok önemlidir. Dönüşüm Tanrı'nın sözü aracılığıyla gelir; bu söz önce içten gelir, sonra da değişim dışa yansır.

Bu yasa kitabı ağzından hiç çıkmayacak; gece gündüz onun üzerinde düşüneceksin, öyle ki, orada yazılı olan her şeyi yerine getirmeye dikkat edesin; çünkü o zaman yolunu başarılı kılar, iyi bir başarı elde edersin. (Yeşu 1:8)

Şeytan'ın saldırısı Tanrı Sözü'ne yöneliktir. Havva'yı hatırlıyor musunuz? Şeytan neye ve ne zaman saldıracağını bilir, çünkü kurnazdır.

Ayık olun, uyanık olun; çünkü düşmanınız İblis, kükreyen bir aslan gibi, kimi yiyebileceğini arayarak dolaşıyor: (1. Petrus 5:8)

Kim buyruklarıma uyar ve onları yerine getirirse, beni seven odur; beni seven Babam tarafından sevilecek, ben de onu sevecek ve kendimi ona göstereceğim. (Yuhanna 14:21)

Eğer buyruklarımı yerine getirirseniz, benim sevgimde kalırsınız; ben nasıl Babamın buyruklarını yerine getirdim ve O'nun sevgisinde kaldımsa, siz de öyle. (Yuhanna 15:10)

O akşam işteyken aklıma bir düşünce geldi. Tanrı'nın gözünde nasıl göründüğümü merak ettim. Birden utanç kapladı içimi ve başımı kaldırıp bakamadım. Sanki Tanrımız Rab'bin önünde duruyormuşum gibi hissettim. Bildiğiniz gibi biz kulaklarımızla duyarız, ama ben O'nun sesini duydum, sanki vücudumun her hücresiyle konuşuyormuş gibi, "Seni içtenlikle seviyorum" diyordu. Tanrı'dan "Seni içtenlikle seviyorum" diyen bu güzel sözleri duyduğumda, bunun benim için anlamı çok büyüktü. İşten çıkıp eve gitmek için sabırsızlanıyordum, böylece dolabımdaki tüm dünyevi giysilerimi tamamen temizleyebilecektim.

Birkaç hafta boyunca O'nun bana "Seni içtenlikle seviyorum" diyen sesinin yankısını duymaya devam ettim. Sonra bu ses kayboldu.

Tanrı için yaşamak sadece konuştuğumuz şey değil, bir yaşam tarzıdır. Tanrı Musa'yla konuştuğunda, onunla çok açık bir şekilde konuştu. Musa Tanrı'nın sesini kuşkusuz biliyordu.

Yunanca'dan tercüme edilen utanma duygusu ya da alçakgönüllülük ya da giysi eksikliğinin utanç verici olduğunu kabul eden içsel terbiye anlamına gelir. Bu, dış görünüşümüzün iç varlığımızı sadece kendimize değil, başkalarına da yansıttığı anlamına gelir. Bu nedenle Kutsal Kitap mütevazı giyimin utanma duygusuyla benzer olduğunu söyler

Atasözü 7:10 İşte, fahişe giysili, yüreği kurnaz bir kadınla karşılaştı.

*Aynı şekilde, kadınlar da **utanarak** ve **ağırbaşlılıkla** sade giysiler içinde süslensinler; **süslü** saçlar, altın, inci ya da pahalı giysilerle değil; (1. Timoteos 2:9)*

Giysiler kişinin çıplaklığını örtmelidir. Ayıklık, kişiyi seksi görünmesi amaçlanan ya da açık bir moda olan şeyleri giymekten alıkoyacaktır. Günümüzü ngiyim tarzı o kadar kısa kesiliyor ki, size bir fahişenin giysilerini hatırlatacak. Her şey kişinin ne kadar seksi göründüğüyle ilgili. Giyim tasarımcıları giyim tarzını daha açık ve daha kışkırtıcı hale getirmektedir.

Sonsuzluk için kurduğu Sözü için Tanrı'ya şükredin; O tüm çağların nesillerini bilir. Söz sizi bu dünyaya uymaktan alıkoyacaktır.

Tesettürün tanımı ülkeden ülkeye, zamandan zamana ve nesilden nesile değişmektedir. Asyalı kadınlar bol pantolonlar ve Panjabi elbiseleri adı verilen uzun bluzlar giyerler ve bunlar çok mütevazıdır. Arap hanımlar peçeli uzun cübbeler giyerler. Batılı Hıristiyan hanımlar elbiselerini dizlerinin altına kadar giyerler.

Hâlâ Tanrı'dan korkan, mütevazı olmayı seven ve Tanrı'nın vaaz ve öğretilerini yerine getiren Hıristiyan hanımlarımız var.

Her şeyi kanıtlayın; iyi olanı sımsıkı tutun. (1. Selanikliler 5:21)

Tanrı korkusunun olmadığı şok edici bir zamanda yaşıyoruz.

Eğer beni seviyorsanız, buyruklarıma uyun. (Yuhanna 14:15)

Paul dedi ki,

"*Çünkü bir bedelle satın alındınız; bu nedenle Tanrı'ya ait olan* ***bedeninizde*** *ve ruhunuzda Tanrı'yı yüceltin." (1. Korintliler 6:20)*

Kıyafetler dar, kısa veya dekolte olmamalıdır. Bazı gömlek ve bluzların üzerindeki resimler genellikle yanlış yerleştirilmiştir.

Tanrı'nı nbize giysi giydirme fikri örtünmek içindir. Havva ve Adem'in çıplak olduğunu hatırlayın. Artık masum değiliz. Bunun insanın gözünü ayartan bir şey olduğunu biliyoruz. Davut Bat-şeva'yı giysisiz gördü ve zinaya düştü.

Zamanımızın genç kadınları ya da küçük kızları için giyim modası utanmazcadır. Pantolonlar dar giyilir. Kutsal Kitap çocuklara Tanrı'nın doğruluğunu öğretin der. Anne babalar kız çocuklarına alçakgönüllülüğü öğretmek yerine, açık saçık giysiler satın alıyorlar.

Tanrısal bilince sahip Hıristiyan kadın giysilerini Mesih'i ve kocasını hoşnut edecek şekilde seçer. Artık "moda" olanı giymeyi arzu etmez.

Açık saçık giysiler, takılar ve makyaj gözlerin şehvetini, bedenin şehvetini ve yaşamın gururunu besler.

Dünyayı da, dünyadaki şeyleri de sevmeyin. Bir kimse dünyayı seviyorsa, Baba'nın sevgisi onda değildir. ***Çünkü dünyada olan her şey, bedenin şehveti, gözlerin şehveti*** *ve* ***yaşamın gururu****, Baba'dan değil, dünyadandır. Dünya da, dünyanın tutkusu da geçip gider; ama Tanrı'nın isteğini yerine getiren sonsuza dek kalır. (1. Yuhanna 2:15-17)*

Şeytan erkeklerin görsel odaklı olduğunu bilir. Kadınlar Şeytan'ın niyetini görmezler. İffetsizlik erkekler için güçlü bir ayartma ve baştan çıkarmadır. Açık saçık giysiler, takılar ve makyaj erkekler için heyecan yaratır. Gurur ve gösteriş insan egosunu yükseltir. Bir kadın erkeklerin şehvetli ilgisini çekebildiği için kendini güçlü hisseder. Bu şeyler kadının dış görünüşüyle gurur duymasını sağlar.

Bu nedenle kardeşlerim, Tanrı'nın lütfuyla size yalvarırım, bedenlerinizi diri bir kurban olarak sunun, kutsal, Tanrı katında kabul edilebilir, makul hizmetiniz budur. Bu dünyaya uymayın; Tanrı'nın iyi, kabul edilebilir ve yetkin isteğinin ne olduğunu kanıtlayabilmek için zihninizi yenileyerek değişin. (Romalılar 12:1, 2)

Makyaj

Kutsal Kitap kesinlikle makyaj yapmaya **karşıdır**. Kutsal Kitap'ta makyaj her zaman dinsiz kadınlarla ilişkilendirilir. Kutsal Kitap'ta İzebel yüzünü boyayan kötü bir kadındı.

Tanrı, Sözü aracılığıyla biz Hıristiyanlara, günümüzde makyaj olarak adlandırılan yüzün boyanmasıyla ilgili yazılı talimatlar vermiştir. Tanrı, tarihsel referanslar da dahil olmak üzere her ayrıntıyı bize bildirmiştir. Kutsal Kitap bizi bu dünyanın ışığı olarak görür; eğer biz o ışıksak boyanmaya ihtiyacımız yoktur. Kimse ampulü boyamaz. Ölü bir şeyin boyanmaya ihtiyacı vardır. Duvarı, ahşabı vs. boyayabilirsiniz.

Bugünlerde çoğu kadın ve küçük kız, tarih ya da Kutsal Kitap hakkında hiçbir bilgiye sahip olmadan makyaj yapıyor. Makyaj sadece yüzde kullanılırdı; ama şimdi kollar, eller, ayaklar gibi vücudun farklı bölgelerini boyamaktan ve baskı yapmaktan hoşlanıyorlar. Makyaj yapmak günah mıdır? Tanrı bedeninize ne yaptığınızla ilgilenir. Tanrı bedenin boyanmasına, delinmesine, makyaj yapılmasına ve dövmelere karşı olduğunu açıkça belirtir.

Ölüler için bedeninizde hiçbir kesik açmayacak, ***üzerinize hiçbir işaret koymayacaksınız****: Ben RAB'bim. (Levililer 19:28).*

Hiç makyaj yapmazdım ama hoşuma gittiği için ruj sürerdim. Makyajla ilgili vaazlar duyduğumda daha az ruj sürmeye başladım ve daha sonra tamamen bıraktım. Kalbimde hala ruj sürme arzusu vardı ama sürmedim.

Dua ederken Tanrı'ya ruj hakkında ne hissettiğini sordum. Bir gün iki bayan bana doğru yürüyordu ve ruj sürdüklerini fark ettim. O anda O'nun ruhani gözleriyle rujun nasıl göründüğünü gördüm.... Midemin bulandığını hissettim. Yüreğimde büyük bir mahkûmiyet hissettim ve bir daha asla ruj sürme arzusu duymadım. Benim arzum O'nu hoşnut etmek ve Sözü'ne itaat etmekti.

"Özgürlük yasasına göre yargılanacak olanlar gibi siz de böyle konuşun, böyle yapın" (Yakup 2:12)

İstediğimizi yapma ve istediğimiz gibi yaşama özgürlüğüne sahip olsak da, yüreğimiz aldatıcıdır ve benliğimiz bu dünyaya ait şeylerin peşinden koşacaktır. Benliğimizin Tanrı'ya ve Tanrı'ya ait olan şeylere düşman olduğunu biliriz. Benliğin arzusunu yerine getirmemek için her zaman ruhta yürümeliyiz. Sorun şeytan değildir. Eğer benlikte yürürsek, kendi kendimizin sorunu oluruz.

Çünkü dünyada olan her şey, bedenin şehveti, gözlerin şehveti ve yaşamın gururu, Baba'dan değil, dünyadandır. Dünya da, dünyanın tutkusu da geçip gider; ama Tanrı'nın isteğini yerine getiren sonsuza dek kalır. (1. Yuhanna 2:16-17)

Şeytan her şeyin merkezi olmak ister. Güzellikte mükemmeldi ve gururla doluydu. Kendisinin düşmesine neyin neden olduğunu bilir ve bunu sizin de düşmeniz için kullanır.

*İnsanoğlu, Tyrus Kralı'na ağıt yak ve ona de ki, "Rab Tanrı şöyle diyor: Sen bilgelikle dolu, **güzellikte** kusursuz olan toplamı mühürledin. Aden'de, Tanrı'nın bahçesindeydin; her değerli taş senin örtündü, sardunya, topaz, elmas, beril, oniks, yeşim taşı, safir, zümrüt, karanfil ve altın; tablalarının ve borularının işçiliği yaratıldığın gün sende hazırlandı." (Hezekiel 28:12,13)*

Bedende yürüdüğümüzde de ilgi odağı olmaya çalışırız. Bu giysilerimizde, konuşmalarımızda ve eylemlerimizde görülebilir. Dünyaya ve onun dünyevi modasına uyarak kolayca Şeytan'ın tuzağına düşeriz.

Makyajın ya da resmin nasıl ve nerede başladığını paylaşayım. Makyaj yapmak Mısır'da başladı. Krallar ve kraliçeler gözlerinin etrafına makyaj yaparlardı. Mısır'da göz makyajı kötü büyülerden korunmak için ve reenkarnasyonda yeni doğumun sembolü olarak kullanılırdı. Ölüleri giydirenler tarafından da kullanılırdı. Ölülerin sanki sadece uyuyormuş gibi görünmesini istiyorlardı.

Kutsal Kitap'ın bu konu hakkında açıkça ne söylediğini bilmeniz gerekir. Makyaj Tanrı için önemliyse, O'nun Sözü'nde hem özel olarak hem de ilke olarak bahsedilmelidir.

Yehu Yizreel'e varınca İzebel bunu duydu; yüzünü boyayıp başını eğerek pencereden dışarı baktı. (2. Krallar 9:30)

Genç adam Yehu, İzebel'i yargılamak için hemen Yizreel'e gitti. İzebel tehlikede olduğunu duyunca makyaj yaptı; ama makyajı Yehu'yu baştan çıkarmayı başaramadı. Tanrı'nın peygamberinin İzebel ve kocası Kral Ahav hakkında bildirdiği peygamberlik gerçekleşti. Tanrı'nın peygamberi onlar hakkında peygamberlikte bulunurken, kadının iğrençliği sona erdi. Yehu onu pencereden attırdığında,

Tanrı'nın bildirdiği gibi köpekler onun etini yedi! Makyaj kendi kendini yok eden bir silahtır.

Yüreğinde onun güzelliğini arzulama; göz kapaklarıyla seni almasına izin verme. (Süleyman'ın Özdeyişleri 6:25)

"Şımardığın zaman ne yapacaksın? Kıpkırmızı giysiler giysen de, Altın süslerle süslensen de, Yüzünü boyayla kirletsen de, kendini boşuna güzel göstereceksin; sevgililerin seni hor görecek, canını isteyecekler." (Yeremya 4:30)

Tarih bize fahişelerin, fahişe olarak tanınabilmeleri için yüzlerini boyadıklarını söyler. Zamanla makyaj ve yüz boyama yaygın olarak kullanılır hale gelmiştir. Artık uygunsuz olarak görülmemektedir.

Ve dahası, uzaklardan gelmeleri için haberci gönderdiğin, ve işte, geldiler; onlar için kendini yıkadın, gözlerini boyadın, ve kendini süslerle donattın. (Hezekiel 23:40)

Makyaj "kimsenin ihtiyaç duymadığı ürünlerdir" ama onları istemek insanın doğasında vardır. Gurur ve kibir birçok kadının makyaj yapmasının nedenidir, böylece dünyaya uyum sağlayabilirler. Bu insan doğasıdır. Hepimiz uyum sağlamak isteriz!

Kadınların dış görünüşle ilgili düşüncelerindeki bu köklü değişimin sorumlusu Hollywood yıldızlarıdır. Makyaj sadece kibirli ve kendini beğenmiş gururlu kadınlar tarafından yapılırdı. Herkes güzel görünmek istiyor, makyaj yapan çocuklar bile.

Gurur ve kibir makyaj endüstrisini teşvik etti, makyajı memnuniyetle karşılayarak kibirli hale geldiler. Nereye giderseniz gidin makyaj malzemesi bulursunuz. En fakirinden en zenginine kadar herkes güzel görünmek ister. Günümüz toplumu dış görünüşe çok fazla önem veriyor; içsel güvensizlikler nedeniyle her yaştan kadın makyaj yapıyor.

Pek çok kişi dış görünüşünden dolayı depresyona giriyor; hatta intihara teşebbüs ediyorlar. Güzellik bu nesil için en çok hayranlık duyulan şeylerden biri. Bazı insanlar uyandıkları anda makyaj yapıyorlar. Doğal görünümlerini sevmiyorlar. Makyaj onları o kadar ele geçirmiş ki makyaj olmadan kendilerini istenmeyen biri gibi hissediyorlar. Bu da genç neslimizde ve hatta küçük çocuklarda depresyona neden oluyor.

Şimdi Eski ya da Yeni Ahit'in en tanınmış doğru kadınlarını düşünün. Makyaj yapan tek bir tane bile bulamazsınız. Sara, Rut, Abigail, Naomi, Meryem, Debora, Ester, Rebecca, Feebie ya da başka herhangi bir erdemli ve uysal kadının makyaj yaptığından söz edilmez.

Yumuşak huyluları kurtuluşla güzelleştirecektir (Mezmurlar 149:4b)

Aslında, Tanrı'nı nSözü'nde makyaj yapanların tek örnekleri zina yapanlar, fahişeler, isyan edenler, geri dönenler ve sahte peygamberlerdi. Bu, Tanrı Sözü'nü önemseyen ve tanrısız kadınların örneğini izlemeyi seçmek yerine Kutsal Kitap'taki doğru örneği izlemek isteyen herkes için büyük bir uyarı olmalıdır.

Bu nedenle, Tanrı'nın seçilmişleri, kutsallar ve sevilenler olarak merhameti, iyiliği, alçakgönüllülüğü, uysallığı, yumuşak başlılığı giyin; (Koloseliler 3:12)

Hayır, ama ey insan, Tanrı'ya karşı gelen sen kimsin? Yaratılan şey kendisini yaratana, "Beni neden böyle yarattın?" der mi? (Romalılar 9:20)

Bedenimiz Tanrı'nın tapınağıdır; Tanrı'nın doğru yollarını aramayı arzu etmeliyiz. Bu, kadınların kendilerini kutsallık içinde, açık yüzle (temiz yüzle) sunmaları ve Tanrı'nın Değerli Yüceliği'ni bedenlerimizde yansıtmalarıyla gerçekleşir.

Bedeninizin, Tanrı'dan aldığınız ve kendinize ait olmayan, içinizdeki Kutsal Ruh'un tapınağı olduğunu bilmiyor musunuz? (1. Korintliler 6:19)

Siz ve ben bir bedelle satın alındık ve ayrıca Tanrı bizi kendi suretinde yarattı. Tanrı'nın yasaları bizi korumak içindir ve yüreklerimize yazılmalıdır. Tıpkı biz ebeveynlerin çocuklarımız için kuralları ve ilkeleri olduğu gibi, sizin ve benim de uymamız gereken kurallar ve ilkeler vardır. Tanrı'nın yasalarına ve ilkelerine itaat etmeyi seçtiğimizde, cezalandırılmayacak ve bereketleneceğiz.

"Bugün göğü ve yeri size karşı kayda geçiriyorum, önünüze yaşamı ve ölümü, bereketi ve laneti koydum; bu nedenle yaşamı seçin ki hem siz hem de soyunuz yaşasın" (Tesniye 30:19)

Gurur ve isyan üzerimize hastalık, finans, baskı ve şeytani ele geçirilme gibi sıkıntılar getirecektir. Gurur ve isyan yoluyla bu dünyaya ait şeylerin peşinden gittiğimizde, kendimizi başarısızlığa hazırlamış oluruz. Şeytanların arzusu yaşamlarımızı gurur günahıyla yozlaştırmaktır. Tanrı'nın yaşamımız için isteği bu değildir!

Dünyevi kadınların Tanrısal kadınlar haline geldiklerinde nasıl değiştiklerini gördüm. Yaşlı, depresif, stresli, eziyet çeken ve mutsuz görünümden daha genç, güzel, canlı, huzurlu ve ışıltılı kadınlara dönüşüyorlar.

Yaşayacak tek bir hayatımız var! Bu nedenle İbrahim'in.... Yakup'un ve İshak'ın Tanrısı'nı temsil edelim.... bedenlerimizi diri bir kurban olarak sunalım; O'nun gözünde kutsal ve kabul edilebilir olalım. Bu bizim içten ve dıştan, her şeyde kusursuz, makul hizmetimizdir!

Gurur ve isyan yoluyla Tanrı'nın Sözü'ne itaatsizlik ettiğimizde, kendimize, çocuklarımıza ve çocuklarımızın çocuklarına lanetler getiririz. Bu Havva'nı nitaatsiz ve asi davranışlarında görülebilir; sonuç olarak tufan yeryüzüne geldi ve her şey yok oldu. Şimşon ve Saul itaatsizlikleriyle kendilerine ve ailelerine yıkım getirdiler. Eli'nin itaatsizliği oğullarına ölüm getirdi ve kâhinlikten uzaklaştırıldı.

Tanrı Sözü aracılığıyla tarih bize, yıkımdan önce insan ırkının zihniyetinin kibirli, benmerkezci olduğunu ve kendi zevklerinin peşinde koştuklarını söyler.

RAB diyor ki, "Çünkü ***Siyon kızları*** *kibirli, boyunlarını uzatmış, gözlerini dikmiş yürüyor, yürürken ayaklarıyla çınlıyorlar: Bu yüzden RAB Siyon kızlarının başındaki tacı kabukla vuracak ve RAB onların gizli yerlerini ortaya çıkaracak. O gün RAB ayaklarındaki çın çın öten süslerin, kaftanlarının, Ay gibi yuvarlak lastiklerinin, Zincirlerinin, bileziklerinin, sapanlarının, Başlıklarının, bacaklarındaki süslerin cesaretini alacak, Baş bantları, tabletler, küpeler, Yüzükler, burun takıları, Değişken giysiler, mantolar, pelerinler, çıtır iğneler, Gözlükler, ince ketenler, Kukuletalar, korkuluklar. Öyle olacak ki, güzel koku yerine pis koku, Kuşak yerine yırtık, Düzgün saç yerine kellik, Mide yerine çul kuşağı, Güzellik yerine yanma olacak. Adamların kılıçla, Güçlülerin savaşta ölecek. Kapıları ağlayıp yas tutacak, Issız kalan kadın yere oturacak. (Yeşaya 3:16-26)*

Yaşamdaki seçimlerimiz çok önemlidir. Kutsal Kitap'a dayalı ve Ruh'un yönlendirdiği seçimler yapmak bize ve çocuklarımıza bereket getirecektir. Tanrı'nın Sözü'ne karşı isyan etmeyi ve kendi bencil zevklerinizi aramayı seçerseniz, o zaman Tarih'i tekrarlamış olursunuz:

1. Tufanı getiren itaatsiz Havva.

Tanrı yeryüzünde insanın kötülüğünün büyük olduğunu, yüreğinin her düşüncesinin sürekli kötülükle dolu olduğunu gördü. İnsanı yeryüzünde yarattığı için RAB pişman oldu ve yüreği sızladı. Ve RAB dedi: Yarattığım insanı, hem insanı, hem hayvanı, hem sürünen şeyi, hem havadaki kuşları yeryüzünden sileceğim; çünkü onları yaptığıma pişman oldum. (Yaratılış 6:5-7)

2. Sodom ve Gomorra'nın isyanı:

*Sonra RAB **Sodom**'la Gomora'nın üzerine gökten kükürt ve ateş yağdırdı; (Yaratılış 19:24)*

Bunlar Kutsal Kitap'tan birkaç örnektir. Bu dünyada bir fark yarattığınızı biliyorsunuz. Eski kötü tarihi yeniden canlandırmak istemezsiniz.

Tanrı'nın isyankârlık ve itaatsizlik konusunda yapması gereken budur:

Kendilerine ve atalarına verdiğim topraklardan yok oluncaya dek, aralarına kılıç, kıtlık ve salgın hastalık göndereceğim (Yeremya 24:10)

Ama itaatkarlara:

Dönüp RAB'bin sözünü dinleyecek, bugün sana buyurduğum bütün buyruklarını yerine getireceksin. Tanrınız RAB elinizin her işinde, ürününüzde sizi bereketli kılacak. Çünkü RAB atalarınızı sevindirdiği gibi, sizi de sevindirecek: Eğer Tanrınız RAB'bin sesine kulak verir, bu yasa kitabında yazılı olan buyruklarını ve kurallarını yerine getirir, bütün yüreğinizle ve bütün canınızla Tanrınız RAB'be yönelirseniz. Bugün sana buyurduğum bu buyruk senden gizli değil, senden uzak da değil. (Tesniye 30:8-11)

Bölüm 17

Seyahat Bakanlığı: Müjde'yi Öğretmeye ve Yaymaya Çağrıldı

Ben bir papaz, papaz ya da vaiz olarak adlandırılan biri anlamında bir bakan değilim. Kutsal Ruh'u ve ateşi aldığımızda, İyi Haber'i yaymak üzere O'nun Sözü'nün hizmetkârları oluruz. Nereye gidersem gideyim, Tanrı'dan O'nun Sözü'nün bir tanığı ve öğretmeni olma fırsatı isterim. Her zaman KJV Kutsal Kitap'ı kullanırım çünkü insanın yüreğini ve zihnini harekete geçiren tek kaynak odur. Tohumlar ekildiğinde, eğer onları duayla sürekli sularsak, Şeytan'ın onları söküp atması imkânsızdır.

Bireyler bu muhteşem gerçeği kabul ettiklerinde, onları yerel bir kiliseye bağlıyorum, böylece ***İsa'nın Adıyla*** vaftiz edilecekler; onlarla iletişimde kalmak için bir Pastörün öğrenciliği altında olabilirler. Tanrı Sözü ile besleyecek (öğretecek) ve onları gözetecek bir Pastör'ün olması önemlidir.

*"Bunun için gidin, bütün uluslara öğretin, onları Baba, Oğul ve Kutsal Ruh'un **adıyla** vaftiz **edin**." (Matta 28:19)*

"Sizi bilgi ve anlayışla besleyecek, yüreğime göre size önderler vereceğim." (Yeremya 3:15)

Rab bize Kendi isteğini yerine getirmemiz için talimatlar verdiğinde, bu talimatlar her yerde ve her zaman olabilir. O'nun yolları bazen mantıklı gelmeyebilir, ama bunun benim için önemli olmadığını deneyimlerimle öğrendim. Uyandığım andan evimden çıktığım ana kadar Tanrı'nın benim için ne hazırladığını asla bilemem. İnanlılar olarak, olgun öğretmenler olabilmek için Söz'ü çalışarak imanımızda büyümeliyiz. Başkalarına tanıklık etme fırsatını asla kaçırmayarak daha yüksek olgunluk seviyelerine ulaşmaya devam ederiz; özellikle de Tanrı kapıyı açtığında.

"Öğretmen olmanız gerekirken, Tanrı'nın sözlerinin ilk ilkelerini size yeniden öğretecek birine gereksiniminiz var; ve güçlü ete değil, süte gereksinim duyan biri oldunuz. Çünkü süt içen herkes doğruluk sözünde beceriksizdir; çünkü o bir bebektir. Ama güçlü et, yaşı kemale ermiş olanlara, hatta iyi ve kötüyü ayırt etmek için duyularını kullanmış olanlara aittir." (İbraniler 5:12-14)

Bu bölümde sizlerle, erken dönem kilise ve sonraki doktrin inançlarını açıklamak için araya sıkıştırılmış birkaç önemli tarihsel nokta ile seyahat deneyimlerimden birkaçını paylaşıyorum.

Tanrı beni "mantıksız bir uçuş planı" aracılığıyla Kaliforniya'yı ziyaret etmem için geri getirdi. Sağlık sorunlarım nedeniyle her zaman direkt uçuşları tercih ederim. Bu kez Dallas - Ft. Worth, Teksas'tan Ontario, Kaliforniya'ya Denver, Colorado aktarmalı bir uçuş satın aldım. Bunu neden yaptığımı açıklayamam ama daha sonra mantıklı geldi. Uçaktayken hostese ağrılarım olduğunu ve bir dinlenme odasının yakınına oturduğumu bildirdim. Uçuşun ikinci bölümünde hostese uzanabileceğim bir yer bulup bulamayacağını sordum. Beni uçağın arka tarafına götürdü. Ağrı daha sonra azaldı. Hostes nasıl hissettiğimi görmek için geri döndü ve bana benim için dua ettiğini söyledi.

Rab benim için yaptıklarını paylaşmam için bana bir kapı açıyordu. Ona yaralanmalarımı, hastalıklarımı ve iyileşmelerimi anlattım. Tüm bunlara ilaç kullanmadan ve sadece Tanrı'ya güvenerek dayanmış olmama çok şaşırdı. Kutsal Kitap hakkında konuşurken, Kutsal Ruh'un bir insana verilebileceğini daha önce hiç duymadığını söyledi. Kutsal

Yazılara göre bunun bugün bile bizim için olduğunu açıkladım. Ona Hindistan'daki evimi terk etme nedenimi anlattım; Tanrı'yı tüm kalbimizle aradığımızda, O dualarımızı yanıtlayacaktır. Bana karşı çok nazik ve ilgiliydi, tıpkı uçtuğum diğer birçok seferde olduğu gibi, uçuşta her zaman bana böyle nezaket ve ilgi gösteren biri varmış gibi görünüyor. Ona Kutsal Ruh'tan ve dillerde konuşmanın kanıtlarından bahsetmeye devam ettim. İnatla buna inanmadığını söyledi. Ona Rab İsa'nın Adıyla vaftizden bahsettim ve bunu da hiç duymadığını itiraf etti. Elçilerin İşleri Bölüm 2'de bahsedildiği gibi elçilerin vaftizi kiliselerin çoğunluğu tarafından vaaz edilmemektedir çünkü çoğu kilise Tanrı'nın üç kişiden oluştuğu Üçlü Birlik doktrinini benimsemiş ve bu unvanları kullanmaktadır: Vaftiz ederken Baba, Oğul ve Kutsal Ruh unvanlarını kullanırlar.

"İsa gelip onlara şöyle dedi: 'Gökte ve yerde bütün yetki bana verildi. Bu nedenle siz gidin, bütün uluslara öğretin, onları Baba, Oğul ve Kutsal Ruh'un ***adıyla*** *vaftiz* ***edin****." (Matta 28:18-19)*

Öğrenciler İsa'nın adıyla vaftiz olduklarında, kişi suya tamamen daldığında Baba'nın, Oğul'un ve Kutsal Ruh'un vaftizini yerine getiriyorlardı. Bu bir karışıklık değildi; kutsal yazıların da gösterdiği gibi İsa'nın onlara emrettiği şeyi yerine getiriyorlardı.

Çünkü gökte kayıt tutan üç kişi vardır: Baba, Söz ve Kutsal Ruh; bu ***üçü birdir****. (1. Yuhanna 5:7)*

(Bu ayet NIV'den ve Kutsal Kitap'ın tüm modern çevirilerinden çıkarılmıştır)

"Bunu duyunca yürekleri burkuldu, Petrus'a ve öbür elçilere, "Kardeşlerim, ne yapalım?" dediler. Sonra Petrus onlara, "Tövbe edin, günahlarınızın bağışlanması için hepiniz ***İsa Mesih'in adıyla***

vaftiz olun, Kutsal Ruh armağanını alacaksınız" dedi. (Elçilerin İşleri 2:37-38)

"Bunu duyunca ***Rab İsa'nın adıyla vaftiz*** *oldular. Pavlus ellerini onların üzerine koyunca, Kutsal Ruh üzerlerine indi; dillerle konuşmaya ve peygamberlik etmeye başladılar. Adamların hepsi on iki yaşındaydı." (Elçilerin İşleri 19:5-7)*

"Çünkü onların dillerle konuştuklarını ve Tanrı'yı yücelttiklerini duydular. Bunun üzerine Petrus, "Kim suyu yasaklayabilir?" diye sordu. Bizim gibi Kutsal Ruh'u almış olan vaftiz edilmişler mi? Ve o ***Rab'bin adıyla vaftiz*** *edilmelerini buyurdu. Sonra belli günler kalması için ona dua ettiler". (Elçilerin İşleri 10:46-48)*

Elçiler İsa'ya itaatsizlik etmediler. Pentikost Günü, İsa ölümden dirildikten ve yüceliğe kavuştuktan sonra Kilise Çağı'nın başlangıcıydı. Havarilere görünmüş, onları imansızlıklarından dolayı azarlamış ve kırk gün onlarla birlikte kalmıştı. Bu süre içinde İsa onlara birçok şey öğretti. Kutsal Kitap imanlıların vaftiz edilmesi gerektiğini söyler.

"Daha sonra, yemekte otururlarken on birlere göründü ve dirildikten sonra kendisini görenlere inanmadıkları için onları imansızlıkları ve yürek katılıklarıyla suçladı. Onlara, "Bütün dünyaya dağılın ve Müjde'yi her canlıya duyurun" dedi. İman edip vaftiz olan kurtulacak, iman etmeyen ise lanetlenecektir." (Markos 16:14-16)

İnsanlar daha sonra tam suya daldırma yerine s"erpme" de dahil olmak üzere farklı vaftiz formülleri benimsemiştir. (Bazılarına göre bunun nedeni Kutsal Kitap'ın serpme yapılamayacağını söylememesi ve Roma Kilisesi'nin bebekleri vaftiz etmesidir). İsa adına vaftiz, Roma Kilisesi tarafından üçleme görüşünü benimsediklerinde değiştirilmiştir.

Devam etmeden önce, Rabbimizle kişisel bir yürüyüş arayan, Tanrı'yı seven ve ilk Kutsal Kitap öğretisi olduğuna inandıkları şeylere inanan pek çok harika İnanlı'nın samimiyetini sorgulamadığımı söylemek isterim. İşte bu nedenle Kutsal Kitap'ın Erken Apostolik Kilise öğretisinin tarihi de dahil olmak üzere, kutsal yazıları kendiniz okumak ve incelemek çok önemlidir. "Kilise Öğretisi Dönekliğe Dönüşüyor."

Dinden dönme gerçeklerden uzaklaşmak anlamına gelir. Mürted, bir zamanlar Tanrı'nın gerçeğine inanıp sonra reddeden kişidir.

Konstantin'in imparator olduğu MS 312 yılında Hıristiyanlık Roma tarafından tercih edilen din olarak benimsenmiştir. Konstantin, MS 303 yılında başlayan Diocletianus'un (Latince: Gaius Aurelius Valerius Diocletianus Augustus;) zulüm kararnamelerini iptal etti. Diocletianus MS 284-305 yılları arasında Roma İmparatoru olarak görev yapmıştır. Zulüm kararnameleri Hıristiyanların haklarını ellerinden alıyor ve onlardan Roma tanrılarına kurban vermeyi de içeren "geleneksel dini uygulamaları" takip etmelerini talep ediyordu. Bu, itaat etmeyenlerin öldürülmesi ve dehşete düşürülmesiyle birlikte Hıristiyanlığa yönelik son resmi zulümdü. Konstantin Roma İmparatorluğu'nu H"ıristiyanlaştırdı" ve onu devletin dini, yani resmi din haline getirdi. Yönetimi altında Roma'da pagan dinleri de teşvik etti. Bu, Konstantin'in imparatorluğunda birleşme ve barış sağlama planını güçlendirdi. Böylece "Hıristiyanlaştırılmış Roma" ve siyasi bir kilisenin hüküm sürmesi sağlandı. Tüm bunlarla birlikte Şeytan, ilk kilisenin hiçbir yerde tanınmamasıyla kiliseyi içeriden yozlaştırmak için çok güçlü bir plan tasarlamıştı. Hıristiyanlık, o zamanın dünya siyasi sistemine katılan pagan bir sistemle bozulmuş, kirlenmiş ve zayıflatılmıştı. Bu sisteme göre vaftiz herkesi Hıristiyan yapıyordu ve kiliseye kendi pagan dinlerini, azizlerini ve imgelerini getirdiler. Daha sonraki bir aşamada, konsüllerinde Üçlü Birlik Doktrini de oluşturuldu. Mürted kilise artık Kutsal Ruh'un ya da dillerde konuşmanın önemini tanımıyor, vaaz etmiyor ya da bunlara önem vermiyordu. MS 451'de Kalkedon Konsili'nde Papa'nın onayıyla İznik/Konstantinopolis İnancı otorite olarak belirlendi. Hiç kimsenin bu konuda tartışmasına izin verilmedi. Teslis'e karşı konuşmak artık küfür olarak kabul ediliyordu. İtaatsizlik edenlere sakatlamadan ölüme kadar uzanan ağır cezalar verildi. Hıristiyanlar arasında inanç farklılıkları ortaya çıktı ve bu binlerce kişinin sakat kalmasına ve katledilmesine neden oldu. Gerçek inananların, Hıristiyanlık adına katliam yapan zalimlerden saklanmak için yeraltına inmekten başka çareleri yoktu.

Ona üçleme inancının Tanrı'nın emirlerinden, yasalarından ve buyruklarından habersiz olan Yahudi olmayanlardan geldiğini ve MS 325 yılında Birinci İznik Konsili'nin üçleme doktrinini ortodoksluk olarak kabul edip Roma Kilisesi'nin Nicean İnancı'nı benimsemesiyle yerleştiğini söyledim.

Üçlü Birlik, 300 piskoposun bir araya gelmesi ve altı hafta sonra bir araya gelmesiyle oluşturulmuştur.

Hiç kimse bir emri asla değiştiremez! Elçilerin İşleri Kitabı'nda yer alan ilk kilise, Eski Antlaşma'daki Tanrı'nın mutlak birliği inancı ve Yeni Antlaşma'daki İsa Mesih'in beden almış tek Tanrı olduğu vahyi üzerine kurulmuştur. Yeni Antlaşma tamamlanmış ve elçilerin sonuncusu birinci yüzyılın sonlarına doğru ölmüştü. Dördüncü yüzyılın başlarına gelindiğinde, Hıristiyan âlemindeki birincil Tanrı doktrini İncil'deki Tanrı'nın Birliği'nden belirgin bir teslis inancına dönüşmüştü.

Sizi Mesih'in lütfuna çağırandan bu kadar çabuk uzaklaşıp başka bir Müjde'ye yönelmenize şaşıyorum: Bu başka bir müjde değildir; ama sizi rahatsız eden ve Mesih'in müjdesini saptırmak isteyenler var. Ama biz ya da gökten bir melek, size duyurduğumuz Müjde'den başka bir Müjde duyurursa, lanet olsun ona! Daha önce söylediğimiz gibi, şimdi de söylüyorum, eğer bir kimse size aldığınız Müjde'den başka bir Müjde vaaz ederse, lanetlensin.
(Galatyalılar 1:6-9)

Post-Apostolik Çağ'ın (MS 90-140) yazarları Kutsal Kitap'ın diline, nasıl kullanıldığına ve nasıl düşünüldüğüne sadık kalmışlardır. İsa Mesih'in mutlak tanrılığı ve Tanrı'nın bedende tezahürü olan Tektanrıcılığa inanıyorlardı.

Dinle, ey İsrail! <u>Tanrımız RAB tek bir RAB</u>'dir: (Tesniye 6:4)

*Tanrısallığın gizemi tartışmasız büyüktür: **Tanrı bedende** göründü, Ruh'ta aklandı, melekler tarafından görüldü, öteki uluslara duyuruldu, dünyada iman edildi ve yüceliğe alındı. (1 Timoteos 3:16)*

Tanrı'nın adına büyük önem veriyorlar ve İsa adına vaftiz edilmeye inanıyorlardı. Kiliseye ilk katılanlar Yahudi'ydi; İsa'nın T"anrı Kuzusu" olduğunu biliyorlardı. Tanrı kan dökebilmek için beden giymişti.

*"Bu nedenle kendinize ve Kutsal Ruh'un **kendi kanıyla** satın aldığı **Tanrı'nın kilisesini beslemek** üzere sizi gözetmen yaptığı bütün sürüye dikkat edin." (Elçilerin İşleri 20:28)*

İsa isminin anlamı: İbranice Yeshua, Yunanca Yesous, İngilizce Jesus. Bu yüzden İsa dedi ki.

İsa ona şöyle dedi: "Bunca zamandır seninle birlikteyim de beni tanımadın mı Filip? Beni gören Baba'yı görmüştür; o halde nasıl, 'Bize Baba'yı göster' dersin? (Yuhanna 14:9)

Teslis fikrini ya da daha sonra Roma Kilisesi tarafından benimsenen Üçlübirlikçi dili desteklememişlerdir. Bugün Hıristiyan kiliselerinin çoğunluğu üçleme doktrinini takip etse de, ilk kilise hala Pentikost Günü'nün elçisel doktrinini sürdürmektedir. Tanrı imandan dönmememiz için bizi uyarmıştır. Tek Tanrı, Tek İnanç ve Tek Vaftiz vardır.

*"Tek Rab, tek iman, **tek vaftiz**, her şeyin üstünde, her şeyin aracılığıyla ve hepinizin içinde olan tek Tanrı ve herkesin Babası." (Efesliler 4:5-6)*

*"İsa ona şu karşılığı verdi: "Bütün buyrukların ilki şudur: Ey İsrail, dinle; **Tanrımız Rab tek Rab'dir."** (Markos 12:29)*

*"Mısır diyarından beri Tanrınız RAB benim, Benden başka ilah tanımayacaksınız, Çünkü benden başka **kurtarıcı** yoktur."*
(Hoşea 13:4)

Hıristiyanlık, Tanrı'nın Birliği kavramından uzaklaşmış ve Hıristiyan dini içinde bir tartışma kaynağı olmaya devam eden kafa karıştırıcı üçleme doktrinini benimsemiştir. Teslis doktrini Tanrı'nın Baba, Oğul ve Kutsal Ruh olmak üzere üç ilahi şahsın birliği olduğunu ifade eder. Hakikatten sapmış ve uzaklaşmaya başlamıştır.

Üçlü Birlik Doktrini'nin bu uygulaması başladığında" ,İsa'nın Adının" Vaftizde uygulanmasını gizlemiştir. İSA'nın adı çok güçlüdür çünkü bu ad sayesinde kurtuluruz:

İSA'dan başka hiçbir adda kurtuluş yoktur:

*Başka hiç kimsede kurtuluş yoktur; çünkü göklerin altında insanlar arasında kurtulmamız için verilmiş başka bir **ad** yoktur.*
(Elçilerin İşleri4:12)

Bu unvanların (Baba, Oğul ve Kutsal Ruh) vaftizini kabul etmeyen Yahudi ve Yahudi olmayan Hıristiyanlar vardı. Kilise çağı irtidat etti. (Bu ne anlama geliyordu? Gerçeklerden uzaklaşmak).

Dinden dönme Tanrı'ya karşı bir isyandır çünkü gerçeğe karşı bir isyandır.

NASB ve KJV İncillerinin bu önemli konuda ne dediğini karşılaştıralım.

Altı çizili cümle NIV, NASB ve diğer Kutsal Kitap çevirilerinden çıkarılmıştır.

"Hiç kimse sizi aldatmasın, çünkü önce irtidat gelmedikçe ve yıkım oğlu olan kanunsuzluk adamı ortaya çıkmadıkça o [İsa'nı ndönüşü*] gelmeyecektir." (2. Selanikliler 2:3 **NASB Versiyonu**)*

"Hiç kimse sizi aldatmasın; çünkü o gün (İsa'nın dönüşü), ***önce bir çöküş olmadıkça*** *ve o günah adamı, mahvoluşun oğlu ortaya* ***çıkmadıkça*** *gelmeyecektir." (2. Selanikliler 2:3* ***KJ Versiyonu****)*

Hostes ona öğrettiklerimle çok ilgilendi. Ancak, zaman kısıtlaması nedeniyle, sahip olduğum kısa sürede ona tam bir anlayış kazandırmak için Tanrı'nın Birliğini açıkladım.

Mesih'in ardından değil, insan geleneğinin, dünyanın ilkelerinin ardından giderek felsefe ve boş aldatmacalarla sizi bozan biri çıkmasın. Çünkü Tanrılığın bütün doluluğu bedensel olarak O'nda bulunur." (Koloseliler 2:8-9)

Şeytan'ın Koltuğu (Pergamos, Pergos veya Pergemon olarak da bilinir):

Hostese ayrıca Türkiye'nin günümüzde ve ahir zamanda oynadığı kilit rolü de anlattım. Pergamon ya da Pergamum, günümüz Türkiye'sinde, MÖ 281-133 yılları arasında Attalid hanedanlığı döneminde Helenistik dönemde Pergamon Krallığı'nın başkenti olmuş eski bir Yunan şehridir. Şehir, baş tanrıları Asklepios'un tapınağını bulabileceğiniz bir tepenin üzerinde yer almaktadır. Asklepios'un oturmuş ve etrafında kıvrılmış bir yılan bulunan bir asa tutan bir heykeli vardır. Vahiy Kitabı, Yedi Kilise'den biri olan Bergama'dan bahseder. Patmoslu Yuhanna Vahiy Kitabı'nda buradan "Şeytan'ı nKoltuğu" olarak bahsetmiştir.

*"Bergama'daki kilisenin meleğine şunları yaz: İki ağızlı keskin kılıcı elinde tutan şöyle diyor: Yaptığın işleri ve nerede oturduğunu, hatta Şeytan'****ın oturduğu*** *yeri biliyorum; adıma sımsıkı sarıldın ve aranızda öldürülen sadık şehidim Antipas'ın Şeytan'ın oturduğu yerde öldürüldüğü günlerde bile imanımı inkâr etmedin. Ama sana karşı birkaç sözüm var, çünkü Balac'a İsrailoğulları'nın önüne engel koymayı, putlara kurban edilen şeyleri yemeyi ve zina etmeyi öğreten Balam'ın öğretisini benimseyenleri orada tutuyorsun." (Vahiy 2:12-14)*

Bu şehir bugün neden bu kadar önemli? Bunun nedeni, Büyük Kiros M.Ö. 457 yılında Babil'i ele geçirdiğinde, Kral Kiros pagan Babil rahiplerini batıya, bugünkü Türkiye'de bulunan PERGAMOS'a kaçmaya zorladı.

{Not: İsrail'e ve kehanetin gerçekleşmesine bakmamız gerekiyor. Suriye Devlet Başkanı Esad'ın 6 Temmuz 2010 tarihinde İspanya'nın Madrid kentinde İsrail ve Türkiye'nin savaşın eşiğinde olduğu uyarısında bulunması şaşırtıcı değil mi? Tanrı'nın sevgili İsrail'i ve Şeytan'ın (Koltuğu) Tahtı bugünün haberlerinde bir araya geliyor

Hostesle Bergama hakkında konuştuktan sonra Yeni Doğum hakkında bilgi vermeye başladım. Daha önce hiç kimsenin dillerde (Kutsal Ruh) konuştuğunu duymamıştı. Ona tüm bilgileri, kutsal yazıları ve Kutsal Kitap'a inanan bir kiliseyi nerede bulabileceğine dair bir liste verdim. Bu gerçek ve vahiy onu çok heyecanlandırmıştı. Şimdi neden açıklanamaz bir şekilde Kaliforniya'ya direkt olmayan bir uçuş satın aldığımı anlıyordum. Tanrı her zaman ne yaptığını bilir ve ben onun niyetini her zaman bilemeyeceğimi ama daha sonra geriye dönüp baktığımda O'nun başından beri bir planı olduğunu görebileceğimi öğrendim. Kaliforniya'ya varır varmaz uçaktan ağrısız ve ateşsiz bir şekilde indim.

Soru: Apostolik nedir?

Dallas-Ft. Worth'dan Ontario, Kaliforniya'ya giden başka bir uçaktaydım. Kısa bir şekerleme yaptıktan sonra yanımdaki bayanın kitap okuduğunu fark ettim. Biraz zorlukla dışarı bakmaya çalışıyordu, ben de penceremin perdesini kaldırdım ve çok mutlu oldu. Onunla konuşmak için bir fırsat arıyordum, bu hareketiyle yaklaşık bir saat sürecek sohbetimiz başladı. Ona tanıklığımı anlatmaya başladım.

Otel odasına yerleştiğinde izleyeceğini söyledi. Sadece arada bir gittiğini itiraf ettiğinde kilise hakkında konuşmaya başladık. Ayrıca bana evli ve iki kızı olduğunu söyledi. Ben de ona bir Apostolik Pentekostal Kilisesine gittiğimi söyledim. İşte o zaman gözlerinin kocaman açıldığını fark ettim. Bana kısa bir süre önce kocasıyla birlikte Apostolik Kilise ile ilgili bir reklam panosu gördüklerini söyledi. Bu kelimenin (Apostolik) ne anlama geldiğini bilmiyorduk, dedi. Ona bunun İsa tarafından Yuhanna 3:5'te ortaya konan ve Elçilerin İşleri Kitabı'nda apostolik çağın ilk kilisesini tanımlayan doktrin olduğunu açıkladım. Tanrı'nın beni bu soruyu yanıtlamam için bu bayanın yanına koyduğuna kesinlikle inanıyorum. Bu tesadüf olamayacak kadar büyük bir rastlantıydı.

Apostolik Çağ:

İsa'nın M.Ö. 4'ten önce ya da M.S. 6'dan sonra doğduğu ve M.S. 30 ile M.S. 36 yılları arasında, 33 yaşındayken çarmıha gerildiği varsayılmaktadır. Dolayısıyla, Hıristiyan Kilisesi'nin kuruluşunun MS 30 yılının Mayıs ayındaki Pentikost Bayramı'nda olduğu tahmin edilmektedir.

Apostolik Çağ, Pentikost Günü'nden Havari Yuhanna'nın ölümüne kadar uzanan yaklaşık yetmiş yılı (MS 30 - 100) kapsar.

Yuhanna'nın mektuplarının yazılmasından itibaren birinci yüzyıl gerçeklerden uzaklaşmaya başlamıştı. Birinci yüzyılda kiliselere karanlık girmişti. Bunun dışında, kilise tarihinin bu dönemi hakkında çok az şey biliyoruz. Elçilerin İşleri kitabı (2:41) Yeruşalim'de bir günde üç bin kişinin Pentekostal dönüşümünü kaydeder. Tarih, Neron döneminde toplu katliam yapıldığını yazar. Hıristiyanlığa geçenler çoğunlukla okuma yazma bilmeyenler, köleler, tüccarlar gibi orta ve alt sınıftan insanlardı. Konstantin'in din değiştirdiği sırada, bu Roma kararnamesi altındaki Hıristiyanların sayısının on bir milyonu aşmış olabileceği tahmin edilmektedir, bu da Roma İmparatorluğu'nun toplam nüfusunun onda biri demektir ki bu Hıristiyanlık için büyük ve hızlı bir başarıdır. Bu durum, düşmanca bir dünyada yaşayan Hıristiyanların zalimce muamele görmesiyle sonuçlanmıştır.

İsa birbirimizi kendimiz gibi sevmemiz gerektiğini ve kurtuluşun ve günahtan tövbenin O'nun adıyla geleceğini öğretmiştir.

Tövbe ve günahların bağışlanması Yeruşalim'den başlayarak bütün uluslar arasında onun adıyla duyurulmalıdır. (Luka 24:47)

Elçiler İsa'nın öğretilerini alıp Pentikost Günü'nde uyguladıktan sonra İsa'yı önce Yahudilere, sonra da diğer uluslara duyurmaya başladılar.

"Bu nedenle kendinize ve Kutsal Ruh'un ***kendi kanıyla satın aldığı Tanrı'nın kilisesini beslemeniz*** *için sizi gözetmen yaptığı bütün sürüye dikkat edin. Çünkü şunu biliyorum ki, ben ayrıldıktan sonra sürüyü esirgemeyen kurtlar aranıza girecek. Ayrıca kendi aranızdan da sapkınca şeyler söyleyerek öğrencileri peşlerinden sürükleyen adamlar çıkacaktır. Bu nedenle, üç yıl boyunca gece gündüz herkesi gözyaşlarıyla uyarmayı bırakmadığımı izleyin ve anımsayın." (Elçilerin İşleri 20:28-31)*

Konstantin'in Roma İmparatorluğu kararnamesine herkes boyun eğmedi.

Havarilerin orijinal öğretisini takip edenler, Konstantin'in kararnamesinde belirtilen "dönüşümü" kabul etmeyenler vardı. Kararname, Roma Kilise Konsilleri sırasında uydurulan dini gelenekleri ve ilk kilisenin gerçeklerini çarpıtan değişiklikleri içeriyordu. Konstantin kararnamesini tasarlayan konseyleri oluşturan bu insanlar yeniden doğmuş gerçek imanlılar değildi.

Bu nedenle günümüzde pek çok kilise Havarilerin öğretilerini izleyerek kendilerini Apostolik ya da Pentekostal olarak adlandırmaktadır.

"Bedene göre bilge olan, güçlü olan, soylu olan pek kimse çağrılmadı, ama Tanrı bilge olanları utandırmak için dünyanın akılsız şeylerini seçti; güçlü olanları utandırmak için Tanrı dünyanın zayıf şeylerini seçti; ve dünyanın aşağılık şeylerini, hor görülen şeyleri Tanrı seçti, evet, ve olmayan şeyleri, olan şeyleri boşa çıkarmak için: hiçbir beden Tanrı'nın önünde yücelmesin diye." (1. Korintliler 1:26-29)

Dinler arası

Bugün Tanrı'nın ilkelerine karşı yeni bir tehditle karşı karşıyayız. Buna "Dinlerarası" deniyor. "Dinlerarası" **tüm tanrılara** saygı göstermenin önemli olduğunu belirtir. Dinlerarasıcılar için bölünmüş sadakat ve bölünmüş saygı kabul edilebilir. Bireyler olarak birbirimize saygı duyabilir ve aynı fikirde olmasak bile birbirimizi sevebiliriz; ancak Kutsal Kitap "Tanrı'nın Kıskançlığı" konusunda son derece nettir ve O'na özel bağlılık talep eder ve diğer tanrılara saygı göstermenin bir tuzak olduğunu söyler.

"Gittiğiniz ülkede yaşayanlarla antlaşma yapmamak için kendinize dikkat edin; bu antlaşma size tuzak olmasın. Sunaklarını yıkacak, putlarını kıracak, korularını keseceksiniz: Başka ilaha tapmayacaksınız; çünkü adı Kıskanç olan RAB kıskanç bir Tanrı'dır: Ülke halkıyla antlaşma yaparsan, onlar da kendi ilahlarının ardınca gider, ilahlarına kurban keserlerse, biri seni çağırır, sen de onun kurbanını yersin." ***(Mısır'dan Çıkış 34:12-15)***

Şeytan, seçilmişleri kandırmak için aldatıcı "İnançlar Arası" inancını ortaya atmıştır. Aslında sahte tanrılarını, putlarını ve imgelerini kabul ederek ya da onlara saygı göstererek bir antlaşma yapılırken, modern insanı kendi siyasi doğruluk aygıtıyla nasıl manipüle edeceğini biliyor.

Bölüm 18

Mumbai, Hindistan'da Bakanlık "Büyük İnançlı Bir Adam"

1980'den önceki bir tarihte, ülke dışına seyahat edebilmek için vize almak üzere Hindistan'ın Mumbai şehrine gittim. Mumbai'den trenle geçerken, çok yoksul insanların ve kulübelerin bulunduğu bir gecekondu bölgesinden geçtiğimizi fark ettim. Korkunç bir yoksulluk içinde yaşayan insanlarla böylesine içler acısı yaşam koşullarını daha önce hiç görmemiştim.

Başta katı dindar bir ailede yetiştiğimi belirtmiştim. Babam bir doktor, annem ise bir hemşireydi. Dindar olmamıza ve Kutsal Kitap'ın çoğunu okumama rağmen, hayatımın o döneminde Kutsal Ruh'a sahip değildim. Rab'bin yükü üzerime geldiğinde yüreğim kederlendi. O günden sonra, bu gecekondu mahallelerinde umutsuz olan bu insanlar için bu yükü taşıdım. Gözyaşlarımı kimsenin görmesini istemediğim için yüzümü saklayarak başımı öne eğdim. Sadece uyumak istiyordum ama bu insanlar için hissettiğim yük sanki bir ulustan daha büyüktü. Tanrı'ya, "Bu insanlara müjdeyi duyurmak için kim gidecek?" diye dua ettim. Bu bölgeye kendim gelmekten korkacağımı düşünüyordum. O zamanlar Tanrı'nı nelinin herkese, her yere ulaşabilecek kadar büyük olduğunu anlamamıştım. O zamanlar Tanrı'nın ilerleyen yıllarda beni buraya geri getireceğini bilmiyordum. Amerika'ya döndüğümde ve 12 yıl sonra, Mumbai'nin gecekondu mahallelerinde yaşayan insanlar için duyduğum yük hala kalbimdeydi.

Kızılderililerin ve ailemizin geleneği, bakanları her zaman evimize kabul etmek, onları beslemek, ihtiyaçlarını karşılamak ve onlara bağışta bulunmaktı. Eskiden Metodisttim ama artık gerçeğin vahyini almıştım ve bundan ödün veremezdim. Ailem Amerika'da ziyarette bulunan Hintli bir bakanın gelmesini bekliyordu. Bekledik ama zamanında gelmedi. İşe gitmek zorunda kaldım ve onunla tanışma fırsatını kaçırdım ama annem daha sonra bana onun çok samimi olduğunu söyledi. Ertesi yıl, 1993'te aynı papaz ikinci kez West Covina, Kaliforniya'daki evimize geldi. Bu sefer erkek kardeşim ona kız kardeşiyle tanışması gerektiğini çünkü onun Tanrı Sözü'ne sadık olduğunu ve ailesinin onun inancına ve Tanrı'ya olan inancına saygı duyduğunu söyledi. Pastör Chacko ile o gün tanıştım. Vaftiz ve onun Tanrı Sözü'ne olan inancı hakkında konuşmaya başladık. Pastör Chacko bana İsa'nın adıyla tamamen suya batırılarak vaftiz edildiğini ve başka herhangi bir vaftiz türüyle uzlaşmayacağını söyledi. Bu Tanrı adamının vaftizi ilk kilisenin İncil'deki yöntemiyle yaptığını bilmek beni çok memnun etti ve heyecanlandırdı. Daha sonra beni yaşadığı yer olan Mumbai, Hindistan'a davet etti.

Pastörüme Pastör Chacko'nun Tanrı Sözüne olan güçlü inancından ve evimize yaptığı ziyaretten bahsettim. O akşam Pastör Chacko kilisemizi ziyarete geldi, pastörüm ondan cemaatin önünde birkaç söz söylemesini istedi. Pastör Chacko'nun Mumbai'de yaptığı çalışmalara büyük ilgi vardı ve kilisem onu maddi olarak ve dualarımızla desteklemeye başladı. Kilisemiz misyona önem verirdi. Ondalık öder gibi her zaman misyona da ödeme yapardık. Her şeyin yerli yerine oturmaya başlaması ve Mumbai'nin artık Kaliforniya'daki yerel kilisemden destek alması inanılmazdı.

Ertesi yıl Tanrı beni Hindistan'a gönderdi ve ben de Pastör Chaco'nun Mumbai'deki kiliseyi ve ailesini ziyaret etme teklifini kabul ettim. İlk geldiğimde Pastör Chacko beni havaalanından almaya geldi. Beni otelime götürdü. Burası aynı zamanda kilise için buluştukları yerdi ve 1980 yılında trenle geçtiğim gecekondu mahallesinin aynısıydı. Artık 1996 yılıydı ve bu güzel ruhlar için içtenlikle ettiğim umut dualarım kabul olmuştu. Pastör Chacko çok misafirperverdi ve bir kilise inşa etme arzusunu ve yükünü benimle paylaştı. Diğer kiliseleri ziyaret edebildim ve gideceğim şehir olan Ahmadabad'a gitmeden önce cemaat önünde konuşma yapmam istendi. Mumbai'deki kilisenin yaşam koşulları beni çok üzdü. Katolik bir baba Pazar ayini için Pastör Chacko'ya bir sınıf odası verdi.

İnsanlar çok fakirdi ama Tanrı'yı öven ve O'na hizmet eden küçük ve güzel çocuklara tanık olmanın sevincini yaşadım. Ellerine tutuşturulan küçük bir parça ekmek ve içecek su ile birlikte yemek yiyorlardı. Onlara yiyecek almak için şefkatle harekete geçtim ve bana ihtiyaç duydukları şeylerin bir listesini vermelerini istedim. Listedeki ihtiyaçları karşılamak için elimden geleni yaptım. Hindistan'a yaptığım uzun uçuştan sonra beni dualarıyla onurlandırdılar. Kiliseden bir kardeş benim için dua etti ve Kutsal Ruh'un gücünün zayıflamış ve uykusuz bedenime bir anda elektrik gibi geldiğini hissettim. Gücüm yerine gelirken kendimi yenilenmiş hissettim ve tüm vücudumdaki ağrılar geçti. Onların duaları o kadar güçlüydü ki, açıklayabileceğim her şeyin ötesinde kutsandım. Onlar bana benim onlara verdiğimden daha fazlasını verdiler. Amerika'ya geri dönmeden önce Ahmedabad'dan ayrıldım ve Pastör Chacko'yu bir kez daha ziyaret etmek üzere Mumbai'ye döndüm. Kendisi ve ailesi için bağış olarak bıraktığım tüm rupileri ona verdim.

Neyse ki bana, borçlu oldukları dükkânın önünden geçerken büyük bir utanç duyan karısı hakkında tanıklık etti. Bu borcu ödeyemedikleri için utanç içinde başını öne eğerek yürüyordu. Papaz Chacko bana oğlunun eğitiminden de bahsetti. Okula olan borçlarının vadesi gelmişti ve oğlu okula devam edemeyecekti. Durumun aile için çok zor olduğunu görebiliyordum. Tanrı beni bağışta bulunmam için harekete geçirdi ve yaptığım bağış her iki meseleyi ve daha fazlasını halletmeye fazlasıyla yetti. Tanrı'ya şükürler olsun!

"Yoksulları ve kimsesizleri koru; acı çekenlere ve muhtaçlara adaletle davran. Yoksulları ve düşkünleri kurtar, onları kötülerin elinden kurtar." (Mezmurlar 82:3-4)

Kaliforniya'ya döndüğümde bu küçük kilise ve insanları için dua ettim ve ağladım. O kadar kırılmıştım ki, Tanrı'dan istedikleri her şeye dokunmak için iki ya da üç kişinin anlaşmasını istedim.

"Size doğrusunu söyleyeyim, yeryüzünde bağlayacağınız her şey gökte bağlanacak, yeryüzünde çözeceğiniz her şey gökte çözülecektir. Yine size derim ki, aranızdan iki kişi yeryüzünde herhangi bir konuda anlaşırsa, göklerdeki Babam'dan diledikleri her şey onlar için yerine getirilecektir. Çünkü nerede iki ya da üç kişi benim adımla bir araya gelirse, ben de orada, onların arasındayım."
(Matta 18:18-20)

Mumbai'deki Tanrı'nı nkilisesine yardım etmek benim yüküm ve endişemdi ama yükümü birileriyle paylaşmam gerekiyordu. Bir gün iş arkadaşım Karen bana nasıl bu kadar uzun süre dua edebildiğimi sordu. Karen'a daha uzun süre dua etmeyi öğrenmek, dua hayatını geliştirmek ve benimle birlikte oruç tutmak isteyip istemeyeceğini sordum. Nezaketle kabul etti ve benim dua ortağım oldu. Karen da Mumbai için duyduğum yükü paylaştı. Dua etmeye ve oruç tutmaya başladıkça, daha uzun süre dua etmeye ve daha fazla oruç tutmaya istekli hale geldi. O zamanlar herhangi bir kiliseye gitmiyordu ama ruhani olarak yaptıklarında çok ciddi ve samimiydi. Öğle yemeklerimizde dua ediyorduk ve işten sonra arabada 1,5 saat dua etmek için buluşuyorduk. Birkaç ay sonra Karen bana amcası vefat ettiği için sigortadan eline bir miktar para geçtiğini söyledi. Karen çok iyi kalpli ve verici bir insandır ve bu paranın ondalık payını Mumbai'deki bakanlığa vermek istediğini söyledi. Para, kendi kiliselerine sahip olabilecekleri bir tesis satın alması için Pastör Chacko'ya gönderildi. Şeytani İbadet için kullanılan küçük bir oda satın aldılar. Orayı temizlediler ve kiliseleri için restore ettiler. Ertesi yıl Karen ve ben kilisenin ithaf töreni için Mumbai'ye gittik. Şimdi Rab'be hizmet etmekte olan Karen'ın imanı güçlü olduğu için dualarımız kabul oldu. Tanrı'ya şükürler olsun!

Mumbai'deki kilise büyüdükçe, Pastör Chacko kilisenin yanında küçük bir arsa satın almak için bağışta bulunarak yardım istedi. Pastör Chacko'nun kilisenin büyümesi ve Tanrı'nın işleri için büyük bir inancı vardı. Bu arazi Katolik Kilisesi'ne aitti. Pastör Chacko ve rahip arasında dostane bir ilişki vardı ve rahip bu arsayı Pastör Chacko'ya satmak istiyordu. Papaz Chacko, Tanrı'nın sağlayacağına inandığı bağışı alamadı. Tanrı her şeyi bilir ve işleri kendi yöntemiyle ve bizim hayal edebileceğimizden bile daha iyi yapar!

Birkaç yıl sonra Hindistan'ın her yerinde Hindular ve Hıristiyanlar arasında ayaklanmalar oldu. Hindular Hıristiyanları Hindistan'dan atmaya çalışıyorlardı. İsyancılar sabah saatlerinde polis desteğinde kiliseye geldiler. Kiliseyi tahrip etmeye başladılar ancak Pastör Chacko ve kilise üyeleri kendi iyilikleri için yapmamaları için onlara yalvardılar çünkü Yüce Tanrı'nın Evi'ni tahrip etmek onlar için tehlikeli bir şeydi. İsyancılar, kilise tamamen yıkılana kadar halkın uyarılarını ve yalvarışlarını dikkate almayarak görünürdeki her şeyi yıkmaya devam etti. Günün geri kalanında kilise üyeleri bu çok kötü şöhretli ve acımasız gruptan korktular çünkü kendi hayatlarının tehlikede olduğunu biliyorlardı.

Tanrı'ya tapınmak için kendilerine ait bir yere sahip olmak için uzun süre dua ettikten sonra artık kiliselerinin olmamasının üzüntüsünü hissettiler. Burası Tanrı'nın mucizeler gerçekleştirdiğini, cinlerin kovulduğunu ve günahkârlara kurtuluşun vaaz edildiğini gördükleri yerdi. O gece yaklaşık gece yarısı Pastör Chacko'nun kapısı çalındı. Gelenin daha önce kiliseyi yerle bir eden bu kötü şöhretli grubun lideri olduğunu görünce korkuya kapıldı. Pastör Chacko kesin olarak öldürüleceğini ve bunun onun sonu olduğunu düşündü. Tanrı'dan kapıyı açmak için cesaret vermesini ve kendisini korumasını isteyerek dua etti. Kapıyı açtığında, şaşkınlık içinde, gözlerinde yaşlarla Pastör Chacko'dan o gün kilisesine yaptıkları için kendilerini affetmesini isteyen adamı gördü.

Adam Pastör Chacko'ya kilisenin yıkılmasından sonra liderin karısının öldüğünü anlatmaya devam etti. İsyancılardan birinin eli bir makine tarafından kesilmişti. Olaylar kiliseyi tahrip eden insanların aleyhine gelişiyordu. İsyancılar arasında Pastör Chacko'ya ve onun Tanrısına karşı yaptıklarından dolayı korku vardı! Tanrı bizim savaşlarımızla savaşacağını söyledi ve öyle de yaptı. Hindistan'daki dindar Hindular ve Hıristiyanlar Tanrı'dan korkan insanlardır ve işleri yoluna koymak için her şeyi yaparlar. Kilisenin yıkımına katıldıkları için Hinduların başına gelenler nedeniyle, aynı isyancılar korkudan kiliseyi yeniden inşa etmek için geri döndüler. Ayrıca Katolik Kilisesi'ne ait olan mülkleri de ele geçirdiler. Kimse onlara karşı gelmedi ya da şikayet etmedi. İsyancılar kiliseyi kendileri yeniden inşa ettiler, malzemeleri ve tüm işçiliği kilisenin yardımı olmadan sağladılar. Kilise tamamlandığında bir yerine iki katlı ve daha büyüktü.

Tanrı Pastör Chacko'nun duasını yanıtladı ve o da "İsa asla başarısız olmaz" diyor. Mumbai için dua etmeye devam ettik. Hindistan'a gönül vermiş pek çok kişinin inancı ve duaları sayesinde bugün 52 kilise, bir yetimhane ve iki gündüz bakımevi var. 1980'de o trendeyken kalbime nasıl derinden dokunulduğunu düşünmeye başladım. Tanrı'nın gözlerini ülkemin bu bölgesine diktiğini ve Mumbai'nin gecekondu mahallelerindeki insanlara şaşmaz dualar ve kalpleri dinleyen bir Tanrı aracılığıyla sevgi ve umut getirdiğini çok az biliyordum. Başlangıçta, yükümün bir ulus kadar büyük olduğunu söylemiştim. Bana bu yükü verdiği için Tanrı'ya şükrediyorum. Tanrı büyük bir stratejisttir. Her şey bir anda olmadı ama on altı yıl boyunca, Amerika'da yaşadığım süre boyunca, Tanrı dualarımı yanıtlamak için sonuçların temelini atarken, benim bilmediğim şeyler oluyordu.

Kutsal Kitap durmadan dua edin der. Hindistan'ın her yerinde yeniden canlanma için sürekli dua ettim ve oruç tuttum. Ülkem Rab İsa için ruhsal bir metamorfoz geçiriyordu.

Pastor Chacko'nun web sitesi: http://www.cjcindia.org/index.html

Bölüm 19

Gujarat'ta Bakanlık!

1990'ların sonunda Gujarat eyaletindeki Ahmedabad şehrini ziyaret ettim. Hindistan'ın Mumbai şehrine yaptığım son ziyarette, oradaki çalışmalar için bir başarı hissi duymuştum. O geziden sonra Ahmedabad şehrini ziyaret ettim ve tanıklık ettim. İnsanların çoğunun Teslis inancına sahip olduğunu biliyordum. Tüm bağlantılarım Üçlübirlikçiydi. Uzun yıllar boyunca bu gerçeği Hindistan'a getirmek için dua ettim. İlk duam şuydu: Pavlus ya da Petrus gibi birini kazanmak istiyorum, böylece işim kolaylaşacak ve devam edecek. Her zaman bir plan ve vizyonla dua ederim. Herhangi bir yeri ziyaret etmeden önce dua eder ve oruç tutarım, özellikle de Hindistan'a gitmeden önce. Her zaman dua eder ve üç gün üç gece aç susuz ya da Ruh'la dolana kadar oruç tutarım. İncil'de oruç tutmanın yolu budur.

Ester 4:16 Gidin, Şuşan'da yaşayan bütün Yahudiler'i toplayın, benim için oruç tutun; üç gün gece gündüz ne bir şey yiyin, ne de için: Ben ve kızlarım da aynı şekilde oruç tutacağız; kralın huzuruna böyle çıkacağım.

Yunus 3:5 Bunun üzerine Ninova halkı Tanrı'ya inandı, oruç ilan etti ve en büyüğünden en küçüğüne kadar çula büründü. 6 Ninova Kralı'na haber ulaşınca tahtından kalktı, giysisini üzerinden çıkarıp çula sarındı ve küller içinde oturdu. 7 Kralın ve soylularının buyruğuyla Ninova'da şu buyruğun ilan edilmesini sağladı: "Ne insan, ne hayvan, ne sürü, hiçbir şey tatmasınlar; yem yemesinler, su içmesinler.

Hindistan ruhani karanlık tarafından tüketilmiştir. Tanrı'nı nRuhu ile dolu olmadığınız sürece oraya gitmeye cesaret edemezsiniz. Birkaç yıl önce, 1990'larda beni Bro. Christian ile tanıştırdılar. Bu ziyaret sırasında Üçlü Birlik pastörlerinin çoğu tarafından saldırıya uğradım. Bu benim Kardeş Christian ile ilk karşılaşmamdı. Tanrı'ya şükürler olsun demek yerine! Ona "Ne vaaz ediyorsunuz?" diye sordum. "İsa'nın adıyla vaftiz ediyor musunuz?" "Evet" dedi. Bu gerçeği nasıl öğrendiğini öğrenmek istedim. O da şöyle dedi: "Tanrı, Malek Saben Stadyumu denilen yerde bir sabah erkenden Tanrı'ya ibadet ederken bana gerçeği açıkladı. Tanrı bana İsa'nın Ad Vaftizi hakkında açıkça konuştu.

Bu ziyaret sırasında İsa'nın su vaftizini açıklayan birkaç binden fazla kitapçık bastırdım ve dağıttım. Bu durum dini kilise yetkililerini kızdırdı. Dini liderler bana karşı vaaz vermeye başladılar. "Kesinlikle onu evinizden kovun" dediler. Nereye gidersem gideyim, hepsi benim aleyhimde konuşuyordu. Gerçek şeytanı kızdırır ama Tanrı'nın sözü şöyle der: 'Gerçeği bileceksiniz ve gerçek sizi özgür kılacak'. Kardeşimle tanışmak Christian gerçeği yaymamda bana yardımcı oldu. Hindistan'a gerçek müjdeyi öğretecek ve vaaz edecek bir birlik pastörü gönderdiği için Tanrı'ya şükürler olsun.

Hindistan'a 1999 yılında yaptığım bu ziyaretten sonra sakatlandım ve Hindistan'a geri dönemedim. Ancak çalışmalar devam **ediyordu**. Çok geçmeden aleyhimde konuşan tüm o insanlar beni unuttular ve şimdi vefat etmiş durumdalar. Bu fiziksel engellilik döneminde, tüm Search for Truth, birlik ve doktrin CD'lerini kaydettim ve ücretsiz olarak dağıttım. Tekerlekli sandalyedeydim ve hafızamı kaybetmiştim, bu yüzden bakanlığımı kitap kaydederek genişlettim. Oturmak zordu ama Rab'bin yardımıyla fiziksel olarak yapamadığım şeyi yaptım. Rab'be güvenmek sizi yeni yollara ve otoyollara götürecektir. Tüm zorluklarla yüzleşiyoruz. Tanrı'nın Gücü muhteşemdir ve hiçbir şey meshi durduramaz. O kadar çok mücadele edilen mesaj şimdi kaydedilmiş

CD'lerde evlerde çalıyordu. Tanrı'ya şükürler olsun! Birçok insanın Kutsal Kitap öğretisini ve Tanrı'nın birliğini öğrenmiş olması beni sevindirdi ve hayrete düşürdü.

Hindistan'ın gerçeği sevmesi için yıllarca dua ettim ve oruç tuttum. Ayrıca, Hindistan'ın her eyaletinde İsa'nın Müjdesi özgürce vaaz edilebilsin. Kutsal Kitap çalışmalarının İngilizce'den Gujarati diline çevrilmesi yoluyla onlara hakikat bilgisini ulaştırmak için güçlü bir arzu duyuyordum. Gujarati bu eyalette konuşulan dildir. Hindistan'da bu Kutsal Kitap çalışmalarının çevirisinde bana yardımcı olmaya hevesli çevirmenler buldum. Kendisi de bir pastör olan bu çevirmenlerden biri, Kutsal Yazıları, elçisel ilk kilisenin Kutsal Kitap'taki vaftizinden, İSA'nın adını atlayarak Baba, Oğul ve Kutsal Ruh olarak değiştirmek istedi. Bu, Tek gerçek Tanrı'nın unvanıdır. Tanrı Sözü'nü doğru tutması için çevirmenime güvenmek zorlaştı. Kutsal Kitap, Kutsal Yazılar'a bir şey eklememememiz ya da ondan bir şey çıkarmamamız konusunda bizi açıkça uyarır. Eski Antlaşma'dan Yeni Antlaşma'ya kadar, Tanrı Sözü'nü insanların yorumlarına göre değiştirmemeliyiz. Sadece İsa'nın örneklerini ve elçilerle peygamberlerin öğretilerini izlemeliyiz.

Efesliler 2:20 İsa Mesih'in kendisi baş köşe taşı olmak üzere, elçilerin ve peygamberlerin temeli üzerine kurulmuştur;

İsa'nın Müjdesi'ni duyurmaya ve öğretmeye gidenler öğrencilerdi. Elçilerin öğretisini izlemeli ve Kutsal Kitap'ın Tanrı'nın yanılmaz ve yetkili Sözü olduğuna inanmalıyız.

Tesniye 4:1 Şimdi ey İsrail, yaşamanız ve atalarınızın Tanrısı RAB'bin size vereceği topraklara girip mülk edinmeniz için size öğrettiğim kurallara ve yargılara kulak verin. 2 Tanrınız RAB'bin size buyurduğu buyruklara uymanız için, size buyurduğum söze hiçbir şey eklemeyecek, ondan hiçbir şey eksiltmeyeceksiniz.

Burada, bugün gerçek olduğuna inandığımız şey ile ilk kilisenin öğrettiği şey arasında büyük bir fark olduğunu belirtmeyi tercih ediyorum. Pavlus'un kiliselere yazdığı mektuplara göre, kilise tarihinin ilk dönemlerinde bile sağlam öğretiden uzaklaşanlar olmuştur. Kutsal

Kitap'ın birçok versiyonu şeytanın doktrinine uyacak şekilde değiştirilmiştir. Ben orijinal tomarlara yakın ve %99,98 oranında doğru bir çeviri olduğu için KJV'yi tercih ettim.

Aşağıdaki ayetleri dikkatle okuyun ve inceleyin:

2.Petrus 2:1 Halk arasında sahte peygamberler olduğu gibi, aranızda da sahte öğretmenler olacak; bunlar kendilerini satın alan Rab'bi bile inkâr ederek lanet olası sapkınlıklar getirecek ve kendilerini hızla yok edecekler.2 Birçokları onların kötü yollarını izleyecek, bu yüzden gerçeğin yolu kötülenecek.3 Açgözlülükle, sahte sözlerle sizi ticarete dökecekler.

İsa'nı nkimliğini açıklayarak, elçi Petrus'a Krallığın anahtarlarını verdi ve Pentikost gününde ilk vaazını verdi. Bizi, tanrısallık görünümüne sahip olup elçilerin ve peygamberlerin öğretisini izlemeyen aldatıcılar hakkında uyardılar. Yehova'nın bir gün beden alıp geleceğini bildikleri için tek Tanrı inananları Deccal olamazlar.

2.Yuhanna 1:7 Çünkü İsa Mesih'in beden alıp geldiğini kabul etmeyen birçok aldatıcı dünyaya girmiştir. Bunlar aldatıcı ve deccaldir. 8 Yaptıklarımızı yitirmediğimize, tam bir ödül aldığımıza dikkat edin. 9 Günah işleyen ve Mesih'in öğretisine bağlı kalmayan kişi Tanrı'ya inanmış sayılmaz. Mesih'in öğretisine bağlı kalan ise hem Baba'ya hem de Oğul'a sahiptir. 10 Bu öğretiyi benimsemeyen biri size gelirse, onu evinize kabul etmeyin ve ona esenlik dilemeyin. 11 Çünkü ona esenlik dileyen, onun kötülüklerine ortak olur.

Hindistan'da Stockton İncil kolejinden ve diğer eyaletlerden vaizlerin yeniden doğuş mesajını iletmek üzere gittiği birçok konferans vardı. Hindistan'da vaaz verme çağrısı alan Rev. McCoy, Hindistan'ın birçok yerinde vaaz vererek harika bir iş çıkardı. Saatlerce dua edip oruç tutarak, Hindistan hizmetinin başarısı 2000 yılından beri devam ediyor. Yabancı Misyon Asya Direktörü'nün beni yönlendirdiği bir papazı, Pastör Miller'ı aradığımı hatırlıyorum. Kendisini evinden aradığımda, altı ay önce Kalküta ve Batı Bengal'de bulunduğunu bildirmek için beni aramak üzere olduğunu söyledi. Kendisi de Ahmedabad'a gitmek istemiş ama hastalığı nedeniyle Amerika'ya dönmüş. Pastör Miller nezaketle Hindistan'a geri dönmek istediğini ama bunun için dua etmesi gerektiğini söyledi ve Tanrı'ya çağrısının bu ülke için olup olmadığını sordu. Hindistan'a ikinci kez döndü ve iki genel konferansta vaaz verdi. Tanrı bu eyaletteki Gujarati halkıyla birlikte güçlü bir şekilde hareket ediyordu.

Pastör Christian bu eyalette Tanrı'nın işini tesis etmenin çok zor olduğunu söyledi. Lütfen büyük bir savaşla karşı karşıya olan vaizler için dua edin. Rab Gucerat eyaletinde büyük işler yapıyor. Şeytan imansızlara karşı savaşmıyor çünkü onları zaten ele geçirmiş durumda! Gerçeğe sahip olanlara saldırıyor; Rab'bin sadık seçilmişlerine. İsa günahlarımızın bağışlanması ya da affedilmemiz için bedelini kanıyla ödedi. Şeytan hem erkeklere hem de kadınlara saldırarak bakanlığa (Bakanlara) karşı daha da güçlü bir şekilde savaşacaktır. Şeytan onları düşmüş bir günah ve mahkûmiyet durumuna getirmek için her türlü sapkın aracı kullanır.

Yuhanna 15:16 Siz beni seçmediniz, ama ben sizi seçtim ve gitmeniz, meyve vermeniz ve meyvelerinizin kalıcı olması için sizi görevlendirdim; öyle ki, benim adımla Baba'dan ne dilerseniz, size versin.

Bir kez kurtulan her zaman kurtulur da şeytanın bir başka yalanıdır. 1980 ile 2015 yılları arasında Hindistan'ı birkaç kez ziyaret ettim. Bu ülkede pek çok değişiklik olmuştu. Tanrı'nın bir işine başladığınızda, İsa ve öğrencileri tarafından başlatılan işin devamı olan İsa'nın öğrencilerini yetiştirdiğinizi unutmayın. İsa Mesih'in Müjdesi'ni izlemeye devam etseydik şimdiye kadar tüm dünyayı kazanmış olurduk.

2013 yılında, Tanrı'nın planına göre, beni Dallas, Vergi'deki bir kiliseye taşıdı. Tanrı'nın gerçek peygamberinin yanında oturuyordum. Tanrı'nın Ruhu'ndan dokuz armağanı vardı. Adınızı, adresinizi, telefon numaranızı vs. Kutsal Ruh aracılığıyla doğru bir şekilde öğreniyordu. Bu benim için yeniydi. 2015 yılında, bir Pazar sabahı Dallas, Teksas'taki pastörüm bana baktı ve şöyle dedi: "Bir Meleğin, kimsenin kapatamayacağı büyük bir kapıyı açtığını görüyorum. Beni dışarı çağırdı ve Filipinler'e mi gidiyorsun diye sordu. Orada ne siyah ne de beyaz insanlar gördüğümü söyledi. Kutsal Ruh'tan daha fazla bilgi aldıktan sonra, Hindistan'a mı gidiyorsun diye sordu. Kutsal Ruh onunla konuştu ve Hindulara hizmet edeceğimi söyledi. O dönemde Hindistan'daki Hıristiyanlar tehlike altındaydı. Hindular Hıristiyanlara saldırıyor, mabetlerini yakıyor, papazları ve İsa'nın azizlerini dövüyorlardı.

Kehanete inandım, bu yüzden Tanrı'nın sesine itaat ettim ve Hindistan'a gittim. Badlapur'daki üniversiteye vardığımda öğrencilerin %98'i Hıristiyanlığı kabul etmiş Hindulardı. Onların Tanrı'nın insanları karanlıktan aydınlığa nasıl çıkardığına dair tanıklıklarını duymak beni çok şaşırttı. Onların tanıklıkları sayesinde Hinduizm hakkında çok şey öğrendim. Onların 33 milyondan fazla tanrı ve tanrıçaya inandıklarını duymak beni çok şaşırttı. Bir insanın bu kadar çok tanrı ve tanrıçaya nasıl inanabildiğini anlayamadım.

2015 yılında, 23 yıl sonra Badlapur, Bombay'a İncil kolejinde öğretmenlik yapmak üzere döndüm. Orada İncil okulu çevirmeni Sunil kardeşe hizmet verdim. Sunil kardeş bir geçiş dönemindeydi. Sunil biraderin cesareti kırılmıştı, Tanrı'nın onun yönünü değiştirdiğini bilmiyordu ve cesareti kırılmıştı. Onunla çalışırken, gerçeğe ve ona olan sevgisine sahip olduğunu biliyordum. Kutsal Kitap'ın gerçeğinden asla sapmayın. Kutsal Ruh'un sizi yönlendirmesine, rehberlik etmesine, öğretmesine ve mucizelere ve şifalara tanık olmanız için sizi güçlendirmesine izin verin. Hindistan'ın hala birçok işçiye, gerçek peygamberlere ve öğretmenlere ihtiyacı var. Lütfen Tanrı'nın Hindistan'a çok sayıda işçi göndermesi için dua edin.

Bu görev gezisi sırasında Güney Gujarat'ta Vyara adlı bir şehri ziyaret ettim. Güney Gucerat'ta büyük bir canlanma yaşandığını duymuştum. Tanrı orayı ziyaret etmem için bana kapıyı açtı. Orada olduğum için çok heyecanlıydım ve şimdi tek gerçek Tanrı'ya dönen birçok puta tapan kişiyle tanıştım. Bunun nedeni İsa'nın adı aracılığıyla şifa, kurtuluş ve kurtuluş almalarıdır. Tanrımız ne kadar büyük!

Birçok kişi Hindistan için dua ediyor ve oruç tutuyor. Lütfen yeniden canlanma için dua edin. Vyara ziyareti sırasında papaz beni evine davet etti. Onun için dua ettim ve engelleyici ruhların çoğu dağıldı. Bundan sonra endişe, şüphe, ağırlık ve korkudan kurtuldu. Tanrı benim aracılığımla bir dua evi inşa etmem için peygamberlik etti. Pastör paramız olmadığını söyledi. Tanrı bana sağlayacağını söyledi. Bir yıl içinde büyük ve güzel bir ibadet yerleri oldu ve parasını ödedik. Tanrı'nı nsözü boşa çıkmaz.

2015'te Hindistan'a yaptığım son ziyaretim sırasında, farklı eyaletlerde Hıristiyanlığa geçen birçok Hindu'ya hizmet ettim. Ayrıca İsa adına yapılan işaretleri ve mucizeleri deneyimleyen ve hayrete düşen pek çok Hıristiyan olmayan kişiye de hizmet ettim. Hindistan için yıllarca oruç tutarak ettiğim duaların karşılık bulduğunu gördüm. Tanrı'ya şükürler olsun! Bu gerçeğin vahyini aldığımdan beri, Hindistan ülkesi için CD'ler, ses, video, YouTube kanalı ve kitaplar aracılığıyla bu bilgileri sağlamak için durmadan çalışıyorum. Sıkı çalışmalarımız boşuna değil!

Daha sonra Sunil kardeşin Bombay ve çevresindeki şehirlere pastör olarak atanmayı kabul ettiğini duydum. Şimdi Pastör Sunil ve 2015 yılında ziyaret ettiğim diğer yerlerle birlikte çalışıyorum. Maharashtra ve Gujarat eyaletlerinde birçok mabet kurduk. Bugün bile bu eyaletlerde yeni din değiştirenleri terbiye etmeye devam ediyorum. Onları dualarım ve öğretilerimle destekliyorum. Tanrı'nın Hindistan'daki çalışmalarını maddi olarak destekliyorum.

Bu insanların çoğu hasta olduklarında cadı doktorlara gidiyor ama iyileşmiyorlar. Bu yüzden her sabah beni arıyorlar ve ben de İsa'nın adıyla onlara hizmet ediyor, dua ediyor ve cinleri kovuyorum. İsa'nın adıyla iyileşiyor ve kurtuluyorlar. Farklı eyaletlerde birçok yeni iman edenimiz var. İyileştikçe ve kurtuldukça, ailelerine, arkadaşlarına ve köylerine tanıklık etmek ve başkalarını Mesih'e getirmek için dışarı çıkıyorlar. Birçoğu benden İsa'nın bir resmini göndermemi istiyor. İyileştiren, özgür kılan ve kurtuluşu karşılıksız veren Tanrı'yı görmek istediğimizi söylüyorlar. İşçilerimiz olursa Tanrı'nın işi devam edebilir. Birçoğu çiftlikte çalışıyor. Birçoğunun okuma yazması yok, bu yüzden Yeni Antlaşma kayıtlarını ve Kutsal Kitap çalışmalarını dinliyorlar. Bu onların İsa'yı tanımalarına ve öğrenmelerine yardımcı oluyor.

Kasım 2015'te Hindistan'daki son Cumartesi günümde, bakanlık görevimden eve geç döndüm. Pazar ve Pazartesi günleri evde kalıp eşyalarımı toplamaya ve BAE'ye yapacağım yolculuğa hazırlanmaya kararlıydım. Dallas'taki papazın bana kehanet ettiği gibi, 'Bir Meleğin kimsenin kapatamayacağı muazzam bir kapıyı açtığını gördüm. Bu kapıyı benim bile kapatamayacağım kanıtlandı. O Cumartesi gecesi geç saatlerde beni Pazar ayinine katılmaya davet eden bir telefon aldım ama programıma uymuyordu, bunu onlara açıklamaya çalıştım ama HAYIR cevabını kabul etmediler. Gitmekten başka seçeneğim yoktu. Ertesi sabah beni saat 9'da mabede bıraktılar ama ayin saat 10'da başlıyordu. Tek başımaydım ve bir müzisyen şarkılarını çalışıyordu.

Dua ederken mabette Hindu tanrı ve tanrıçalarının birçok ruhunu gördüm. Bu yerde neden bu kadar çok olduklarını merak ettim. Saat 10 civarında papaz ve üyeler gelmeye başladı. Elimi sıkarak beni selamlıyorlardı. Papaz elimi sıktığında, bir anda kalbimde bir tuhaflık hissettim. Yere yığılacağımı hissettim. Daha sonra Kutsal Ruh bana pastörün daha önce gördüğünüz cinlerin saldırısı altında olduğunu söyledi. Dua etmeye ve Tanrı'dan bu pastöre hizmet etmeme izin vermesini istemeye başladım. Ayinin ortasında benden gelip konuşmamı istediler. Kürsüye doğru yürürken dua ettim ve Rab'den benim aracılığımla konuşmasını istedim. Mikrofonu aldığımda, Tanrı'nın bana gösterdiklerini ve pastöre neler olduğunu anlattım. Pastör diz çöktüğünde, cemaatten dua etmek için ellerini ona doğru uzatmalarını istedim. Bu sırada ben de elimi onun üzerine koyup dua ettim ve tüm cinler gitti. Önceki gece acil serviste olduğunu ifade etti. Oruç tutuyor ve gençler için dua ediyordu. Bu yüzden bu saldırıya maruz kalmıştı. Tanrı'ya şükürler olsun! Tanrı'nın Ruhu'yla uyum içinde olmak ne kadar önemlidir! O'nun ruhu bizimle konuşur.

Oradan 1 Aralık 2015'te Birleşik Arap Emirlikleri'ne gittim. Dubai ve Abu Dabi'de Hindu halkına hizmet ettim ve onlar da Tanrı'nın gücünü deneyimlediler. Görevimi tamamladıktan sonra Dallas, Teksas'a döndüm.

Tanrı'ya şükürler olsun!

YouTube Kanallarım:Günlük Ruhsal Diyet:

1. youtube.com/@dailyspiritualdietelizabet7777/videos
2. youtube.com/@newtestamentkjv9666/videos mp3
3. Web sitesi: https://waytoheavenministry.org

Bölüm 20

Ruhumuzun Çobanı: Trompetin Sesi

Ben iyi çobanım, koyunlarımı bilirim ve benim koyunlarımı tanırım. (Yuhanna 10:14)

İsa ruhumuzun Çobanıdır. Bizler yaşayan bir ruha sahip etten ve kemikten insanlarız. Tanrı'nı nzamanında sadece bir an için bu dünyadayız. Bir an içinde, göz açıp kapayıncaya kadar, değişeceğimiz "Sur'un" sesiyle her şey sona erecek.

"Ama kardeşler, umutsuzluğa kapılan öbürleri gibi üzülmeyesiniz diye, uykuda olanlarla ilgili bilgisiz kalmanızı istemem. Çünkü İsa'nın öldüğüne ve dirildiğine inanıyorsak, İsa'da uyuyanları da Tanrı kendisiyle birlikte diriltecektir. Çünkü Rab'bin sözüyle size şunu söylüyoruz: Biz sağ olanlar ve Rab'bin gelişine dek kalanlar, uykuda olanlara engel olmayacağız. Çünkü Rab'bin kendisi bir haykırışla, başmeleğin sesiyle ve Tanrı'nın borazanıyla gökten inecek ve önce Mesih'teki ölüler dirilecek: Sonra sağ kalan bizler, Rab'bi havada karşılamak üzere bulutlarda onlarla birlikte yukarı alınacağız ve sonsuza dek Rab'bin yanında olacağız. Bu nedenle birbirinizi bu sözlerle teselli edin." (1. Selanikliler 4:13-18)

Yalnızca Tanrı'nın Ruhu'na (Kutsal Ruh) sahip olanlar diriltilecek ve Rab'le birlikte olmak üzere diriltilecektir. Önce Mesih'teki ölüler çağrılacak, sonra da hayatta olanlar Rabbimiz İsa'yla bulutlarda buluşmak üzere havada yakalanacaktır. Ölümlü bedenlerimiz Rab'le birlikte olmak üzere değiştirilecektir. Yahudi olmayanların zamanı tamamlandığında, Kutsal Ruh'a sahip olmayanlar büyük bir keder ve sıkıntı dönemiyle yüzleşmek üzere geride bırakılacaklardır.

"Ama o günlerde, o sıkıntıdan sonra güneş kararacak, ay ışık vermeyecek, göğün yıldızları düşecek ve göklerdeki güçler sarsılacak. O zaman İnsanoğlu'nun bulutlar içinde büyük bir güç ve görkemle geldiğini görecekler. Ve Sonra meleklerini gönderecek, dört bir yandan, yeryüzünün en uç noktasından göğün en uç noktasına dek seçtiklerini bir araya toplayacak." (Markos 13:24-27)

Birçok kişi, kurtulabilmek için Tanrı'nın Sözü'ne inanacak korkuya (saygıya) sahip olmadıkları için kaybolacaktır. Rab korkusu bilgeliğin başlangıcıdır. Kral Davut şöyle yazmıştı" :RAB ışığımdır, kurtuluşumdur; kimden korkayım? RAB yaşamımın gücüdür; kimden korkayım? Davut gerçekten Tanrı'nı nyüreğine uygun bir adamdı. Tanrı insanı toprağın tozundan yarattığında, burnuna yaşam soluğunu üfledi ve insan yaşayan bir can oldu. Savaş ruh üzerinedir; kişinin ruhu Tanrı'ya ya da cehenneme doğru gidiyor olabilir.

*"Bedeni öldürüp de **canı** öldüremeyenlerden korkmayın; **cehennemde** hem canı hem bedeni yok edebilecek olandan korkun." (Matta 10:28)*

Pek çok kişi bugün kabul etmekte zorlandığı şeyleri o gün öğrenecek. Birçok kişi hesap vermek üzere Yaşayan Tanrı'nın huzuruna çıkacağı için hayatın sayfalarını geri çevirmek için çok geç olacak.

"Kardeşler, size şunu söyleyeyim, et ve kan Tanrı'nın Egemenliği'ni miras alamaz; çürüme de çürümezliği miras alamaz. Bakın, size bir sır veriyorum: Hepimiz uyumayacağız, ama bir anda, göz açıp kapayıncaya dek, son borazan çaldığında hepimiz değişeceğiz; çünkü borazan çalacak, ölüler çürümez olarak dirilecek, biz de değişeceğiz.

Çünkü bu çürümüş olan çürümezliği, bu ölümlü olan da ölümsüzlüğü giyecek. Bu çürümüş olan çürümezliği, bu ölümlü olan ölümsüzlüğü giydiği zaman, "Ölüm zaferle yutuldu" diye yazılı olan söz gerçekleşecek. Ey ölüm, acın nerede? Ey mezar, zaferin nerede? Ölümün iğnesi günahtır; günahın gücü de yasadır. Ama Rabbimiz İsa Mesih aracılığıyla bize zafer veren Tanrı'ya şükürler olsun." (I Korintliler 15:50-57)

Neyden "kurtarılacağız"? Ateşle yanan bir gölde ebedi bir cehennemden. Biz ruhları şeytanın pençesinden kurtarıyoruz. Bu, bu dünyada verdiğimiz Ruhsal bir Savaştır. Tanrı Sözü (Kutsal Kitap'ın 66 kitabı) tarafından yargılanacağız ve Yaşam Kitabı açılacak.

"Ve büyük beyaz bir taht ve onun üzerinde oturanı gördüm; onun yüzünden yer ve gök kaçtı; ve onlar için yer yoktu. Küçük büyük bütün ölülerin Tanrının önünde durduklarını gördüm; kitaplar açıldı; başka bir kitap, yaşam kitabı açıldı; ölüler kitaplarda yazılı olan şeylerden, yaptıkları işlere göre yargılandılar. Ve deniz içinde olan ölüleri bıraktı; ve ölüm ve cehennem içlerinde olan ölüleri bıraktılar; ve herkes işlerine göre yargılandı. Ölüm ve cehennem ateş gölüne atıldı. Bu ikinci ölümdür. Yaşam kitabında yazılı olmayanlar ateş gölüne atıldı." (Vahiyler 20:11-15)

Musa, Kral Davut, Yusuf, Eyüp gibi insanları düşünmeye başladım ve liste uzayıp gidiyor. Yaşadığım tüm acılardan zevk almadım ve Hıristiyanlıkta neden bu kadar acı çekildiğini anlamıyorum. Örneklerimiz olan ve iman yolunda yürümemiz için bize esin kaynağı olan bu kişiler gibi olmaktan çok uzağım. Tanrı'nı nSözü acı ve ıstırabın ortasında bile galip gelir. Deneme, hastalık ve sıkıntı zamanlarında en çok Tanrı'ya yakarırız. Bu garip ama harika bir inançtır, neden bu yolu seçtiğini yalnızca Tanrı bilir. Bizi çok seviyor ve yine de O'na hizmet edip etmeyeceğimizi ve O'nu sevip sevmeyeceğimizi kendimiz seçme yeteneğini bize verdi. O tutkulu bir gelin arıyor. Size karşı tutkulu olmayan biriyle evlenir miydiniz? Bu bölüm, sonsuz yaşama ulaşmanızı engelleyecek şeylerin üstesinden gelmeniz için bir teşvik olarak yazılmıştır. Sevgi, Merhamet ve Lütuf

Tanrısı, yargı Tanrısı haline gelecektir. Şimdi kurtuluşunuzu kesinleştirmenin ve cehennem alevlerinden kaçmanın tam zamanıdır. Yeşu'nun Yeşu kitabında seçtiği gibi biz de seçim yapmalıyız.

Eğer RAB'be kulluk etmek size kötü geliyorsa, bugün kime kulluk edeceğinizi seçin; ister tufanın öbür yakasında yaşayan atalarınızın kulluk ettiği ilahlara, ister topraklarında yaşadığınız Amorlular'ın ilahlarına; ama bana ve ev halkıma gelince, RAB'be kulluk edeceğiz. (Yeşu 24:15)

"*Ve işte, çabuk geliyorum; ve herkese işine göre vermek için mükâfatım benimledir. Ben Alfa ve Omega'yım, başlangıç ve sonum, ilk ve sonum. Ne mutlu O'nun* buyruklarını *yerine getirenlere ki, yaşam ağacına erişmeye hakları olsun, kapılardan kente girebilsinler." (Vahiy 22:12-14)*

Herkes kapılardan geçip Tanrı'nın bizim için hazırladığı Şehre girmek ister ama girebilmemiz için lekesiz ve kusursuz bir giysiye sahip olmamız gerekir. Bu, dizlerimizin üzerinde dua ederek "savaştığımız ve kazandığımız" ruhsal bir savaştır. Bu dünyada sadece tek bir hayatımız ve sadece tek bir iyi savaşımız var! O Şehre giderken yanımızda götürebileceğimiz tek şey, tanıklık ettiğimiz, Rabbimiz ve Kurtarıcımız İsa Mesih'in Müjdesini kabul eden ve Mesih'in öğretisine itaat eden kişilerin ruhlarıdır. Sözü bilmek için onu okumalıyız, Sözü okumak Kurtuluşumuzun yazarına aşık olmaktır. Hindistan'dan Amerika'ya adımlarımı yönlendirdiği ve bana mükemmel yollarını gösterdiği için Rabbim ve Kurtarıcıma şükrediyorum.

Sözün ayaklarıma kandil, yoluma ışıktır. (Mezmur 119:105)

Bölüm 21

İŞ Başında Bakanlık

Kutsal Ruh'u aldığımdan beri hayatımda büyük değişiklikler oldu.

Ama Kutsal Ruh üzerinize geldikten sonra güç alacaksınız; Yeruşalim'de, bütün Yahudiye'de, Samiriye'de ve dünyanın öbür ucuna dek bana tanıklık edeceksiniz. (Elçilerin İşleri1:8)

İşyerimde iş arkadaşlarıma hizmet etmeye çalıştım; tanıklık ederdim ve eğer bir sorunları varsa onlar için dua ederdim. Çoğu zaman bana gelip durumlarını anlatırlardı ve ben de onlar için dua ederdim. Eğer hastaysalar elimi üzerlerine koyar ve onlar için dua ederdim. Uzun yıllar boyunca onlara tanıklık ettim. Kendi yaşamım büyük bir tanıklık oluyordu ve Tanrı benimle çalışıyor, şifa, kurtuluş, danışmanlık ve onları rahatlatma yoluyla onaylıyordu.

Onlara, "Bütün dünyaya gidin ve Müjde'yi bütün canlılara duyurun" dedi. İman edip vaftiz olan kurtulacak, ama iman etmeyen lanetlenecektir. İman edenleri şu belirtiler izleyecek: Benim adımla cinleri kovacaklar; yeni dillerle konuşacaklar; yılanları çıkaracaklar; ölümcül bir şey içseler bile onlara zarar vermeyecek; hastalara el sürecekler ve onlar iyileşecekler. Rab onlarla konuştuktan sonra göğe alındı ve Tanrı'nın sağına oturdu. Onlar da gidip her yerde vaaz ettiler, Rab onlarla birlikte çalıştı ve ardından gelen belirtilerle sözü doğruladı. Amin. (Markos 16:15-20)

Nerede dua edersem edeyim, şifa bulurlarsa ya da kurtulurlarsa, onlarla Müjde hakkında konuştum. Müjde, İsa'nın Ölümü, Gömülmesi ve Dirilişidir. Bu, tüm günahlardan tövbe etmemiz gerektiği ya da tövbe ederek bedenimize ölmemiz gerektiği anlamına gelir. İkinci adım, günahlarımızın bağışlanması ya da günahlarımızın affedilmesi için İsa'nın adıyla Vaftiz sularına gömülmemizdir. O'nun ruhunu alarak sudan yeni dillerle konuşarak çıkarız ki buna Ruh'un Vaftizi ya da Kutsal Ruh da denir.

Birçok kişi de bunu duydu ve itaat etti.

İsa'nın iş yerimde nasıl güçlü bir şekilde çalıştığına dair tanıklığımı aktararak sizi cesaretlendirmek istiyorum. İş yerimiz, yaşadığımız yer ya da herhangi bir yer, Tanrı'nın sözünün tohumunu ekebileceğimiz bir tarladır.

Kanserden iyileşen bir arkadaş ve ölüm döşeğindeki annesi Rab'be dönüyor.

İş yerimde Linda adında değerli bir arkadaşım vardı. 2000 yılında çok hastaydım. Bir gün arkadaşım beni aradı ve kendisinin de çok hasta olduğunu ve bir ameliyat geçirdiğini söyledi. Arkadaşlığımızın ilk yılında Müjde'yi reddetti ve bana senin İncil'ini ya da dualarını istemiyorum, benim kendi Tanrım var dedi. Kırılmadım ama ne zaman hastalığından şikâyet etse dua etmeyi teklif ederdim, her zaman "Hayır" derdi. Ama bir gün sırtında dayanılmaz bir ağrı vardı ve aniden dizinde de bir ağrı başladı. Sırtındakinden daha büyük bir ağrıydı bu. Şikâyet etti ve ben de onun için dua edip edemeyeceğimi sordum. "Ne gerekiyorsa yap" dedi. Bu fırsattan yararlanarak ona Rab İsa'nın adıyla bu acıyı nasıl dindireceğini öğrettim. Ağrısı dayanılmazdı; hemen Rab İsa'nın adıyla ağrıyı azarlamaya başladı, ağrı anında geçti.

Ancak bu iyileşme onun yüreğini değiştirmedi. Tanrı acıları ve sorunları yüreğimizi yumuşatmak için kullanır. Bu, O'nun çocukları için kullandığı düzeltme sopasıdır. Bir gün Linda ağlayarak beni aradı ve boynunda büyük bir kesik olduğunu ve çok acı verdiğini söyledi. Dua etmem için yalvardı. İyi arkadaşım için dua etmekten çok mutlu oldum. Beni teselli etmek için her saat başı aramaya devam etti ve "evime gelip dua edebilir misin?" diye sordu. O gün öğleden sonra kendisine tiroid kanseri teşhisi konulduğunu bildiren bir telefon aldı. Çok ağladı ve annesi kızının kanser olduğunu duyduğunda yere yığıldı. Linda boşanmıştı ve küçük bir oğlu vardı.

Gelip onun için dua etmem konusunda ısrar etti. Bu haberi duyunca ben de çok incindim. Ciddiyetle beni evine götürebilecek birini aramaya başladım, böylece onun için dua edebilecektim. Tanrı'ya şükürler olsun, eğer bir istek varsa bir yol da vardır.

Dua ortağım işten geldi ve beni evine götürdü. Linda, annesi ve oğlu oturmuş ağlıyorlardı. Dua etmeye başladık ve ben pek bir şey hissetmiyordum; ancak Tanrı'nın bir şeyler yapacağına inanıyordum. Tekrar dua etmeyi teklif ettim. "***Evet, bütün gece dua et,*** benim için sorun olmaz" dedi. İkinci kez dua ederken, kapı kapalı ve gözlerim kapalı olmasına rağmen kapıdan parlak bir ışık geldiğini gördüm. İsa'nın o kapıdan girdiğini gördüm ve gözlerimi açmak istedim ama O d"***ua etmeye devam et***" dedi.

Duayı bitirdiğimizde Linda gülümsüyordu. Yüzünün değişmesine neden olan şeyin ne olduğunu bilmiyordum. Ona "*Ne oldu*?" diye sordum. "*Liz, İsa gerçek Tanrı'dır*" dedi. "*Evet, bunu sana son 10 yıldır söylüyorum ama ne olduğunu bilmek istiyorum*" dedim. "*Acım tamamen geçti.*" dedi. "*Lütfen bana kilisenin adresini ver, vaftiz olmak istiyorum.*" Linda benimle Kutsal Kitap çalışması yapmayı kabul etti ve sonra vaftiz oldu. İsa onun dikkatini çekmek için bu sıkıntıyı kullandı.

Sıkıntılarıma, acılarıma bak, Bütün günahlarımı bağışla. (Mezmur 25:18).

Tanrı'ya şükürler olsun! Lütfen sevdiğinizden vazgeçmeyin. Gece gündüz dua etmeye devam edin, biz vazgeçmezsek bir gün İsa cevap verecektir.

İyi iş yapmaktan usanmayalım; çünkü usanmazsak, zamanı gelince ürün alacağız. (Galatyalılar 6:9)

Linda, annesinin ölüm döşeğindeyken onu ziyaret etmem için beni çağırdı. Beni tekerlekli sandalyemle hastane odasına itti. Annesine hizmet ederken tövbe etti ve bağışlanması için Rab İsa'ya yakardı. Ertesi gün sesi tamamen kesildi ve üçüncü gün de öldü.

Arkadaşım Linda artık iyi bir Hıristiyan. Tanrı'ya şükürler olsun!!

Vietnam'dan iş arkadaşım:

Tatlı bir hanımefendiydi ve her zaman çok güzel bir ruhu vardı. Bir gün hastalandı ve ben de onun için dua edip edemeyeceğimi sordum. Teklifimi hemen kabul etti. Dua ettim ve iyileşti. Ertesi gün, "Eğer çok zahmet olmayacaksa babam için de dua et" dedi. Babası son birkaç aydır sürekli hastaydı. Ona babası için seve seve dua edebileceğimi söyledim. İsa merhametiyle ona dokundu ve tamamen iyileştirdi.

Daha sonra onu hasta gördüm ve tekrar dua etmeyi teklif ettim. "*Benim için dua etme zahmetine girme*" dedi; ancak başka bir vardiyada tamirci olarak çalışan arkadaşının duaya ihtiyacı var. Gece gündüz uyuyamıyormuş; bu hastalığa Fatal Insomnia deniyormuş. Bana bilgi vermeye devam etti ve bu beyefendi için çok endişeliydi. Doktor ona yüksek dozda ilaç vermişti ve hiçbir şey işe yaramıyordu. "*Dua etmekten mutluluk duyarım*" dedim. Her gece işten sonra, tüm dua talepleri ve kendim için neredeyse bir buçuk saat dua ettim. Bu adam için dua etmeye başladığımda, rahat uyuyamadığımı fark ettim. Onun için dua etmeye başladığımdan beri neredeyse her gece aniden kulağıma birinin el çırptığını ya da beni uyandıracak yüksek bir ses duyuyordum.

Birkaç gün sonra oruçlu olduğum için kiliseden eve geldim ve yatağıma uzandım. Sonra aniden başımın üstündeki duvardan bir şey çıktı ve odama girdi. Kutsal Ruh için Tanrı'ya şükürler olsun. Anında Kutsal Ruh ağzımdan konuştu, "Seni İsa'nın adıyla bağlıyorum". Ruhumda bir şeyin bağlı olduğunu ve gücün İsa'nın adıyla kırıldığını biliyordum.

Size doğrusunu söyleyeyim, yeryüzünde bağlayacağınız her şey gökte bağlanacak, yeryüzünde çözeceğiniz her şey gökte çözülecektir. (Matta 18:18)

Bunun ne olduğunu bilmiyordum ve daha sonra çalışırken Kutsal Ruh neler olduğunu açıklamaya başladı. O zaman bu tamirciyi kontrol eden ve uyumasına izin vermeyen şeytanlar olduğunu anladım. İş yerindeki arkadaşımdan lütfen arkadaşını nuyku durumunu öğrenmesini istedim. Daha sonra tamirci ile birlikte çalışma alanıma geri geldi. Bana iyi uyuduğunu söyledi ve bana teşekkür etmek istedi. "***Lütfen İsa'ya teşekkür et***" dedim. "***Seni kurtaran O'dur.***" Daha sonra ona bir İncil verdim ve her gün okumasını ve dua etmesini istedim.

İşyerimde ailelerinden İsa'ya dönen pek çok kişi vardı. Birçok farklı milletten insana tanıklık etmek benim için harika bir zamandı.

Büyük topluluk içinde sana şükredeceğim: Birçok halk arasında seni öveceğim. (Mezmur 35:18)

Seni yücelteceğim, Tanrım, ey kral; Adını sonsuza dek kutsayacağım. (Mezmur 145:1)

Bölüm 22

Sesine İtaat Ederek O'nun Yollarını Öğrenmek

Bu güzel gerçeği 1982 yılında buldum. Birkaç yıl sonra Hindistan'ı ziyaret etmeye karar verdim. Oradayken arkadaşım Dinah ile birlikte Udaipur şehrini gezmeye karar verdik. Günün sonunda, paylaştığımız otel odamıza geri döndük. Odamızın duvarında Hindistan'da tapınılan sahte bir tanrının resmi vardı. Bildiğiniz gibi Hindistan'da birçok tanrı vardır. Kutsal Kitap tek bir gerçek Tanrı'dan bahseder ve O'nun adı İsa'dır.

İsa ona, "Yol, gerçek ve yaşam benim" dedi, "Benden başka hiç kimse Baba'ya ulaşamaz. (Yuhanna 14:6)

Birden bir sesin bana "*Resmi duvardan kaldır*" dediğini duydum. Kutsal Ruh'a sahip olduğum için, "*Ben hiçbir şeyden korkmam ve hiçbir şey bana zarar veremez*" diye düşündüm. Bu yüzden bu sese itaatsizlik ettim ve resmi indirmedim.

Uyurken, beklenmedik bir şekilde kendimi yatakta otururken buldum; bir Meleğin bana tuzak kurduğunu biliyordum. Tanrı ruhsal gözlerimi açtı ve kocaman siyah bir örümceğin kapıdan içeri girdiğini gördüm. Benim, arkadaşımın ve oğlunun üzerinde sürünerek geldi. Duvara asılı duran elbiseme doğru ilerledi ve gözlerimin önünde kayboldu. O anda Rab bana Şeytan'a asla yer vermememi söyleyen kutsal kitabı hatırlattı.

Şeytana da yer vermeyin. (Efesliler 4:27)

Hemen ayağa kalktım ve resmi indirip ters çevirdim. O günden sonra Tanrı'nın Kutsal bir Tanrı olduğunu anladım. Bize verdiği buyruklara her zaman itaat ettiğimiz ve onları yerine getirdiğimiz sürece bizi koruyacak ve kutsayacaktır.

Çalıştığım dönemde eve her zaman ruhen tükenmiş hissederek dönerdim. Bir gün İsa benimle konuştu ve bana y"*arım saat dillerde konuş, yarım saat övgü ve tapınma yap ve elimi başımın üzerine koyup yarım saat dillerde konuş*" dedi. Bu benim günlük dua hayatım oldu.

Bir gün gece yarısından sonra işten eve geldim. Dua ederek evimin etrafında dolaşmaya başladım. Evimin belli bir köşesine geldim ve ruhani gözlerimle bir iblis gördüm. Işığı açtım ve bu iblisin neden burada olduğunu görmek için gözlüklerimi taktım. Birden, o günün erken saatlerinde bir mısırözü yağı kutusunun üzerindeki tanrıların isimlerini ve baskılarını örttüğümü hatırladım. Her nasılsa bu sahte tanrının izini gözden kaçırmıştım. Hemen kalıcı kalemi aldım ve üzerini kapattım.

Kutsal Kitap, İsa'nın bize kötü ruhları bağlama ve kovma yetkisi verdiğini belirtir. O gece bu yetkiyi kullandım, kapıyı açtım ve o iblise, "*İsa'nın adıyla sana evimden çıkmanı ve bir daha dönmemeni emrediyorum!*" dedim. İblis anında gitti.

Tanrı'ya şükürler olsun! Eğer Tanrı Sözü'nü bilmiyorsak, şeytanların dergiler, gazeteler, televizyon ve hatta oyuncaklar aracılığıyla evimize girmesine izin verebiliriz. Evlerimize ne getirdiğimizi bilmek çok önemlidir.

Bunun bir başka örneği, çok hastaydım ve yürüyemiyordum, yiyeceklerimi almak ve kaldırmak için aileme ve arkadaşlarıma bağımlı olmak zorundaydım. Bir sabah uyandığımda birinin ağzımı kapattığını hissettim, elim kolum bağlıydı.

Tanrı'ya neden böyle hissettiğimi sordum. Bana Swastika sembolünü gösterdi. Bu sembolü nerede bulacağımı merak ettim. Buzdolabına gittim ve kapıyı açar açmaz, kız kardeşimin bir gün önce getirdiği bir market ürününün üzerinde gamalı haç sembolünü gördüm. Tanrı'ya rehberliği için şükrettim ve hemen kaldırdım.

Bütün yüreğinle RAB'be güven, Kendi anlayışına dayanma. Bütün yollarında O'nu tanı, O da senin yollarını yönlendirsin. (Süleyman'ın Özdeyişleri 3:5-6)

Hindistan'daki memleketimi ziyaret ederken yaşadığım bir başka deneyimi paylaşmak istiyorum. Puta tapan bir arkadaşımla bir gece geçiriyordum.

Uzun yıllar boyunca ona İsa ve Güç hakkında tanıklık etmiştim. O da duanın gücünü ve evinde gerçekleşen birçok mucizeyi biliyordu. İsa'nın adıyla dua ettiğimde mucizeler hakkında tanıklık ediyordu.

Uyurken bir ses beni uyandırdı. Odanın karşısında arkadaşıma benzeyen bir figür gördüm. Figür kötü bir yüz ifadesiyle beni işaret ediyordu. Eli bana doğru büyümeye başladı ve bir adım yakınıma geldi ve sonra kayboldu. Bu figür tekrar ortaya çıktı ama bu sefer onun küçük oğlunun yüzüydü. Bir kez daha kolu büyümeye ve beni işaret etmeye başladı. Benden bir adım uzağa geldi ve kayboldu. İncil'in meleklerin etrafımızda olduğunu söylediğini hatırladım.

En Yüce Olan'ın gizli yerinde yaşayan, Her Şeye Gücü Yeten'in gölgesinde kalır. RAB için, "O benim *sığınağım, kalemdir, Tanrım'dır" diyeceğim, "O'na güveneceğim. Seni kuş tuzağından, Gürültülü salgın hastalıktan kurtaracak. Seni tüyleriyle örtecek, Kanatlarının altına güveneceksin, Onun doğruluğu kalkanın ve siperin olacak. Ne gece dehşetinden, Ne gündüz fırlayan oktan, Ne karanlıkta yürüyen salgından, Ne de öğle vakti yıkımdan korkacaksın.*

Binlercesi yanına, On binlercesi sağına düşecek, Ama sana yaklaşamayacak. Kötülerin ödülünü ancak gözlerinle görüp anlayacaksın. Çünkü sığınağım olan RAB'bi, En Yüce Olan'ı kendine konut yaptın; Başına hiçbir kötülük gelmeyecek, Konutuna hiçbir bela yaklaşmayacak. Çünkü seni her yönden korumaları için meleklerini senin üzerinde görevlendirecek. (Mezmurlar 91:1-11)

Sabah uyandığımda arkadaşımı ve oğlunu putların önünde eğilirken gördüm. Ve Tanrı'nın gece boyunca bana gösterdiklerini hatırladım. Bu yüzden arkadaşıma o gece gördüğüm görümü anlattım. O da bana kendi evinde böyle bir şey gördüğünü ve hissettiğini söyledi. Bana gördüğüm iblisin neye benzediğini sordu. Ona bir formun kendisine, diğerinin ise oğluna benzediğini söyledim. Bana oğluyla anlaşamadıklarını söyledi. Bana kendisine ve ailesine eziyet eden bu iblislerden kurtulmak için ne yapılması gerektiğini sordu. Ona bu kutsal kitabı açıkladım.

Hırsız çalmak, öldürmek ve yok etmek için gelmez: Ben yaşama sahip olsunlar, hem de bol bol sahip olsunlar diye geldim. (Yuhanna 10:10)

Ona İncil'i verdim ve evinde her gün özellikle Yuhanna 3:20 ve 21'i yüksek sesle okumasını istedim.

Çünkü kötülük yapan herkes ışıktan nefret eder, yaptıkları ortaya çıkmasın diye ışığa gelmez. Ama doğruluktan ayrılmayanlar, Tanrı'da yaptıkları ortaya çıksın diye ışığa gelirler. (Yuhanna 3:20-21)

Ayrıca ona İsa'nın Adıyla tüm kötü ruhları bağladığınız ve Kutsal Ruh'u ya da Melekleri serbest bıraktığınız ruhsal savaş duasını öğrettim. Ayrıca ondan evinde sürekli olarak İsa'nın Adını söylemesini ve İsa'nın Kanını dilemesini istedim.

Bu seyahatten birkaç ay sonra, şeytanların evini terk ettiğini, oğluyla iyi geçindiklerini ve evlerinde tam bir huzur olduğunu ifade eden bir mektup aldım.

Sonra on iki öğrencisini yanına çağırdı ve onlara bütün cinler üzerinde ve hastalıkları iyileştirme konusunda güç ve yetki verdi. Onları Tanrı'nın Egemenliği'ni duyurmaya ve hastaları iyileştirmeye gönderdi. (Luka 9:1, 2)

Diğer akrabalarına tanıklık ettiğinde, onlar da Kutsal Kitap'la ilgilenmeye başladılar ve Rab İsa hakkında daha çok şey öğrenmek istediler.

Hindistan'a bir sonraki ziyaretimde tüm aileyle görüştüm ve sorularını yanıtladım. Onlara nasıl dua edeceklerini öğrettim ve İncil verdim. Bu sonuçlar için Tanrı'ya şükrediyorum.

Benim arzum, insanların İsa'nın Adını ve Tanrı Sözünü düşmana karşı bir kılıç olarak nasıl kullanacaklarını öğrenmeleridir. "Yeniden doğmuş bir Hıristiyan" olarak bu güce sahip olacağız.

Rab Tanrı'nın Ruhu üzerimdedir; çünkü RAB beni yumuşak huylulara müjde vermek için meshetti; yüreği kırık olanları onarmak, tutsaklara özgürlük, bağlı olanlara hapishanenin açılacağını duyurmak için beni gönderdi; (Yeşaya 61: 1)

Bölüm 23

Moving On Medya

1999 yılında iş yerinde bir yaralanma geçirdim ve daha sonra daha da kötüleşti. Bu yaralanma o kadar şiddetliydi ki acıdan hafızamı kaybettim. Okuyamıyor ve okuduklarımı hatırlayamıyordum. 48 saat boyunca uyuyamadım. Uyusam bile ellerimdeki uyuşukluk, sırtımdaki, boynumdaki ve bacaklarımdaki ağrı nedeniyle birkaç saat sonra uyanıyordum. Bu, inancımın ateşli bir sınavıydı. Ne düşündüğüm hakkında hiçbir fikrim yoktu. Çoğu zaman bayılır ve uyurdum. Çoğu zaman ancak bu şekilde uyuyabiliyordum. Zamanımı boşa harcamak istemediğim için ne yapmam gerektiğini düşündüm. Çevrilmiş olan tüm kitaplarımı bir CD haline getirmeyi düşündüm. Bu kitapların tamamını seslendirirsem, bu zaman ve çağ için harika olacağını düşündüm.

Öyle ki, ateşle sınanmasına karşın yok olan altından çok daha değerli olan imanınızın denenmesi, İsa Mesih'in ortaya çıkışında övgüye, onura ve yüceliğe değer bulunsun: (1 Petrus1:7)

Bu gerçeği yaymak için her şeyi yapmaya hazırdım. Hiçbir bedel İsa'nın ödediğinden daha büyük değildir. Tanrı merhametiyle hedefime ulaşmam için bana yardım etti.

Bunu yapmanın bir yıldan fazla sürdüğüne şüphe yok. Ne tüm ekipmanı satın alacak kadar param ne de nasıl kayıt yapacağımı bilecek kadar bilgim vardı. Bu yeni proje için ihtiyacım olan şeyleri satın almak için kredi kartımı kullanmaya başladım. Okuyamadığım ve hatırlayamadığım için, kitabı yüksek sesle okuyup bir ses CD'si yapabileceğimi düşündüm, bu şekilde okumak için bir hafızaya ihtiyacım yok.

Bir İngiliz kilisesine gittiğim için Guajarati dilini doğru okumayı neredeyse unutmuştum ve dilimi bırakmak istemiyordum. Bildiğiniz gibi çoğu zaman sağlık nedeniyle günlerce hatta haftalarca oturamıyordum. Nasıl kayıt yapacağımı ve kayıt ekipmanımı nasıl kullanacağımı unutuyordum. Notlarımı görüp yeniden başlıyordum ama bırakmak istemiyordum.

Unutmamamız gereken bir şey var; şeytan asla pes etmez! Bundan ders çıkarmalı ve asla pes etmemeliyiz!

Altı sayfalık kitapçığımı bitirdiğim gün geldi. Şaşırmıştım, bitirmem bir yıl sürmüştü. Çok mutluydum, CD'yi çalmaya koydum ve CD'mi dinlemek için tekerlekli sandalyemi yavaşça ters çevirdim.

Birdenbire baktığımda gözlerim görmez oldu. Çok korktum ve kendi kendime dedim ki, "Kötü sağlığımda çok çalıştım. Keşke sağlığıma daha iyi baksaydım, şimdi göremiyorum" dedim. Mutfağımı, müzik setimi, duvarımı ya da mobilyalarımı göremiyordum. Kalın beyaz bir bulut dışında hiçbir şey yoktu. "Kendime çok yüklendim, şimdi kör oldum" dedim. Birdenbire, odamdaki o kalın beyaz bulutun içinde, Rab İsa'nın beyaz bir giysi içinde durduğunu ve bana gülümsediğini gördüm. Kısa bir süre sonra gözden kayboldu ve bunun bir Görüm olduğunu anladım. O'nun Shekinah görkeminin aşağıya indiğini biliyordum. Çok mutluydum ve Rab İsa'nın çabalarımdan memnun olduğunu anladım.

Her zaman Tanrı'nın yönlendirmesini aramak, zamanımı O'nu yüceltmek için en iyi şekilde kullanmak isterim. Hiçbir durum O'nun hizmetini yerine getirmemizi engelleyemez. Bu CD'yi insanlara ücretsiz olarak verdim ve ayrıca http://www.gujubible.org/web_site.htm ve https://waytoheavenministry.org

Bizi Mesih'in sevgisinden kim ayırabilir? Sıkıntı, dert, zulüm, açlık, çıplaklık, tehlike ya da kılıç mı? Yazılmış olduğu gibi, "Senin uğruna gün boyu öldürülüyoruz; boğazlanacak koyunlar sayılıyoruz. Ama bütün bunlara karşın, bizi sevenin aracılığıyla galip gelmekten çok daha fazlasıyız. Çünkü şundan eminim ki, ne ölüm, ne yaşam, ne melekler, ne yönetimler, ne güçler, ne şimdiki zaman, ne gelecek zaman, ne yükseklik, ne derinlik, ne de başka herhangi bir yaratık bizi Rabbimiz Mesih İsa'da olan Tanrı sevgisinden ayırabilecektir."
(Roma 8:35-39)

Bölüm 24

Araştıran Çalışma

Birçok kez İngilizce dışındaki dillerde Kutsal Kitap çalışmaları yapma fırsatım oldu. Onlara Tanrı Sözü'nü öğretirken, doğru kutsal kitabı bulamıyorlardı. Ben her zaman Kral James Versiyonu'nu kullandım. Ancak bazılarının Kutsal Kitap'ın farklı versiyonları ve dilleri vardı.

Bir gece Tek Tanrı, Tektanrıcılık (Mono Yunanca Monos kelimesinden gelir ve theos Tanrı anlamına gelir) hakkında ders veriyordum ve 1. Yuhanna 5:7'yi okuyordum. Kutsal Kitaplarında bu ayeti aradıklarında bulamadılar. Saat gece yarısını geçmişti, bu yüzden ne okuduklarını anlamadıklarını düşündüm ve İngilizce'den onların diline çeviri yaparken, bunun bizim İncil'imizde olmadığını söylediler.

Çünkü gökte kayıt tutan üç kişi vardır: Baba, Söz ve Kutsal Ruh; bu ***üçü birdir****. (1. Yuhanna 5:7)*

Şok olmuştum. Bu yüzden başka bir kutsal kitap aradık.

*(KJV) 1. Timoteos 3:16, "****Tanrı*** *bedende belirdi"*

Onların İncil'inde şöyle yazıyordu: "*Bir bedende göründü*" (İskenderiye'nin bozuk el yazmasından çevrilen tüm İncillerde bu yalan vardır. Roma Katolik Vulgatı, Guajarati İncili, NIV İncili, İspanyolca ve İncil'in diğer modern versiyonları)

Yunanca'da {ΘC=Tanrı} anlamına gelir ama ΘC'den küçük çizgiyi kaldırdığımızda "Tanrı", {OC = "kim" ya da "o"} yerine Yunanca'da farklı bir anlamı olan "kim" anlamına gelir. Bu iki farklı sözcüktür, çünkü 'o' herhangi biri anlamına gelebilir, ama Tanrı beden almış İsa Mesih'ten söz etmektedir.

İsa Mesih'in tanrılığını ortadan kaldırmak ne kadar kolay?!?!

Vahiy 1:8

KJV: Ben Alfa ve Omega'yım, <u>başlangıç ve sonum</u>, var olan, var olmuş ve var olacak olan, Her Şeye Gücü Yeten Rab diyor

NIV çevirisi: Vahiy 1:8 "Ben Alfa'yım, Omega'yım" diyor Rab Tanrı, "Var olan, var olmuş olan ve var olacak olan, Her Şeye Gücü Yeten".

(Gujarati Kutsal Kitabı, NIV ve diğer çevirilerde "<u>Başlangıç ve son</u>" ifadeleri çıkarılmıştır)

Vahiy 1:11

KJV: <u>"Ben Alfa ve Omega'yım, ilk ve sonum</u>, gördüğünü bir kitaba yaz ve Asya'daki yedi kiliseye gönder; Efes'e, İzmir'e, Bergama'ya, Tiyatira'ya, Sardis'e, Filadelfiya'ya ve Laodikya'ya" (Vahiy 1:11)

NIV: Vahiy 1:11 "Gördüklerinizi bir tomara yazıp yedi kiliseye, Efes, İzmir, Bergama, Thyatira, Sardis, Philadelphia ve Laodikya'ya gönderin."

(İncil'in modern versiyonları, Guajarati ve NIV İncil'inin hepsinde <u>Ben Alfa ve Omega'yım, ilk ve sonum</u> kaldırılmıştır)

Onların İncil'inden 'Tek Tanrı' olduğunu kanıtlayamadım.

Öğrettiklerim uzun sürüyordu ve şaşkınlık içinde onlara Kutsal Kitap'tan Tek Tanrı olduğuna dair bir kanıt sunamıyordum. Bu beni derinlemesine çalışmaya itti.

Pavlus'un dediğini hatırlıyorum: *Çünkü şunu biliyorum ki, ben ayrıldıktan sonra sürüyü esirgemeyen kurtlar aranıza girecek. (Elçilerin İşleri 20:29)*

Mesih'in hayatta kalan son öğrencisi olan Elçi Yuhanna, mektuplarından birinde bize bir uyarıda bulunmuştur:

Sevgililer, her ruha inanmayın, ruhları Tanrı'dan olup olmadıkları konusunda sınayın; çünkü dünyaya birçok sahte peygamber yayılmıştır. Böylece Tanrı'nın Ruhu'nu tanıyacaksınız: İsa Mesih'in beden alıp geldiğini itiraf eden her ruh Tanrı'dandır: İsa Mesih'in beden alıp geldiğini itiraf etmeyen her ruh Tanrı'dan değildir; ve bu, geleceğini duyduğunuz Deccal'in ruhudur; ve şimdi bile dünyadadır. (1. Yuhanna 4:1-3)

'Tanrı Sözü'nü yozlaştırma gerçeğini araştırarak bulduğum bu gerçeği paylaşmak istiyorum.

İskenderiye el yazması, İncil'in orijinal gerçek el yazmasının bozulmuş bir versiyonuydu. Sodomit, cehennem, kan, İsa Mesih tarafından yaratılan, Rab İsa, Mesih, Alleluia ve Yehova gibi pek çok kelime ve ayeti orijinal el yazmasından çıkarmışlardır.

Mısır İskenderiye'de, deccal olan yazıcılar Tek Gerçek Tanrı'nın vahyine sahip değillerdi çünkü Kutsal Kitap orijinal el yazmasından değiştirilmişti. Bu yozlaşma birinci yüzyılda başladı.

İlk başta Yunanca ve İbranice İnciller, bozulabilen Papirüs Parşömenleri üzerine yazılmıştı. Bu yüzden her 200 yılda bir farklı ülkelerde 50 kopya yazarak 200 yıl daha saklıyorlardı. Bu, orijinal el yazmasının gerçek kopyasına sahip olan atalarımız tarafından uygulandı. Aynı sistem İskenderiyeliler tarafından da bozulmuş el yazmalarını korumak için benimsenmiştir.

M.S. 130'lu yıllardan 444'lü yıllara kadar, Piskoposlar pozisyonlarını korumuş ve aşamalı olarak yolsuzluk yapmışlardır. Yunanca ve İbranice el yazmasının orijinal kopyasına ekleme ve çıkarmalar yaptılar. Sonraki tüm Piskoposlar, mesajları doğrudan İsa'dan aldıklarını ve havarilere, öğrencilere, peygamberlere ve öğretmenlere aldırış etmemeleri gerektiğini söyleyeceklerdir. Ayrıca tüm Piskoposlar kendilerinin tek aydınlanmış kişiler olduklarını iddia etmişlerdir.

İskenderiyeli Piskopos Origen (MS 185-254): Tertullian, daha fazla karanlık ekleyen yozlaşmış bir piskopostu. M.S. 216 yılında öldü. Clement onun yerine geçti ve İskenderiye Piskoposu oldu. Kudüs piskoposu Cyril, M.S. 315 yılında doğmuş ve 386 yılında ölmüştür. Katolikliğin kurucusu olan Hippo Piskoposu Augustine 347 yılında doğmuş ve MS 430 yılında ölmüştür. Tanrı Sözü'ne gerçekten inanan insanları ortadan kaldırmıştır. Chrysostom, bozulmuş versiyonun ortaya çıktığı Konstantinopolis'in bir başka piskoposuydu. 354 yılında doğmuş ve MS 417 yılında ölmüştür. İskenderiyeli Aziz Cyril 412 yılında piskopos olmuş ve MS 444 yılında ölmüştür.

Bu piskoposlar gerçek el yazmasını bozmuşlar ve orijinal el yazmasının nerede ve nasıl bozulduğunu bilen atalarımız tarafından reddedilmişlerdir.

Bu yozlaşma Pavlus ve Yuhanna henüz hayattayken başlamıştır. İskenderiyeliler Tanrı'nın sözünü görmezden geldiler ve İznik'te, MS 325 yılında; Üçlü Birlik doktrinini oluşturdular. İznik günümüz Türkiye'sidir ve İncil'de Bergama olarak bilinir.

***Bergama**'daki kilisenin meleğine şunları yaz: "İki ağızlı keskin kılıcı elinde tutan şöyle diyor: **Yaptığın** işleri ve nerede oturduğunu, Şeytan'ın **oturduğu** yeri bile biliyorum. Aranızda öldürülen Antipas'ın* *sadık şehidim **olduğu** günlerde bile adıma sımsıkı sarıldın ve imanımı inkâr etmedin. (Vahiy 2:12-13.)*

Nicaea

MS 325 yılında Şeytan tarafından Tanrı'nın Birliği ortadan kaldırıldı ve Üçlü Birlik eklendi ve Tanrı bölündü. Baba, Oğul ve Kutsal Ruh'u ekleyerek vaftiz formülünden "İsa" adını çıkardılar.

Hırsız çalmak, öldürmek ve yok etmek için gelmez: Ben yaşama sahip olsunlar ve daha çok yaşama sahip olsunlar diye geldim. bol bol (Yuhanna 10:10.)

Pergamum (daha sonra Nicaea olarak adlandırıldı ve şimdi Türkiye olarak adlandırılıyor) deniz seviyesinden 1000 ft yükseklikte inşa edilmiş bir şehirdir. Buranın çevresinde dört farklı tanrıya tapınılmaktadır. Baş tanrı, sembolü bir yılan olan Asklepios'tur.

Vahiy der ki:

*Büyük **ejderha**, İblis denen o eski **yılan,** bütün dünyayı aldatan Şeytan yeryüzüne atıldı, melekleri de onunla birlikte atıldı (Vahiy 12:9).*

*Ve ejderhayı, o eski **yılanı**, yani İblis'i ve Şeytan'ı yakaladı ve onu bin yıl bağladı, (Vahiy 20:2).*

Bu tapınakta çok sayıda büyük boy yılan vardı; ayrıca o bölgenin çevresinde binlerce yılan vardı. İnsanlar şifa bulmak için Bergama tapınağına gelirlerdi. Asklepios şifa tanrısı olarak adlandırılırdı ve dört tanrı arasında baş tanrıydı. Kendisine şifa tanrısı denildiği için, burada şifa için otlar ve ilaçlar getirdiler. Böylece çizgileri kaldırabilir ve şifa için İsa'nı nAdını kullanabilirdi. Planı İsa'nın yerini almak ve Mesih'i Kurtarıcı olmaktan çıkarmaktır, çünkü kendisinin de bir kurtarıcı olduğunu iddia etmiştir. Günümüz Tıp Bilimi yılan Sembolünü Asklepios'tan (Yılan) almıştır.

İncil der ki:

"Tanıklarımsınız" diyor RAB, "Seçtiğim kulum, beni tanıyıp bana inanın ve ***benim O olduğumu*** *anlayın: Benden önce hiçbir Tanrı var olmadı, benden sonra da var olmayacak. Ben, ben bile RAB'bim; benden başka* ***kurtarıcı*** *yoktur.(Yeşaya 43:10-11)*

Burası Şeytan'ın üçlemeyi kurduğu yerdir.

Bugün İskenderiye el yazmasının orijinal bir kopyasını bulmuşlar, orijinal gerçek İbranice ve Yunanca el yazmasından çıkarılacak kelime ve ayetlerin altını çizmişlerdir. Bu da Tanrı'nın gerçek sözünü bozanların onlar olduğunu kanıtlamaktadır.

Karanlık çağ, sadece gerçeği ortadan kaldırarak ve Kutsal Kitap'ın gerçek belgesini değiştirerek geldi.

Tanrı'nın sözü bir kılıç, ışık ve gerçektir. Tanrı'nı nsözü sonsuza dek geçerlidir.

NIV Kutsal Kitap, modern Kutsal Kitap ve Kutsal Kitap'ın diğer birçok dili, bozulmuş eski bir İskenderiye kopyasından çevrilmiştir. Şimdi Kutsal Kitap'ın diğer kopyalarının çoğu NIV versiyonundan gelmektedir ve başka dillere çevrilmiştir. Şeytan'ı nİncili ve NIV İncillerinin kopyalama hakkı Rupert Murdoch adında bir adama aittir.

Kral James, 1603 yılında bakire kraliçe Elizabeth'ten sonra yönetimi devraldığında, İncil'i orijinal gerçek İbranice ve Yunanca el yazmasından tercüme etme projesini üstlendi. Bu proje birçok İbrani, Yunan ve Latin ilahiyatçı, akademisyen ve başkalarının gözünde çok saygın olan kişiler tarafından gerçekleştirilmiştir. Arkeologlar, KJV İncil'i ile %99 oranında uyuşan eski gerçek orijinal İbranice ve Yunanca el yazmalarını bulmuşlardır. Yüzde bir ise noktalama işaretleri gibi küçük hatalardır.

Tanrı'ya şükürler olsun! KJV kamu malıdır ve herkes KJV Kutsal Kitabını kendi diline çevirmek için kullanabilir. Benim önerim, kamu malı olduğu ve en doğru Kutsal Kitap olduğu için KJV Kutsal Kitabı'ndan çeviri yapmamız gerektiğidir.

Orijinal İncil'den gerçeğin çıkarılmasıyla, insanları özgür kılan güç olan "İsa Mesih" ismi ortadan kalkmıştır.

Bu da birçok mezhebin doğmasına neden oldu. Şimdi Kutsal Kitap'ın neden ekleme ya da çıkarma yapmayın dediğini anlayacaksınız.

Saldırı cisimleşmiş Tek Tanrı'ya yöneliktir.

İncil der ki.

RAB bütün yeryüzünün kralı olacak; o gün RAB tek olacak, adı da tek olacak. (Zekeriya 14:9)

Onun adı İSA!!!

Bölüm 25

Hayat Değiştiren Kişisel Görüşler

İsa adına selamlar:

Bu kişisel "Hayat Değiştiren" tanıklıklar, Yüce Tanrı'nın Gücünün teşviki olarak dahil edilmiştir. Tanrı için bir çağrı ve tutkuya sahip alçakgönüllü imanlıların ve bakanların bu ilham verici tanıklıklarını okurken imanınızın artacağını içtenlikle umuyorum. "İman, Dua ve Tanrı Sözü aracılığıyla O'nu Sevgisinin yakınlığında tanıyın." Bilim ve tıp bu mucizeleri açıklayamadığı gibi, bilge olduğunu iddia edenler de Tanrı'nın işlerini anlayamazlar.

*Seni adınla çağıran RAB'bin, benim İsrail'in Tanrısı olduğumu bilesin diye, sana karanlıkların **hazinelerini,** gizli yerlerin gizli zenginliklerini vereceğim. (Yeşaya 45:3)*

"Bu, parçalara ayrılamayan ve hayal edilemeyen bir İnanç yürüyüşüdür."

"Bilgeler utandılar, dehşete düştüler ve alındılar: bakın, RAB'bin sözünü reddettiler ve onlarda hangi bilgelik var?" (Yeremya 8:9)

"Kendi gözlerinde bilge, kendi gözlerinde sağduyulu olanların vay haline!" (Yeşaya 5:21)

"Çağrıldığınızı görüyorsunuz kardeşler, bedene göre çok bilge, çok güçlü, çok soylu kişi çağrılmadı: Ama Tanrı bilgeleri şaşırtmak için dünyanın akılsızlarını seçti; güçlüleri şaşırtmak için de dünyanın güçsüzlerini seçti." (1. Korintliler 1:26-27)

Beni çağır, sana yanıt vereyim, bilmediğin büyük ve güçlü şeyleri göstereyim. (Yeremya 33:3)

Tanrı'nı nYüceliği için kişisel tanıklıklarını ve zamanlarını bu kitaba katanlara en içten teşekkürlerimi sunarım.

Tanrı sizi korusun
Elizabeth Das, Teksas

Halkın Tanıklıkları

Tüm Tanıklıklar Tanrı'ya Yücelik Vermek İçin Gönüllü Olarak Verilir, Yücelik Yalnızca Tanrı'ya Aittir

Terry Baughman, Papaz Gilbert, Arizona, A.B.D.

Elizabeth Das etkili bir kadındır. Elçi Pavlus ve müjdeci arkadaşı Silas , Thyatira yakınlarında nehir kenarında bir kadın dua grubuna katılırlar. Bu dua toplantısında Lidya, Pavlus ve Silas'ın öğretişlerini duydu ve bölgedeki hizmetleri sırasında evinde kalmaları için ısrar etti. (Bkz. Elçilerin İşleri 16:13-15.) Bu kadının konukseverliği ve hizmeti tüm zamanlar boyunca hatırlanmak üzere kutsal yazılarda kaydedilmiştir.

Elizabeth Das, tıpkı Elçilerin İşleri kitabındaki etkili kadın Lidya gibi bir Tanrı kadınıdır. Endüstrisi ve tutkusu sayesinde başkalarını gerçeğin bilgisine yönlendirmiş, dua gruplarını koordine etmiş ve anavatanı olan Hindistan'ın Gujarat bölgesine Müjde'nin hizmetkârlarının gönderilmesine aracı olmuştur. Misyonlar Direktörümüz Daryl Rash bana, Hindistan'ın Gucerat eyaletinde 60'tan fazla kiliseden oluşan Pastör Jaiprakash Hristiyan ve İnanç Kilisesi'nin sponsorluğunda düzenlenen konferanslarda ders vermek ve vaaz etmek üzere Hindistan'ın Ahmedabad kentine gidecek vaizler bulmak için yaptığı iyi çalışmalardan bahsetti. Christian Life College'ı arayarak Hindistan'daki kiliseler için yaklaşan bir konferansta konuşmacı talep etti. Konferansa eğitim ve vaaz vermek üzere iki eğitmenimizi gönderdik. Elizabeth Das bir sonraki arayışında Daryl Rash bana konferanslardan birinde ders vermek isteyip istemediğimi sordu. Gitmekten mutluluk duydum ve hemen yolculuk için hazırlıklara başladım. Başka bir eğitmen, Brian Henry, bana eşlik etti ve konferansta gece ayininde vaaz verdi. O sırada Christian Life College'ın Başkan Yardımcısıydım ve tam zamanlı bir eğitmendim, bu nedenle derslerimiz ve diğer sorumluluklarımız için yedekler ayarladık ve bakanlıklarımızı Batı Hindistan'daki Gujarat'ın harika insanlarıyla paylaşmak için dünyanın öbür ucuna uçtuk. Gucerat'a 2008 yılında yaptığım ikinci seyahatte oğlum da bana eşlik etti ve Anand'daki Ruh ve Hakikat Konferansında hayat değiştiren bir olay yaşadı. Dünyanın dört bir yanına uçmak ve bu konferanslara ve hizmet gezilerine katılmak maliyetli bir çabadır, ancak ödülü parasal değerle ölçülemez. Oğlum Hindistan'a yaptığı bu seyahatte Rab'be yeni bir bağlılık duydu ve bu da hayatının yönünü değiştirdi. Şu anda Gilbert, Arizona'da pastör olarak görev yaptığım kilisede ibadeti yönetiyor ve müzik direktörü olarak çalışıyor. Hindistan'daki hizmet yalnızca insanları bereketlemekle kalmıyor, oraya gidenler de bazen şaşırtıcı şekillerde aynı şekilde bereketleniyor.

Elizabeth Das'ın etkisi kelimenin tam anlamıyla dünyanın dört bir yanında hissediliyor. Amerika Birleşik Devletleri'nden Hindistan'a hizmet görevlilerinin gönderilmesinde etkili olmakla kalmıyor, aynı zamanda materyalleri kendi dili olan Gujarati'ye çevirme tutkusuna da sahip. Onunla ne zaman telefonda konuşsam, Müjde gerçeğini paylaşmak için sürekli yeni yollar arıyor. Bir dua hizmetinde aktif olarak çalışıyor ve aktif olarak basılı Kutsal Kitap dersleri ve YouTube kayıtları aracılığıyla internette hizmet etmenin yollarını arıyor. Elizabeth Das, bir kişinin tutku, sebat ve dua yoluyla dünyayı değiştirmek için neler yapabileceğinin canlı bir göstergesidir.

Veneda Ing
Milan, Tennesee, A.B.D.

Batı Tennessee'de küçük bir kasabada yaşıyorum ve yerel bir Pentekostal Kilisesi'ne üyeyim. Birkaç yıl önce St. Louis, MO'da bir dua konferansına katıldım ve Tammy adında bir bayanla tanıştım ve hemen arkadaş olduk. Birbirimizi tanıdıkça bana Teksas'taki evinden Rahibe Elizabeth Das tarafından yönetilen bir dua grubundan bahsetti. Bu küçük grupta Amerika Birleşik Devletleri'nin farklı yerlerinden telefon konferansıyla katılan insanlar vardı.

Eve döndüğümde dua grubunu aramaya başladım ve Tanrı tarafından anında kutsandım. Bu gruba katıldığımda yaklaşık 13 yıldır kilisedeydim, yani dua yeni bir şey değildi; ancak "Anlaşmalı Dua "nın gücü hayret vericiydi! Hemen dua taleplerimin sonuçlarını almaya başladım ve her gün övgü raporları dinledim. Sadece dua hayatım büyümekle kalmadı, Tanrı'nın bana bahşettiği Ruh'un diğer armağanlarıyla birlikte Hapishane Hizmetim de büyüdü. Bu noktada Rahibe Das ile hiç tanışmamıştım. Dua etme ve başkalarının içlerindeki armağanları ortaya çıkarmalarına yardımcı olma konusundaki büyük arzusu, her zaman daha fazlası için geri gelmemi sağladı. Çok cesaretlendirici ve çok cesur, bir şeyleri sorgulamaktan korkmuyor ve Tanrı'dan bir şeylerin yanlış olduğunu hissederse size söylemekten kesinlikle korkmuyor. İsa her zaman onun cevabıdır. Rahibe Das'ı nevindeki özel bir dua toplantısının bir parçası olmak için Teksas'a gelme fırsatım olduğunda, gitmeyi çok istiyordum.

Uçağa bindim ve sadece birkaç saat içinde Dallas-Ft. Worth Havaalanı'ndaydım ve burada bir yıldan uzun süredir birlikte dua ettiğimiz ilk kez buluştuk.

Tanıdık bir ses, ama sanki birbirimizi yıllardır tanıyor gibiydik. Diğer eyaletlerden de bu toplantıya katılmak için gelenler oldu.

Evde dua toplantısı daha önce hiç deneyimlemediğim bir şeydi. Tanrı'nın beni başkalarına faydalı olmak için kullanmasına izin verdiği için çok heyecanlıydım. Bu toplantı sırasında birçok kişinin sırt ve boyun problemlerinin iyileştiğini gördük. Bacakların ve kolların uzadığını gördük ve deneyimledik ve cinlerin kovulması gibi diğer birçok mucize ve hayat değiştiren olayla birlikte birinin diyabetten iyileştiğine tanık olduk. Bu beni Tanrı'nın işlerine ve O'nu daha yüksek bir yerde tanımaya daha da arzulu hale getirdi. Burada bir an durmama ve Tanrı'nın bu Mucizeleri İsa Adına ve yalnızca O'nun adına gerçekleştirdiğini belirtmeme izin verin. Tanrı Rahibe Das'ı kullanıyor çünkü o başkalarına yardım etmeye ve Tanrı'nın onları kullanmasına nasıl izin vereceklerini öğretmeye istekli. Kendisi bana Tanrı'ya karşı daha sorumlu olmayı öğreten değerli bir dost ve akıl hocasıdır. Hayatlarımız kesiştiği ve dua ortağı olduğumuz için Tanrı'ya şükrediyorum. Tanrı için yaşadığım 13 yıl boyunca duanın gerçek gücünü hiç bilmiyordum. Sizi birleşik bir dua grubu oluşturmaya ve Tanrı'nın neler yapacağını görmeye teşvik ediyorum. O inanılmaz bir Tanrı'dır.

Diana Guevara
Kaliforniya El Monte

Doğduğumda ailemin Katolik dinine göre yetiştirildim. Yaşım ilerledikçe dinimi uygulamıyordum. Adım Diana Guevara ve küçük bir kızken kiliseye gittiğimde bir şeyler hissetmem gerektiğini hep biliyordum ama hiç hissetmedim. Rutinim, küçük bir çocukken öğretildiği gibi Babamız ve Meryem Ana'ya dua etmekti. Gerçek şu ki, Tanrı'yı gerçekten tanımıyordum. Şubat 2007'de 15 yıllık erkek arkadaşımın bir ilişkisi olduğunu ve farklı internet randevu sitelerinde yer aldığını öğrendim. O kadar incinmiş ve yıkılmıştım ki, kanepeye uzanıp sürekli ağlayarak depresif bir duruma girdim. Kalbim o kadar kırılmıştı ki, dünyamın sona erdiğini hissettiğim için 21 günde 25 kilo verdim. Bir gün hiç tanımadığım bir hanım olan Rahibe Elizabeth Das'tan bir telefon aldım. Beni cesaretlendirdi, benim için dua etti ve bana İncil'den ayetler aktardı. İki ay boyunca konuştuk ve benim için dua etmeye devam etti ve her seferinde Tanrı'nın Huzurunu ve Sevgisini hissettim. Nisan 2007'de bir şey bana Teksas'a, Rahibe Elizabeth'in evine gitmem gerektiğini söyledi. Rezervasyonumu yaptırdım ve 5 günlüğüne Teksas'a doğru yola çıktım. Bu süre zarfında Sis. Elizabeth ve ben dua ettik ve Kutsal Kitap çalışmaları yaptık. Bana İsa'nın adıyla vaftiz edilmemle ilgili kutsal yazıları gösterdi. Tanrı hakkında birçok soru sordum ve bir an önce İsa'nın adıyla vaftiz olmam gerektiğini biliyordum. Vaftiz olduktan sonra Teksas'a gitme isteğimin nedeninin bu olduğunu anladım. Çocukken özlediğim şeyi, Yüce Tanrı'nın varlığını nihayet bulmuştum! Kaliforniya'ya döndüğümde Yaşam Kilisesi'ne katılmaya başladım.

Kutsal Ruh armağanını dillerde konuşma kanıtıyla birlikte burada aldım. Gerçek ile din arasında bir fark olduğunu gerçekten söyleyebilirim. Tanrı'nı nsevgisi sayesinde Rahibe Elizabeth'i bana Kutsal Kitap çalışmalarını öğretmek ve Tanrı Sözü'ne göre Kurtuluş Planı'nı göstermek için kullandı. Bir dinin içinde doğmuştum ve Kutsal Kitap'ı kendi başıma keşfetmeden bildiğim tek şey buydu. Bana tekrarlamam için dualar öğretildiği için artık dualarım asla rutin ya da sıkıcı değil. Rab'le konuşmayı seviyorum. Her zaman bir Tanrı olduğunu biliyordum ama o zamanlar O'nun varlığını ve sevgisini şimdi olduğu gibi hissedebileceğimi bilmiyordum. O sadece yaşamımda var olmakla kalmadı, bana huzur verdi ve dünyamın sona erdiğini düşündüğüm anda yüreğimi onardı. Rab İsa bana hayatımda her zaman eksik olan Sevgiyi verdi. İsa'sız bir yaşamı asla hayal edemiyorum çünkü O'nsuz ben bir hiçim. Yüreğimdeki boşluğu sevgisiyle doldurduğu için, O'nun için ve yalnızca O'nun için yaşıyorum. İsa her şeydir ve sizin kalbinizi de iyileştirebilir. Tüm Onuru ve Yüceliği sadece Rabbimiz İsa Mesih'e veriyorum.

Jairo Pina Tanıklığım

Adım Jairo Pina ve şu anda 24 yaşındayım ve Dallas, TX'de yaşıyorum. Büyürken ailem ve ben Katolik inancına bağlı olarak yılda sadece bir kez kiliseye giderdik. Tanrı hakkında bilgim vardı ama Tanrı'yı tanımıyordum. 16 yaşındayken bana sağ fibulamda osteosarkom (kemik kanseri) olarak bilinen kötü huylu bir tümör teşhisi koydular. Bununla mücadele etmek için bir yıl boyunca kemoterapi ve ameliyatlar geçirdim. Bu süre zarfında Tanrı'nın bana kendini gösterdiğine dair en eski anım var. Beni bir arkadaşım ve onun annesiyle birlikte Garland, TX'deki bu küçük binaya sürükledi. Arkadaşımın annesi bizi Afrika kökenli bir papaza götüren Hıristiyan bir çiftin arkadaşıydı. Daha sonra bu papazın kehanet yeteneğine sahip olduğunu keşfedecektim.

Papaz bizimle birlikte bu küçük binaya gelenler için kehanette bulundu, ama benim için söylediği şey aklımdan hiç çıkmadı. Şöyle dedi: "Vay canına! Büyük bir tanıklık yapacaksın ve bununla birçok insanı Tanrı'ya getireceksin!" dedi. Şüpheciydim ve hayatımın ilerleyen dönemlerinde neler olacağını tam olarak bilmediğim için omuz silktim. Kanserle ilk savaşımı bitirdikten yaklaşık 2 yıl sonra, daha önce bahsettiğim aynı noktada nüksetti. Daha fazla kemoterapi alacağım ve sağ bacağımın kesilmesi gerekeceği için bu durum beni son derece yıkmıştı. Kendimi zihinsel olarak hazırlama umuduyla bu süre zarfında tek başıma çok zaman geçiriyordum. Bir gün bir göle park ettim ve içimden Tanrı'ya dua etmeye başladım. Dua etmenin gerçekte ne anlama geldiğini bilmiyordum, bu yüzden sadece aklımdan ve kalbimden geçenleri onunla konuşmaya başladım. "Tanrım, eğer gerçekten samimiysen bana göster ve eğer beni önemsiyorsan bana göster" dedim.

Yaklaşık 15 dakika sonra, arkadaşlarımdan birinin çalıştığını gördüğüm LA Fitness'taki spor salonu üyeliğimi iptal etmeye gittim. Ona üyeliğimi neden iptal ettiğimi açıkladım ve o da neden iptal etmek istediğimi sorguladı. Sonra dedi ki, "Dostum! Benim kiliseme gitmelisin. Orada birçok mucize gördüm ve insanlar iyileşti" dedi. Kaybedecek bir şeyim yoktu, bu yüzden gitmeye başladım. Bana Elçilerin İşleri kitabındaki vaftiz ve Kutsal Ruh'la dolmakla ilgili ayetleri göstermeye başladı. Bana garip bulduğum dillerde konuşma olayından bahsetti ama beni Kutsal Kitap'taki kanıtlara yönlendirdi. Bir sonraki bildiğim şey, hayatlarını Mesih'e teslim etmek ve vaftiz olmak isteyenleri sorduklarında onun kilisesinde olduğumdu. Kürsüye yaklaştığımda bir papaz elini başımın üzerine koydu. Benim için dua etmeye başladı ve beni vaftiz ettikleri gün dillerde konuşmaya başladım. Bu benim yeniden doğuş deneyimimin işareti oldu, artık ruhsal savaşın içinde olduğumu bilmiyordum.

Bu deneyimden sonra bile saldırıya uğramaya ve Tanrı'dan uzaklaşmaya başladım. Ayrıca vaftiz edilmeden önce bile iblislerin ruhsal olarak bana saldırdığını ve hatta birkaç tanesini sesli olarak duyduğumu belirtmek isterim. Bir tanesinin gecenin üçünde penceremin önünde çocuk sesiyle güldüğünü, bir tanesinin bana cinsel olarak dokunurken güldüğünü ve bir tanesinin de beni cehenneme götüreceğini söylediğini duydum. Yaşadığım birkaç saldırı daha var, ancak bunlar en çok öne çıkanlar. Şimdi, Tanrı'dan uzaklaşmak konusunda kaldığım yere geri dönüyorum. Sonunda beni aldatan ve kalbimi paramparça eden bir kızla ilişkim vardı. Yaklaşık bir yıl birlikte olduk ve trajik bir şekilde sona erdi. Bu boşlukla başa çıkmaya çalışırken içki ve sigara içmeye başladım. Daha sonra gözyaşları içindeyken Tanrı'dan bana yardım etmesini ve beni ona tekrar yaklaştırmasını dilemeye başladım. Bunu gerçekten istiyordum ve bunun gerçekte ne olduğunu bilmeden Tanrı'nın merhametini deneyimlemeye başladım.

Arkadaşım ve annesiyle birlikte tekrar kiliseye gitmeye başladım ve Pentekostal kilisesinde vaftiz edildim. İşte o zaman Kutsal Kitap hakkındaki bilgim muazzam bir şekilde artmaya başladı. Hazırlık kurslarına gittim ve Tanrı'nı nsözünü okuyarak çok şey öğrendim. Sonunda arkadaşımın annesi bana Elizabeth Das'ın "O'nun Yoluyla Yaptım" adlı kitabını verdi ve bunun Tanrı'yla olan yürüyüşü hakkında etkili bir kitap olduğunu söyledi. Kitabı bitirdiğimde, üzerinde e-postasının olduğunu fark ettim. Elizabeth'e ulaştım ve arkadaşımın annesi de ona benden bahsetmiş. Onunla telefonda konuşmaya başladım ve sonunda yüz yüze görüştük. Onunla tanıştığımdan beri Tanrı'nı nsözünü gerçekten sevdiğini ve hayatına uyguladığını fark ettim. Hastalara elini uzatıyor ve kendi zamanında birçok insan için dua ediyor. Bana Tanrı ve sözü hakkında çok şey öğrettiği için onu ruhani akıl hocam olarak görüyorum ve bunun için son derece minnettarım. Hatta arkadaş olduğumuzu ve bugüne kadar birbirimizi kontrol etmeye devam ettiğimizi söyleyebilirim.

Ocak 2017'de, devam etmekte olduğum üniversiteye ait bir daireyi kiralamıştım. Aslında finansal sorunlar nedeniyle kira kontratımı devralacak birini bulmaya çalışıyordum. Çalışmıyordum ve dairenin kirasını ödemeye devam edecek param yoktu. Ne yazık ki, kira kontratımı devralacak birini bulamadım, bu da kirayı ödemeye devam etmekten beni sorumlu bırakacaktı. Sık sık yaptığım gibi Elizabeth Das'ı aradım ve sözleşmeyi bozma konusunda dua istedim. Aynı Ocak ayında göğsümün tomografisi çekildi ve akciğerimin sağ alt lobunda bir leke olduğu ortaya çıktı. Taramada görülen ve kötü huylu olduğu ortaya çıkan lekeyi çıkarmak için ameliyat olmam gerekti. Bu berbat bir durum olsa da, bu sayede aynı ay içinde dairenin kontratını feshedebildim. Tanrı'nın gizemli yollarla çalıştığını söylerler, ben de olan biten konusunda ona güvendim. Bu süre zarfında, bitirmeyi ve hemşirelik okuluna kabul edilmeyi umarak ön hazırlık derslerimi yapıyordum. Elizabeth iyi bir iş bulmam ve Tanrı'nı nhayatım için istediği şekilde hemşirelik okuluna girebilmem için dua ediyordu.

Yaklaşık üç ay sonra, iyi olup olmadığımı görmek için göğsümde başka bir CT taraması yapılması planlandı. Ancak, taramada akciğerimde Ocak 2017'de olana yakın başka bir nokta görüldü. Onkolog bunun kanserin tekrar geri geldiğine inandığını ve ameliyatla almamız gerektiğini söyledi. Bunun devam ettiğine inanamıyordum. Bunun benim için son olduğunu düşündüm. Elizabeth'e bundan bahsettim ve o sırada pek çok kişi benim için dua etmeye başladı. Tüm bu olanlara rağmen, her şeyin yoluna gireceğine ve Tanrı'nın benimle ilgileneceğine dair hala biraz inancım vardı. Bir gün gece arabada giderken Tanrı'ya "Eğer beni bu beladan kurtarırsan, benim için yaptıklarını başkalarıyla paylaşacağıma söz veriyorum" dediğimi hatırlıyorum.

Birkaç hafta sonra ameliyata girdim ve akciğerimin sağ alt lobunun daha büyük çaplı bir kısmını aldılar. Hatta Elizabeth ve arkadaşı hastaneye gelip ellerini üzerime koydular ve Tanrı'nın bana şifa vermesi için dua ettiler. Ameliyattan yaklaşık iki hafta sonra sonuçlarımı almak için hastaneye geri döndüm. Bu süre zarfında hemşirelik okuluna girme şansımı artırmak için hala bir hastanede iş aradığımdan bahsetmiyorum bile. Aynı gün ameliyat sonuçlarımı almak için check-in masasına yaklaştığımda, işe alım yapıp yapmadıklarını sordum. Ben giriş yaparken ön tarafta bir yönetici vardı ve başvurumu online olarak yaptığımda kendisine haber vermem için bana bilgilerini verdi. Bir de baktım ki bir odada onkoloğun sonuçlarımla birlikte gelmesini bekliyordum. Son derece gergindim ve bana ne söyleyeceğinden korkuyordum.

Onkolog odaya geldi ve ilk söylediği şey "Sonuçlarınızı henüz kimse size söylemedi mi?" oldu. Ona hayır dedim ve bundan sonra ne yapmam gerektiği konusunda seçeneklerimi masaya yatırmasını istedim. Sonra bana, "Yani sonuçların sadece kalsiyum birikimi olduğunu gösterdi ,kanser değil." dedi. Tamamen şok olmuştum, bunu benim için yapanın Tanrı olduğunu biliyordum. Arabama gittim ve sevinç gözyaşları dökmeye başladım! Elizabeth'i aradım ve ona iyi haberi verdim. İkimiz birlikte kutladık. Birkaç gün sonra hastanedeki iş için mülakata girdim ve sadece bir hafta sonra bana işi teklif ettiler.

İşi aldıktan birkaç hafta sonra da hemşirelik okuluna kabul edildim. Tüm bunları bir araya getirdiği için Tanrı'ya şükürler olsun, çünkü bunları anlatmak bana hala keyif veriyor.

Şu anda hemşirelik okulumun son dönemindeyim ve Mayıs 2019'da mezun olacağım. Çok şey yaşadım ve Tanrı'nın benim için açtığı ve kapattığı tüm kapılar için minnettarım. Hatta kendimi başka biriyle bir ilişki içinde buldum ve Ocak 2017'de kanserin akciğerime metastaz yapmasından bugüne kadar yanımda olması benim için inanılmazdı. Elizabeth bana çok şey öğretti ve birçok kez benim için dua etti, bu da bana duanın ve hastalara el sürmenin gücünü gösteriyor. Okuyucu, ben hiçbir şekilde sizden daha özel değilim. Tanrı sizi eşit derecede seviyor ve İsa Mesih sizin ve benim günahlarım için öldü. Eğer O'nu tüm yüreğinizle ararsanız, bulursunuz.

"Çünkü ben size karşı düşündüğüm düşünceleri biliyorum, diyor Rab, kötülük değil esenlik düşünceleri, size beklenen sonu vermek için. O zaman beni çağıracaksınız, gidip bana dua edeceksiniz, ben de size kulak vereceğim. Ve beni arayacaksın, ve beni bulacaksın, beni bütün yüreğinle aradığın zaman" Yeremya 29:11-13 KJV.

Madalyn Ascencio
El Monte, Kaliforniya, A.B.D.

Eskiden bir erkeğin beni tamamlayacağına inanırdım. İsa'ya aşık olduğumda beni tamamlayanın sadece ve sadece O olduğunu gördüm. Ben O'na tapınmak ve O'nu sevmek için yaratıldım! Benim adım Madalyn Ascencio ve bu benim tanıklığım.

Mart 2005'te 3 yıl boyunca anksiyete ve panik ataklardan muzdarip olmaya başladım. Birkaç kez hastaneye gittim ve bana önerdikleri tek şey antidepresanlar ve Valium'du ancak kendimi normal hissetmek için ilaçlara bağımlı olmayı reddettim. Tanrı'nın bana yardım etmesi için dua ettim. Ekim 2008'in ortalarında bir Cumartesi sabahı çok kötü bir panik atak geçirdim ve Rahibe Elizabeth'i aradım. Bana neler olduğunu sordu ve benim için dua etti. Kendimi daha iyi hissettiğimde bana okumam için bazı kutsal yazılar verdi. Dua ettim ve Tanrı'dan bana bilgelik ve anlayış vermesini istedim. Kutsal yazıları okurken,

Yuhanna 3:5-7: İsa, "Size doğrusunu söyleyeyim, ***bir insan sudan ve Ruh'tan doğmadıkça Tanrı'nın Egemenliği'ne giremez" diye*** *karşılık verdi. Bedenden doğan bedendir, Ruh'tan doğan ise ruhtur. Size, "Yeniden doğmalısınız" dediğime şaşmayın.*

Yuhanna 8:32: Gerçeği bileceksiniz ve gerçek sizi özgür kılacak.

Yuhanna 10:10: Hırsız çalmak, öldürmek ve yok etmek için gelmez; ben yaşama sahip olsunlar, hem de daha bol yaşama sahip olsunlar diye geldim.

Tanrı'nın benimle konuştuğunu biliyordum. Dua ettikçe ve Rahibe Elizabeth'le konuştukça yeniden vaftiz edilmem gerektiğini anladım. Tanrı'nın beni kendisine yaklaştırması için çok dua ediyordum. 2001'den 2008'e kadar mezhepsel olmayan bir Hıristiyan kilisesine devam ettim ve Nisan 2007'de vaftiz edildim. Rahibe Elizabeth bana vaftiz olduğumda ne hissettiğimi sordu ve ben de ona "kendimi iyi hissettiğimi" söyledim. Onun yanıtı "bu kadar mı" oldu? İsa adına vaftiz olup olmadığımı sordu, ben de Baba, Oğul ve Kutsal Ruh adına vaftiz olduğumu söyledim. Bana okumamı ve çalışmamı söyledi.

Elçilerin İşleri 2:38: Petrus onlara, "Tövbe edin, ***günahlarınızın bağışlanması için hepiniz İsa Mesih'in adıyla*** *vaftiz olun, Kutsal Ruh armağanını alacaksınız" dedi.*

Elçilerin İşleri 8:12-17: Tanrı'nın Egemenliği ve İsa Mesih'in adıyla ilgili vaazlar veren Filipus'a inanan kadın erkek herkes vaftiz oldu. Simun da iman etti, vaftiz edildikten sonra Filipus'la birlikte yola devam etti, yapılan mucizeleri ve belirtileri görerek hayretler içinde kaldı. Yeruşalim'deki elçiler Samiriye'nin Tanrı'nın sözünü kabul ettiğini duyunca, Petrus'la Yuhanna'yı onlara gönderdiler. Onlar da aşağı inince, Kutsal Ruh'u almaları için dua ettiler (Çünkü Kutsal Ruh henüz hiçbirinin üzerine inmemişti, yalnızca onlar ***Rab İsa'nın***

adıyla vaftiz edilmişlerdi)*. Sonra ellerini onların üzerine koydular ve Kutsal Ruh'u aldılar.*

Elçilerin İşleri 10:43-48: Bütün peygamberler ona tanıklık ederler ki, adı aracılığıyla kendisine iman edenlerin günahları bağışlanacaktır. Petrus daha bu sözleri söylerken, Kutsal Ruh sözü işitenlerin hepsinin üzerine indi. Petrus'la birlikte gelen sünnetlilerden iman edenler, öteki uluslardan olanların üzerine de Kutsal Ruh armağanı döküldüğü için şaşkına döndüler. Çünkü onların dillerle konuştuklarını ve Tanrı'yı yücelttiklerini duydular. Bunun üzerine Petrus, "Bizim gibi Kutsal Ruh'u almış olanların vaftiz edilmemesi için suyu yasaklayan var mı?" diye sordu. Ve ***onlara Rab'bin adıyla vaftiz olmalarını buyurdu.***

Elçilerin İşleri 19:1-6: Apollos Korint'teyken Pavlus yukarı kıyılardan geçerek Efes'e geldi ve bazı öğrencileri bulup onlara, "İman ettiğinizden beri Kutsal Ruh'u aldınız mı?" diye sordu. Onlar da, "Kutsal Ruh'un var olup olmadığını bile duymadık" dediler. O da onlara, "O zaman ne için vaftiz edildiniz?" diye sordu. Onlar da, "Yahya'nı n*vaftiziyle" dediler. Bunun üzerine Pavlus, "Yahya, kendisinden sonra gelecek olana, yani Mesih İsa'ya iman etmeleri için halka tövbe vaftiziyle vaftiz etti" dedi. Bunu duyunca* ***Rab İsa'nın adıyla vaftiz*** *oldular. Pavlus ellerini onların üzerine koyunca Kutsal Ruh üzerlerine indi; dillerle konuşmaya ve peygamberlik etmeye başladılar.*

Elçilerin İşleri 22:16 Şimdi neden oyalanıyorsun? Kalk, ***vaftiz ol ve günahlarından arınarak Rab'bin adını çağır.***

Rab bana Kutsal Ruh'un benim için de mevcut olduğunu ve **İsa'nın Adıyla vaftiz** edilirsem iyileşeceğimi ve bu korkunç acıdan kurtulacağımı vahyetti. Çok kötü olduğum günlerde Rahibe Elizabeth'i arıyordum ve o da benim için dua ediyordu. Düşman tarafından saldırıya uğradığımı fark ettim, ne de olsa onun görevi Yuhanna 10:10'da belirtildiği gibi çalmak, öldürmek ve yok etmekti. Yıllar önce Efesliler 6:10-18'i okudum ve Tanrı'nın Bütün Zırhını her gün giymem gerektiğini fark ettim. Ne zaman kaygının beni ele geçirdiğini hissetsem korkmaya değil savaşmaya başladım. 2 Kasım 2008'de Pasadena, CA'daki Yaşam Kilisesi'nde İsa'nın adıyla vaftiz edildim. Daha önce hiç tatmadığım inanılmaz bir Huzur hissettim ve bu daha vaftiz olmak için suya girmeden önceydi. Sudan çıktığımda sanki bulutların üzerinde yürüyormuşum gibi tüy kadar hafif hissettim ve gülümsememi durduramadım. Tanrı'nı nVarlığını, Huzurunu ve Sevgisini daha önce hiç hissetmediğim kadar hissettim. 16 Kasım 2008'de diğer dillerde konuşmanın kanıtıyla Kutsal Ruh armağanını aldım. Çocukluğumdan beri hissettiğim boşluk artık dolmuştu. Tanrı'nın beni sevdiğini ve yaşamım için büyük bir amacı olduğunu biliyordum ve O'nu aradıkça ve dua ettikçe bana Kendisini daha fazla açıklıyordu. Tanrı bana İnancımı paylaşmam, Umut ve Sevgi vermem gerektiğini gösterdi. Yeni havarisel doğumumdan ve kaygıdan kurtuluşumdan bu yana, İsa hayatıma kaygıdan muzdarip birçok insan getirdi. Artık tanıklığımı onlarla paylaşabileceğim bir hizmetim var.

Rahibe Elizabeth Das için İsa'ya çok minnettarım. Onun duaları ve öğretileri sayesinde ben de şu anda İsa için çalışıyorum. Ayrıca annemi, kızımı, teyzemi ve bazı arkadaşlarımı da duaları ve hizmeti aracılığıyla Rab'be yönlendirdi. Ben İsa'ya tüm yüceliği vermek için yaratıldım! O'nun Kutsal Adı kutlu olsun.

Martin Razo
Santa Ana, Kaliforniya, A.B.D.

Çocukken hüzün içinde yaşadım. Etrafımda insanlar olmasına rağmen derin bir yalnızlık hissi yaşıyordum. Benim adım Martin Razo ve çocukluğum böyle geçti. Lisede herkes benim kim olduğumu biliyordu, benim "havalı insanlar" olarak gördüğüm çevrede olmasalar bile. Birkaç kız arkadaşım vardı, uyuşturucu kullanıyordum ve bu normal bir şeymiş gibi yaşıyordum çünkü neredeyse herkes bunu yapıyordu. Cuma ve Cumartesi geceleri arkadaşlarımla kafayı buluyor ve kız tavlamak için kulüplere gidiyordum. Babam her zaman arkamdaydı ve nerede ne yaptığımı izliyordu.

Aile dostumuz kız kardeş Elizabeth benimle tanıklığını paylaşıyordu. Aslına bakarsanız sıkıcı değildi; söyledikleri gerçekten de çok ilginçti. Söylediklerine gerçekten inandığını düşünürdüm. Sonra birden evde her şey ters gitmeye başladı. Sanki Rab beni uyarıyor ve korkuyla çağırıyor gibiydi. Buna inanmamı sağlayan çok korkutucu üç deneyim yaşadım. İlk olarak, uyuşturucu ile yakalandım ve evden kaçtım ama uzun sürmedi. Teyzem annemi aramamı sağladı ve annemin şeker hastası olduğunu duyduktan sonra eve döndüm. İkincisi, sabah saat 2:00'de bir gece kulübünden dönüyordum ve arabanın patlayıp havaya uçtuğu bir trafik kazası geçirdim. O sırada Rahibe Das ile Kutsal Kitap çalışmasına katılıyordum. Üç, bir arkadaşımdan beni bırakmasını istedim ve konuşmaya başladığımızda bana ruhunu şeytana sattığını ve ışıkları açıp kapatma gücüne sahip olduğunu söyledi. Sokak lambalarını kullanarak, onları açıp kapatmak için gözlerini kırpıştırarak bana bunu gösterdi. Yüzünün sanki bir şeytana dönüştüğünü gördüm. Arabadan atladım ve olabildiğince hızlı bir şekilde eve koştum. Saatler sonra Rahibe Elizabeth'in söylediklerini düşünmeye başladım ve bunun da gerçek olması gerektiğini düşündüm. Rahibe Das bana telefonda Elçilerin İşleri Kitabı'nda ve ilk kilisede bahsedildiği gibi İsa'nın Adıyla vaftiz üzerine bir Kutsal Kitap çalışması verdi. O sırada intihara meyilli olduğumu bilmiyordu ama bir şey ona bunu hemen duymam gerektiğini çünkü beni bir daha göremeyebileceğini söyledi. Tanrı'nın üç kişiden oluşan kutsal bir üçlü olduğuna inanan bir kiliseye devam ederken vaftiz edildim. O kiliseden elçilerin doktrinine geçiş yapıyordum. Tanrı Tektir! Tanrı Ruh'tur, İsa insanların arasında yaşamak üzere beden almış Tanrı'dır ve Kutsal Ruh da içimizdeki Tanrı'dır. Havarilerin doktrini buydu ve budur. Ben sadece bana öğretilenleri gerçek olarak kabul etmiştim. Bu inancın ne zaman ve nereden geldiğini bilmiyordum.

Bir hafta sonra, Rahibe Elizabeth bir Kutsal Kitap çalışması için amcamı nevine gitmemi istedi. İyileştirme ve kurtuluş armağanına sahip olan Kardeş James Min de onunla birlikte geldi. O gece mucizeler oldu ve Kutsal Kitap çalışmasından sonra bize Kutsal Ruh'u almak isteyip istemediğimizi sordular. Çoğumuz evet dedik. Ben hala bunun çılgınca olduğunu ve mümkün olmadığını düşünüyordum ama yine de bir adım öne çıktım.

Kardeş James ve Rahibe Elizabeth benim için dua ederken, üzerime bir güç geldi. Bu güçlü sevinç duygusuna nasıl karşılık vereceğimi bilemedim. Önce bu güç hissini bastırdım. Sonra ikinci kez, ilkinden daha güçlü bir şekilde geldi, tekrar bastırmaya çalıştıkça daha da güçlendi.

Üçüncü kez Ruh'u bastıramadım ve başka bir dilde ya da bilmediğim bir dilde konuşmaya başladım. Dillerde konuşmanın bir yalan olduğunu düşünüyordum, bu yüzden Kutsal Ruh'un sevinci üzerime ilk geldiğinde; konuşmaya çalışıyordum ama korktuğum için durdurmaya çalıştım. İsa o gün beni tüm depresyon ve intihar düşüncelerinden iyileştirdi.

Şu anda 28 yaşındayım ve Rab hayatımı gerçekten daha iyiye doğru değiştirdi. İncil Okulu'nu bitirdim ve Rab beni güzel bir eşle kutsadı. Kilisemizde bir gençlik bakanlığımız var ve ben de Tanrı'nın Hizmetkârı olarak bir hizmet sürdürüyorum. Rahibe Das, Razo Ailesi'nden ya da benden asla vazgeçmedi. Onun duaları ve Tanrı'nın gücüne dair tanıklıklarını paylaşması sayesinde tüm Razo Ailesi'ne iyilik geldi. Birçok akrabamız ve komşumuz da Rab İsa Mesih'e döndü. Şimdi benim bir tanıklığım var. Sevdikleriniz ve genel olarak insanlar için dua etmekten asla vazgeçmemeniz gerektiğini söylememe izin verin. Tanrı'nın ne yaptığını ve bunu başarmak için nasıl bir strateji izlediğini asla bilemezsiniz!!!

Tammy Alford
Dağ. Herman, Louisiana, A.B.D.

Hayatım boyunca kilisede bulundum. Benim yüküm acı çeken insanlar için ve onlara İsa'nın Umutları olduğunu bildirmek için Hakikat Sözü ile ulaşmak istiyorum. Rab bana bu yükü verdiğinde, bir dua bezinin üzerine "İnsanlar" yazdım ve bunu kilisemle paylaştım. Dua etmeye ve aracılık etmeye başladık ve sonuç olarak herkes dua etmek için evine götürmek üzere bir dua bezi aldı.

Eski papazımız ve ailesi (şimdi Hindistan'a Misyoner olarak çağrıldılar) aracılığıyla ilk kez Sis. Elizabeth Das ile tanıştım. Louisiana, Franklinton'daki Kır Kilisemiz, güçlü tanıklığını paylaşırken onu karşıladı. Herkes kutsanmıştı. Birkaç ay sonra Sis Elizabeth ve ben Dua Ortağı olduk. Sadece dua etmeyi sevmekle kalmayıp bunu yaşayan Işıltılı Bir Hanımefendi! "Mevsiminde ve Mevsimi Dışında"yaşadığı şaşırtıcı derecede doğru. Dua zamanımız sabahın erken saatlerinde telefonla Teksas'tan Louisiana'ya bağlanarak gerçekleşti. Tanrı'nın bereketine sahiptik. Artış verdi ve kısa süre içinde farklı eyaletlerden bir dua grubumuz oldu.

Bir konferans paylaşım hattı aracılığıyla dua etmeye ve oruç tutmaya başladık, ardından övgü raporları gelmeye başladı. Tanrımız Çok Şaşırtıcı! Rahibe Elizabeth ruhların kurtulduğunu görmek için yanıp tutuşan o Işıltılı Kadındır. Onun yanan Alevi, diğer pek çok kişiyi Dua etmeleri ve Vizyon sahibi olmaları için ateşledi ve tutuşturdu. Onu durduracak ne bir hastalık, ne bir acı, ne de cehennemdeki bir şeytan var. Uzun yıllardır kayıplara ve ölmekte olanlara ulaşıyor ve onlar için dua ediyor; bunu sadece sonsuzluk gösterecek. Onun bulldog kararlılığı ve "İnsanlara" olan sevgisi için Tanrı'ya şükrediyorum. Tanrı'nın onun aracılığıyla harika işler, mucizeler yaptığını ve duaları yanıtladığını gördüm. Buradaki arkadaşlarım ve tanıdığım herkes, Abla Elizabeth'i çağırdığımızda iman duası edildiğine tanıklık edebilir. Elizabeth'i çağırdığımızda, iman duası ediliyor. Her şey gerçekleşiyor! Örneğin, kilisemize zaman zaman katılan bir hanımın büyük bir ameliyat geçirmesi gerekiyordu. Şehir dışında yaşamasına rağmen ona Rahibe Elizabeth'i arayacağımı ve telefonda hastalığı için dua edeceğimizi söyledim. Dua ettik ve ağrısı geçti. Rahibe Elizabeth ona "Ameliyata gerek yok, sen iyileştin" dedi. Hastane ameliyatını iptal etmek için arayana kadar ameliyat için randevu almaya devam etti ve gidip yeniden randevu aldı. Hastane daha fazla ameliyat öncesi test yapmadı ve ameliyata devam etti. Ameliyattan sonra, kendisinde hiçbir sorun bulunmadığı, ciddi hastalığın izine bile rastlanmadığı kendisine bildirildi.

Bir başka mucize de küçük bir oğlu olan arkadaşımla ilgiliydi. Ateşi vardı ve uykuya dalmıştı. Ablamı aradık. Elizabeth'i aradık ve hoparlörden dua ettik. Küçük çocuk aniden uyandı, normal bir şekilde koşarak ayağa kalktı ve iyileşti. Birçok kez şeytani ruhların olduğu evler için dua ettik ve gerçekten bir şeyler olduğunu hissedebiliyorduk. Bize aniden huzur bulduklarını ya da işkence görmeden rahat bir uyku çekebildiklerini söylediklerinde çok sevinirdik.

Bu dua grubunun bir parçası olduğumdan beri inancımın arttığını biliyorum. Rahibe Elizabeth benim için pek çok yönden bir öğretmen oldu. Tanrı Sözü aracılığıyla bana ruhani rehberlik etti. Onun yaşamı, İncil'de geçen t"epedeki saklanamayan ışık" ve "su ırmaklarının kenarına dikilmiş ağaç" metaforlarını sergileyen güzel bir örnektir. Kökleri İsa'ya derinden bağlıdır ve başkalarına ihtiyaç duydukları gücü ve bilgeliği sağlayabilmektedir. Yürüdüğüm karanlık sınavlar boyunca, biliyorum ki Sis. Elizabeth'in bana dua ettiğini biliyorum ve onun hizmeti için minnettarım. O gerçekten de Mesih'te seçilmiş ve O'nun Krallığı için güçlü bir şekilde kullanılan göz kamaştırıcı bir Mücevher. Her sabah erkenden o boş kapları İsa'nın önüne getiriyor ve İsa da onları yeniden dolduruyor. Kendisini İsa'ya ve O'nun Krallığına gerçekten ama saf bir şekilde adadığı için Rahibe Elizabeth'e teşekkürlerimi sunuyorum. Yücelik Tanrı'nın olsun!

Rhonda Callahan
Fort Worth, Teksas
20 Mayıs 2011

2007 yılında Dallas kentinde bir üst geçitten geçerken, bir köprünün altında uyuyan birkaç evsiz adam fark ettim. Merhamete kapıldım ve Tanrı'ya şöyle dedim" :Tanrım, eğer bugün bu dünyada olsaydın, bu adamlara dokunur, zihinlerini iyileştirir ve onları bütünleştirirdin! Normal hayatlar yaşayan, toplumun üretken insanları olurlardı.".... İsa hemen yüreğime seslendi ve S"en benim ellerim ve ayaklarımsın" dedi.

O anda Tanrı'nın benimle ne konuştuğunu anladım. Ağlamaya ve O'nu övmeye başladım. O adamlara dokunma ve onları iyileştirme gücüne sahiptim. Kendi gücümle değil, O'nun gücüyle.

*Elçilerin İşleri 1:8'e göre,*A" *ma Kutsal Ruh üzerinize geldikten sonra güç alacaksınız; Yeruşalim'de, bütün Yahudiye'de, Samiriye'de ve dünyanın öbür ucuna dek bana tanıklık edeceksiniz.*

Ayrıca, Efesliler 1:13-14 bize şunu söyler;

"*Gerçeğin sözünü, kurtuluşunuzun müjdesini işittikten sonra siz de ona iman ettiniz; iman ettikten sonra da, O'nun yüceliğinin övgüsü uğruna, satın alınmış varlığın kurtuluşuna dek mirasımızın* güvencesi *olan o kutsal Ruh'la mühürlendiniz.*"

1986'da Tanrı beni Kutsal Ruh'la görkemli bir şekilde vaftiz ettiğinde gücü almış ve mühürlenmiştim. Çoğu zaman, Tanrı bugün burada olsaydı, aramızda mucizeler gerçekleşirdi gibi bir düşünceye sahibiz. Şunu anlamalıyız ki, Tanrı sizi Kutsal Ruh'uyla doldurduğunda. Size mucizeler yaratmanız için güç vermiştir. Bizler O'nun elleri ve ayakları oluruz, bu harika mesajı ihtiyacı olan herkese duyurmaya çağrılırız.

Luka 4:18

"*Rabbin Ruhu üzerimdedir, çünkü beni yoksullara müjdeyi duyurmam için meshetti; kalbi kırık olanları iyileştirmek, tutsaklara kurtuluş, körlere görme yetisini kazandırmak, yaralanmış olanları özgürlüğe kavuşturmak, Rabbin kabul edilebilir yılını duyurmak için beni gönderdi.*"

1986'dan beri Kutsal Ruh'la dolu olmama rağmen, son birkaç yıldır bazı sert darbeler almıştım. Kiliseye sadakatle katılıyordum; Pazar okulu öğretmeniydim ve 4 yıllık İncil Koleji'ni yeni tamamlamıştım. Kilisede benden ne istenirse gönüllü olarak yapıyordum.

Yine de son derece baskı altında kalmıştım. Tanrı'nın vaat ettiği her şeyi yapabileceğine hâlâ inanıyordum, ama ben kırılmış bir kaptım. Bir zamanlar Rab'bin önünde dua ve yakarışta bulunurken, her gün Kutsal Kitabımı okurken, her fırsatta tanıklık ederken, şimdi kendimi pek dua etmezken buluyordum. Cesaretim kırılmış ve depresyondaydım, sürekli zihinsel eziyet çekiyordum. Kızım kısa bir süre önce kocasını terk etmiş ve boşanma davası açmıştı. Torunum o sırada 4 yaşındaydı ve parçalanmış bir yuva yüzünden çektiği acıyı görüyordum. Parçalanmış bir evde büyüdüğünde yaşayacağı hayatı düşündükçe daha fazla eziyet çekmeye başladım. Kendisini hiç sevmeyen bir üvey ebeveyn tarafından istismar edilme olasılığı ya da bu boşanma nedeniyle babası veya annesi tarafından sevilmeden büyüme olasılığı beni endişelendiriyordu. Zihnim korkunç düşüncelerle dolup taşıyor ve her gün ağlıyordum. Bu düşüncelerimi birkaç yakın arkadaşıma ifade ettim. Onlar da hep aynı yanıtı verdi... Tanrı'ya güven! Tanrı'nın bunu yapabileceğini biliyordum ama kendime olan inancımı kaybetmiştim. Dua ettiğimde kendimi yalvarırken, ağlarken ve Tanrı'nın onu güvende tutmasını dilerken buluyordum. Bunu yapabileceğini biliyordum ama benim için yapar mıydı?

Yemek yemekle savaştım ve sürekli olarak kendimi doyurmam gerekiyordu. Bedenim hayatımın hükümdarı haline gelmişti. Artık ruhla değil, daha çok bedenle yürüyor ve sürekli olarak bedenin arzularını yerine getiriyordum ya da en azından ben böyle hissediyordum.

27 Mart 2011 tarihinde kiliseden sonra Bayanlar Dostluk yemeğimiz vardı. Benden konuşma yapmam istendi. Hatırlayın, kilisede her zamanki gibi çalışmaya devam ediyordum ama kırılmıştım ve kırılmışlığımın derinliğini anlayan çok az kişi vardı. Yemekten sonra Rahibe Elizabeth Das tatlı bir gülümsemeyle yanıma geldi ve bana telefon numarasını verdi. "Kiliseden sonra gidecek bir yere ihtiyacın olursa beni ara, evimde kalabilirsin" dedi. Onunla kalabileceğimi söylemesinin nedeni, benim için kiliseye tek yön 65 millik bir yol olması ve eve gidip akşam ayini için tekrar dönmenin çok zor

olmasıydı, bu yüzden ayinler arasında eve dönmek yerine akşam ayinine kadar takılmaya çalıştım.

Yaklaşık iki hafta geçmişti ve kendimi daha depresif hissediyordum. Bir sabah işe giderken çantamı karıştırdım ve Rahibe Elizabeth'in numarasını buldum. Onu aradım ve lütfen benim için dua etmesini istedim.

Tamam demesini ve telefon görüşmesini sonlandırmasını bekliyordum. Ama sürpriz bir şekilde, şimdi senin için dua edeceğimi söyledi. Arabamı yolun kenarına çektim ve o da benim için dua etti.

Ertesi hafta kiliseden sonra onunla birlikte eve gittim. Bir süre konuştuktan sonra benim için dua etmek istedi. Ellerini başımın üzerine koydu ve dua etmeye başladı. Sesindeki güç ve otoriteyle Tanrı'nın beni kurtarması için dua etti. Beni çevreleyen karanlığı azarladı; aşırı yeme, zihinsel işkence, depresyon ve baskı.

O gün Tanrı'nın beni çektiğim korkunç zulümden kurtarmak için o elleri kullandığını biliyorum. Rahibe Elizabeth Tanrı'ya teslim olduğu an, O da beni özgür kıldı!

Markos 16:17-18 bize şöyle der :"İman edenlerin ardından şu belirtiler gelecek: Benim adımla cinleri kovacaklar; yeni dillerle konuşacaklar; yılanları çıkaracaklar; ölümcül bir şey içseler bile onlara zarar vermeyecek; hastalara el sürecekler, onlar da iyileşecekler."

Yeşaya 61:1 "RAB'bin Ruhu üzerimdedir; çünkü RAB beni yumuşak huylulara müjdeyi duyurmakla meshetti; yüreği kırıkların yarasını sarmak, tutsaklara özgürlük, bağlılara hapishanenin kapısını açmak için gönderdi beni."

İsa'nın, O'nun elleri ve ayakları olmamıza ihtiyacı var. Kardeşim. Elizabeth Tanrı'nın gerçek bir hizmetkârıdır. O'nun gücüyle doluyor ve O'nun sesine itaat ediyor. Elizabeth gibi kadınlar olduğu için çok minnettarım. İsa'nın değerli kanının kurtarıcı gücüne hala inanan, O'nun Ruhu tarafından meshedilmiş ve O'nun kendisini çağırdığı bu harika görevi yerine getiren Elizabeth gibi kadınlar aramızda dolaşıyor. O gün Tanrı acımı güzelliğe dönüştürdü ve üzerimdeki ağırlık ruhunu kaldırarak yerine sevinç yağını koydu.

Yeşaya 61:3 "Siyon'da yas tutanlara güzellik vermek, küle karşılık kül, yasa karşılık sevinç yağı, ağır ruha karşılık övgü giysisi vermek için; onlara doğruluk ağaçları, RAB'bin ekini denilsin, O yüceltilsin diye."

Bugün size meydan okuyorum; Tanrı'yı tüm yüreğinizle arayın ki O'nun gücünün doluluğunda yürüyebilesiniz. İsa'yı başkalarıyla paylaşmanız ve O'nun elleri ve ayakları olmanız için size ihtiyacı var. Amin!

Vicky Franzen Josephine Teksas

Adım Vicki Franzen, yetişkinlik hayatımın çoğunda Katolik Kilisesi'ne katıldım; ancak her zaman bir şeylerin eksik olduğunu hissettim. Birkaç yıl önce, Ahir Zaman hakkında bilgi veren bir Radyo programını dinlemeye başladım. Hayatım boyunca aklımda olan pek çok soru yanıt buldu. Bu beni hakikat arayışımı sürdürmek için bir havariler kilisesine götürdü. Orada İsa'nın adıyla vaftiz edildim ve Elçilerin İşleri kitabında anlatıldığı gibi dillerde konuşmanın kanıtıyla Kutsal Ruh'un vaftizini aldım.

Sonraki dört yıl boyunca, düzenli olarak kiliseye gitmeme, dua etmeme, çalışmama ve farklı bakanlıklarda yer almama rağmen, dillerde konuşma yeteneği artık benim için mevcut değilmiş gibi görünüyordu. Kendimi çok "kuru" ve Kutsal Ruh'tan yoksun hissediyordum. Kilisemin bir başka üyesi, Rahibe Liz'in ellerini üzerine koyup dua ettiğinde, içinden "bir şeylerin" çıktığını ve kendisini baskı, depresyon vb. durumlardan tamamen özgür hissettiğini söyledi.

Kilisemizden birkaç bayan öğle yemeği için bir araya geliyordu ve bu da bana Rahibe Elizabeth ile tanışma fırsatı verdi. İblisler ve ruhani dünya hakkında bir sohbet başladı. Bu konuyu her zaman çok merak etmiştim ama bu konuda hiç öğreti duymamıştım. Telefon numaralarımızı değiş tokuş ettik ve onun evinde bir Kutsal Kitap çalışmasına başladık. İsa'nı nadıyla ve Kutsal Ruh'la vaftiz edilmiş bir kişinin nasıl bir cine sahip olabileceğini sorguladım. Bana dua ederek, oruç tutarak, Tanrı sözünü okuyarak ve her gün dillerde konuşarak Kutsal Ruh'la dolu kalarak doğru ve kutsal bir yaşam sürmeniz gerektiğini söyledi. O zaman, kuru hissetme ve dillerde konuşamama deneyimimi paylaştım. Ellerini üzerime koydu ve dua etti. Kendimi iyi ama çok yorgun hissediyordum. Liz, kötü bir ruh bedenden çıktığında sizi yorgun ve bitkin hissettirdiğini açıkladı. Benim için dua etmeye devam etti ve ben de dillerde konuşmaya başladım. Çok heyecanlıydım ve sevinç doluydum. Dillerde konuşabilmek bana Kutsal Ruh'un hâlâ bende olduğunu gösteriyordu.

Liz ve ben birlikte dua ederek iyi arkadaş olduk. Rahibe Elizabeth'in çok tatlı ve nazik bir ruhu var ama dua ettiğinde Tanrı onu hastaları iyileştirmek ve cinleri kovmak için tanrısal bir cesaretle donatıyor. Otoriteyle dua ediyor ve neredeyse her zaman cevabı hemen görüyor. Tanrı ona kutsal metinleri öğretme yeteneği vermiş, bu da benim için anlamını çok açık hale getiriyor.

Liz'e arkadaşım Valerie'nin kızı Mary'den bahsediyordum. Ona ADD ve KOAH teşhisi konmuştu. Ayrıca ameliyatsız tedavi etmeye çalıştıkları diskleri de yırtılmıştı. Çeşitli fiziksel sorunlar nedeniyle sürekli hastanedeydi. İyi sonuçlar vermeyen pek çok farklı ilaç kullanıyordu. Mary çalışamayacak kadar engelliydi ve eski kocasından hiçbir destek almadan bakması gereken dört çocuğu vardı.

Rahibe Liz bana bu şeylerin bazılarının cin olduğunu ve İsa'nın adıyla kovulabileceğini söylemeye başladı. Bu konuda bazı şüphelerim vardı, çünkü daha önce böyle bir hastalığa cinlerin neden olduğunu duymamıştım. Geçenlerde arkadaşım, kayınvalidesi ve ben kahve içmek için oturduğumuzda, bana Meryem'in kendileriyle ne kadar şiddetli konuştuğunu anlatmaya başladılar. Onlara bağırmış, çağırmış ve küfretmiş. Sırtındaki sorunlar ve ilaçların dindiremediği şiddetli baş ağrıları nedeniyle büyük acılar çektiğini biliyorlardı; ancak bu farklıydı. Gözlerinin zaman zaman ne kadar nefret dolu olduğunu ve bunun onları ne kadar korkuttuğunu anlattılar.

Birkaç gün sonra arkadaşım aradı ve artık dayanamadığını söyledi! Kızının nasıl davrandığına dair anlattıkları Sis'in anlattıklarını doğrulamaya başlamıştı. Liz bana İblisler hakkında anlatıyordu. Onun bana anlattığı her şeyi Tanrı başkaları aracılığıyla doğruladı. Mary'nin durumu gittikçe kötüleşiyordu ve hayatına son vermekten bahsetmeye başladı. Mary ve evindeki cinlerin kovulması için anlaşarak dua etmeye başladık. Tanrı Rahibe Liz'i iki gece üst üste uyandırarak Meryem için aracılık etmesini istedi. Liz özellikle Tanrı'dan Meryem'e orada neler olup bittiğini göstermesini istedi.

Meryem gece dua ederken (kendisini terk eden ve başka bir kadınla yaşayan) kocasının evinde olduğuna dair bir görüm gördü. Bu imgelemin, kocasının Noel'de evlerine dönmesi için ettiği duaya Tanrı'nın verdiği bir yanıt olduğunu düşünmüş. Rahibe Liz bana Meryem'e karşı cadı büyüsü yapıldığından şüphelendiğini söyledi. Muhtemelen eski kocası ya da birlikte yaşadığı kadın tarafından. Bunu nasıl bilebildiğini gerçekten anlamamıştım. Liz'in bana anlattığı şeylerin hiçbirini kimseyle paylaşmadım. Birkaç gün içinde Valerie bana kızı Mary'nin eski kocasıyla birlikte yaşayan kadından garip ve çirkin mesajlar aldığını söyledi. Mary bu dilin kesinlikle cadı işi için kullanıldığını biliyordu. Bu, Rahibe Liz'in bana söylediklerinin bir teyidiydi.

Mary'nin durumunu öğrendiğimiz son birkaç ay boyunca gidip onun için dua etmeye çalıştık. Ama bir türlü başaramadık. Rahibe Liz, "Biz onun evine gidemesek bile, Tanrı gidecek ve durumla ilgilenecektir" dedi.

İsa Kefarnahum'a girince, bir yüzbaşı gelip kendisine yalvardı: "Ya Rab, uşağım evde felçli olarak yatıyor, çok acı çekiyor" dedi. İsa ona,

"Gelip onu iyileştireceğim" dedi. Yüzbaşı, "Rab" dedi, "Ben senin çatımın altına gelmene layık değilim; yalnız şu sözü söyle, uşağım iyileşsin. Çünkü ben buyruğum altında askerleri olan yetkili bir adamım. Bu adama, "Git" diyorum, gidiyor; öbürüne, "Gel" diyorum, geliyor; uşağıma, "Şunu yap" diyorum, yapıyor. İsa bunu duyunca hayret etti ve onu izleyenlere, "Size doğrusunu söyleyeyim, İsrail'de böylesine büyük bir iman görmedim" dedi. (Matta 8: 5-10)

Meryem'den ve evinden cinleri kovmak için dua etmemizden sonraki iki gün içinde, annesine daha iyi uyuduğunu ve artık rüya görmediğini bildirdi. Bu, Sis'in söylediği pek çok şeyden biri. Liz bana, çok sayıda rüya ve gece kısrakları gördüğünüzde, bunun evinizdeki kötü ruhların bir göstergesi olabileceğini söyledi. Ertesi gün Valerie'nin bir iş arkadaşı ona bir gece önce gördüğü bir rüyayı anlattı. Düz siyah bir yılan Mary'nin evinden sürünerek uzaklaşıyordu. O gün Mary annesini arayarak kendini çok mutlu ve neşeli hissettiğini söyledi. Uzun zamandır yapmadığı şekilde 15 aylık ikizleriyle birlikte alışverişe çıkmıştı. Bu, ADD, ADHD, Bipolar ve Şizofreninin düşmanın saldırıları olduğunun bir başka teyidiydi. Sadece İsa'nın adıyla kovabileceğimiz akrepler ve yılanlar (Bunların hepsi İncil'de bahsedilen kötü ruhlardır.) üzerinde gücümüz vardır.

Bakın, size yılanların, akreplerin ve düşmanın bütün gücünün üzerine basma yetkisi veriyorum; hiçbir şey size zarar veremeyecek. Luka 10:19

Rahibe Liz bana ayrıca ailemizi, evlerimizi ve kendimizi düşmanın saldırılarına karşı her gün kutsanmış zeytinyağıyla meshetmemiz gerektiğini söyledi. Ayrıca Tanrı'nın sözünün evimize nüfuz etmesine izin vermeliyiz.

Bu deneyim, Kutsal Kitap'ta bahsedildiği gibi cinler tarafından kesinlikle kontrol edilen bazı durumları görmeme yardımcı oldu.

Çünkü biz bedene ve kana karşı değil, yönetimlere, güçlere, bu dünyanın karanlığının egemenlerine, yüksek yerlerdeki ruhsal kötülüğe karşı mücadele ediyoruz. (Efesliler 6:12)

Sadece kendi adıma konuşabilirim. Mucizelerin, dillerde konuşmanın, hastaları iyileştirmenin ve cinleri kovmanın sadece İsa ve Havarilerinin yeryüzünde olduğu İncil dönemine ait olduğuna inanarak büyüdüm. Günümüzde cinlerin ele geçirilmesi hakkında pek düşünmedim. Şimdi biliyor ve anlıyorum; biz hâlâ Kutsal Kitap dönemindeyiz! O'nun Sözü her zaman şimdiki zaman içindir. "Şimdiki zaman" dündü, "şimdiki zaman" bugündür ve "şimdiki zaman" yarın için olacaktır!

İsa Mesih dün, bugün ve sonsuza dek aynıdır. (İbranice 13:8)

Şeytan bizi kandırmayı ve Tanrı'nın Kilisesine verdiği güçten uzaklaştırmayı başarmıştır. Tanrı'nı nKilisesi, tövbe eden, İsa'nın adıyla vaftiz olan ve dillerde konuşmanın kanıtıyla Kutsal Ruh armağanını alan kişilerdir. O zaman yücelerden gelen gücü alacaklardır.

Ama Kutsal Ruh üzerinize geldikten sonra güç alacaksınız; Yeruşalim'de, bütün Yahudiye'de, Samiriye'de ve dünyanın öbür ucuna dek bana tanıklık edeceksiniz. (Elçilerin İşleri 1:8)

Konuşmam ve vaazım insan bilgeliğinin çekici sözleriyle değil, Ruh'un ve gücün göstergesiyle oldu. (1. Korintliler 2:4)

Çünkü Müjdemiz size yalnızca sözle değil, güçle, Kutsal Ruh'la ve büyük bir güvenceyle geldi; sizin uğrunuza aranızda ne tür insanlar olduğumuzu biliyorsunuz. (1. Selanikliler 1:5)

Tanrı'nı nSözü bizim için ŞİMDİ!

Bölüm II

Bu ikinci bölümü kitabıma koymayı hiç düşünmemiştim. Ancak çok sayıda kişi bu bilgiyi talep ettiği için zaman ayırdım ve bu bölümü ekledim. Farklı uluslara Kutsal Kitap çalışmaları vermeye başladığımdan beri, modern Kutsal Kitaplarda değişikliklerle karşılaştık. Tarihin derinliklerine inmeye başladım ve çok şok edici bazı bilgiler buldum. Bu bilgilere sahip olarak, kardeşlerimin bu gerçeği bilmesini sağlamanın ve düşmanın insanları daha fazla yanıltmaması için onu durdurmanın benim sorumluluğum olduğuna inanıyorum.

A.

Tanrı'nın Kullandığı Diller

Kutsal Kitap yüzyıllar boyunca birçok farklı şekle ve daha da belirgin olarak farklı dillere bürünmüştür. Tarih boyunca Kutsal Kitap'ın dört ana dile çevrildiğini görüyoruz: önce İbranice, sonra Yunanca, ardından Latince ve son olarak İngilizce. Takip eden paragraflar bu farklı aşamaları kısaca göstermektedir.

İbrahim'in yaşadığı M.Ö. 2000 yılından Yeruşalim'deki ikinci tapınağın yıkıldığı M.S. 70 yılına kadar Tanrı, halkıyla çoğunlukla İbranice olmak üzere Sami dilleri aracılığıyla konuşmayı seçmiştir. Bu dil aracılığıyla seçilmiş halkına doğru yolu göstermiş ve günah işlediklerinde onları düzeltecek bir Kurtarıcı'ya ihtiyaç duyduklarını bildirmiştir.

Dünya ilerledikçe bir süper güç ortaya çıktı; bu gücü nana iletişimi Yunanca dilindeydi. Yunanca üç yüzyıl boyunca öne çıkan bir dildi ve Tanrı tarafından mantıklı bir seçimdi. Tanrı Yeni Ahit'i Yunanca aracılığıyla iletmeyi seçti; ve tarihin de kanıtladığı gibi, bu dil bir yangın gibi yayıldı. Kitlelerin dilinde yazılmış bir metnin yaratacağı büyük tehdidi fark eden Şeytan, Kutsal Kitap'ın güvenilirliğini yok etmek için harekete geçti. Bu "sahte" Kutsal Kitap Yunanca yazılmıştı ama Mısır İskenderiye'de ortaya çıkmıştı; Eski Antlaşma S"eptuagint",

Yeni Antlaşma ise İ"skenderiye Metni" olarak adlandırılıyordu. Bilgiler insanoğlunun fikirleriyle saptırılmış ve Tanrı'nın birçok sözü silinmiştir. Bugün bu Apokrifa'nın (Yunanca 'Gizli' anlamına gelir, asla Tanrı'nın sözü olarak kabul edilmemiştir) modern Kutsal Kitabımıza sızdığı da açıktır.

MS 120 yılına gelindiğinde Latince yaygın bir dil haline gelmişti ve Kutsal Kitap 1500'lü yıllarda tekrar tercüme edildi. Latince o dönemde çok yaygın olarak konuşulan bir dil olduğu için, Kutsal Kitap tüm Avrupa'da kolayca okunabiliyordu. Latince, o dönemde "uluslararası" bir dil olarak kabul ediliyordu. Bu da Kutsal Kitap'ın ülkeler arasında seyahat etmesine ve bölgesel lehçelere çevrilmesine olanak sağlıyordu. Bu ilk versiyona "ortak İncil" anlamına gelen Vulgate adı verildi. Şeytan bu tehdide Roma'da bir kardeş kitap yaratarak yanıt verdi. Romalılar, Apokrifa'nı" natılmış kitapları" ve gerçek İncil'e benzemesi amaçlanan metinlerle dolu olan İncil'lerinin aslında gerçek İncil olduğunu iddia ettiler. Bu noktada elimizde birbirinden önemli ölçüde farklı iki İncil vardı; sahte İncil'ini korumak için Şeytan'ın yola çıkıp gerçek metinleri yok etmesi gerekiyordu. Roma Katolikleri, gerçek Latince Vulgate'e sahip olanları yok etmek ve şehit etmek için paralı askerler gönderdi. Paralı askerler çoğunlukla başarılı oldular, ancak sonunda tamamen ortadan kaldıramadılar ve Tanrı'nı nsözü korundu.

MS 600-700 yılları arasında yeni bir dünya dili gelişti: İngilizce. Tanrı, daha sonra büyük bir misyonerlik hareketini tetikleyecek olan zemini hazırlamaya başladı. İlk olarak 1500'lerde William Tyndale, orijinal İbranice ve Yunanca metinleri yeni dile çevirmeye başladı. Ondan sonra pek çok kişi aynı şeyi yapmaya çalıştı ve önceki İbranice ve Yunanca metinlere uymak için ellerinden gelenin en iyisini yapmaya çalıştılar. Bu kişiler arasında, 1604 yılında metinlerin en doğru İngilizce versiyonunu üretmek üzere bir konsey görevlendiren Kral VI. 1611 yılına gelindiğinde, genellikle Kral James İncili olarak bilinen onaylı bir versiyon dolaşıma girmişti. Misyonerler dünyanın dört bir yanında bu İncil'den çeviriler yapmaya başladılar.

Şeytan'ın Tanrı Sözü'ne karşı sürekli saldırısı:

Şimdi şeytanın bir başka saldırısıyla karşı karşıyayız. 2011'de yayınlanan ve 1611 KJV olduğunu iddia eden İncil'e, hiçbir zaman Tanrı Sözü olarak kabul edilmeyen Apokrifa eklenmiştir. Apokrifa, Tanrı'nın sözü olmadığı gerçeğini bilen Yetkili Bilginler tarafından KJV'den çıkarılmıştır.

Şeytan asla pes etmez!

B.

Tanrı Sözünü Nasıl Korudu?

Tanrı'nın yazılı sözüne verdiği önem son derece açıktır.

RAB'bin sözleri saf sözlerdir, Toprak fırında denenmiş, Yedi kez arıtılmış gümüş gibi. Onları koruyacaksın, ya RAB, bu kuşaktan sonsuza dek koruyacaksın (Mezmurlar 12:6-7)

Tanrı'nın Sözü tüm isimlerin üstündedir:

*"Kutsal tapınağına doğru tapınacağım, Sevecenliğin ve gerçeğin için adını **yüceltececeğim**, **Çünkü sözünü bütün adlarından üstün tuttun**." (Mezmurlar 138:2)*

Rab ayrıca kendi sözüne bakışı konusunda da bizi uyarmıştır. Kutsal Yazılar'ı bozmak isteyenlere ciddi uyarılarda bulundu. Tanrı, sözüne ekleme yapılmaması konusunda uyardı:

***Tanrı'nın her sözü temizdir**; O'na güvenenler için bir kalkandır. Onun sözlerine bir şey ekleme ki, seni azarlamasın ve yalancı çıkmayasın. (Atasözü 30:5-6)*

Tanrı Sözlerini tüm nesiller boyunca hiç şaşmadan korumuştur!

Birçok dindar insan, kısmen Tanrı Sözü'nün otoritesinin sulandırılmasından dolayı yükselen dinden dönme ve inançsızlık dalgasını kahramanca durdurmaya çalışıyordu. Karanlık Çağlar boyunca Katolik Kilisesi İncil'i sadece Latince yazdırarak insanları kontrol altında tutmuştur. Sıradan insanlar Latince okuyamıyor ya da konuşamıyordu.

MS 400 yılına gelindiğinde, Kutsal Kitap orijinal el yazmalarından 500 dile çevrilmişti. Katolik Kilisesi insanları kontrol etmek için İncil'in sadece Latince dilinde yazılıp okunabileceğine dair sert bir yasa çıkardı. Bu Latince versiyon orijinal el yazmalarından tercüme edilmemişti.

John Wycliffe:

John Wycliffe bir papaz, bir bilgin, bir Oxford profesörü ve bir ilahiyatçı olarak tanınıyordu. 1371 yılında J.W. birçok sadık kâtip ve takipçisinin yardımıyla el yazmalarını İngilizceye çevirmeye başladı. Wycliffe'in ilk el yazması İngilizce Kutsal Kitap nüshası Latince Vulgate'den çevrilmiştir. Bu, Roma Katolik Kilisesi'nin yanlış öğretilerine bir son verilmesine yardımcı olacaktı. İncil'in sadece bir kopyasını yazmak ve dağıtmak 10 ay sürecek ve kırk sterline mal olacaktı. Tanrı'nı neli Wycliffe'in üzerindeydi. Roma Katolik Kilisesi Bay Wycliffe'e karşı öfke içindeydi. Birçok önemli dostu ona zarar görmemesi için yardım etti. Katolik Kilisesi tüm kopyaları toplamak ve yakmak için elinden gelen her şeyi yapsa da, bu Wycliffe'i durdurmadı. Asla pes etmedi çünkü yaptığı işin boşa gitmediğini biliyordu. Katolik Kilisesi tüm kopyaları elde etmekte başarısız oldu. Geriye yüz yetmiş kopya kaldı. Tanrı'ya şükürler olsun!

Roma Katolik Kilisesi öfkesini sürdürdü. John Wycliffe'in ölümünden kırk dört yıl sonra Papa kemiklerinin çıkarılmasını, ezilmesini ve nehre atılmasını emretti. J. Wycliffe'in ölümünden yaklaşık yüz yıl sonra Avrupa Yunanca öğrenmeye başladı.

John Hus:

John Wycliffe'in takipçilerinden biri olan John Hus, Wycliffe'in başlattığı işi devam ettirdi; o da yanlış öğretilere karşı çıktı. Katolik Kilisesi, Latince olmayan bir İncil okuyan herkesi idamla tehdit ederek, kendilerininkinden başka herhangi bir değişikliği durdurmaya kararlıydı. Wycliffe'in İncil' inkişinin kendi diline çevrilmesi gerektiği fikri işe yarayacaktı. John Hus, 1415 yılında Wycliffe'in ateşi tutuşturmak için kullanılan el yazmasıyla birlikte kazığa bağlanıp yakıldı. Son sözleri, "100 yıl içinde Tanrı, reform çağrıları bastırılamayacak bir adam çıkaracak!" oldu. 1517 yılında Martin Luther Wittenberg'de Katolik Kilisesi üzerine ünlü Tartışma Tezi'ni yayınladığında kehaneti gerçekleşti. Aynı yıl Fox'un Şehitler kitabı, Roma Katolik Kilisesi'nin "çocuklarına Latince yerine İngilizce dua etmeyi öğrettikleri" gerekçesiyle 7 kişiyi kazığa bağlayarak yaktığını kaydeder.

Johannes Guttenberg:

Matbaada basılan ilk kitap Latince İncil'dir ve 1440 yılında Johannes Guttenberg tarafından icat edilmiştir.

Bu buluş, çok kısa bir süre içinde çok sayıda kitabın basılmasını sağladı. Bu, Protestan Reformu'nun ilerlemesinde hayati bir araç olduğunu kanıtlayacaktı.

Dr. Thomas Linacre:

Bir Oxford profesörü olan Dr. Thomas Linacre, 1490'larda Yunanca öğrenmeye karar verdi. İncil'i orijinal Yunanca dilinde okudu ve bitirdi. Çalışmalarını bitirdikten sonra "Ya bu Müjde değil ya da biz Hıristiyan değiliz" dedi.

Roma Katolik Latince Vulgate versiyonları o kadar bozulmuştu ki, gerçek saklanmıştı. Katolik Kilisesi, insanların Kutsal Kitap'ı sadece Latince dilinde okumalarını talep eden katı ve sert yasalarını uygulamaya devam etti.

John Colet:

1496 yılında, bir başka Oxford profesörü olan John Colet, öğrencileri ve daha sonra Londra'daki Aziz Paul Katedrali'nde halk için İncil'i Yunancadan İngilizceye çevirmeye başladı. Altı ay içinde canlanma başladı ve ayinine 40.000'den fazla kişi katıldı. İnsanları Mesih için savaşmaya ve din savaşlarına dahil olmamaya teşvik etti. Yüksek mevkilerde birçok arkadaşı olduğu için idam edilmekten kurtuldu.

Desiderius Erasmus, 1466-1536:

Büyük bir bilgin olan Bay Desiderius Erasmus, Bay Colet ve Bay Linacre'ın olaylarını gözlemledi. Latince Vulgate'i tekrar gerçeğe dönüştürmek için etkilendi. Bu, el yazmasını 1516'da basan ve yayınlayan Bay J. Froben'in yardımıyla başarıldı.

Bay Erasmus herkesin Latince Vulgate'in ne kadar yozlaşmış olduğunu bilmesini istiyordu. Onları gerçeğe odaklanmaya teşvik etti. Yunanca ve İbranice olan orijinal el yazmalarını kullanmanın, kişiyi sadakat ve özgürlük içinde devam eden doğru yolda tutacağı gerçeğini vurguladı.

Ünlü bilgin ve çevirmen Erasmus'un en ünlü ve eğlenceli sözlerinden biri şudur,

"Elime biraz para geçince kitap alıyorum; para kalırsa da yiyecek ve giyecek alıyorum".

Katolik Kilisesi, İncil'in Latince dışında herhangi bir çevirisine katıldığı tespit edilen herkese saldırmaya devam etti.

William Tyndale (1494-1536):

Bay William Tyndale 1494 yılında doğmuş ve 42 yaşında ölmüştür. Bay Tyndale sadece reformcular ordusunun kaptanı değil, aynı zamanda onların ruhani lideri olarak da biliniyordu. Büyük bir dürüstlük ve saygı adamıydı. Bay Tyndale Oxford Üniversitesi'nde okudu ve burada büyüdü. Yirmi bir yaşında yüksek lisans derecesini aldıktan sonra Londra'ya gitti.

Birçok dili konuşma konusunda yetenekliydi: İbranice, Yunanca, İspanyolca, Almanca, Latince, Fransızca, İtalyanca ve İngilizce. Bay Tyndale'in iş arkadaşlarından biri, onu bu dillerden birini konuşurken dinleyenlerin anadilinde konuştuğunu düşündüklerini söylemiştir. Bu dilleri başkalarını kutsamak için kullandı. Yunanca Yeni Ahit'i İngilizceye çevirdi. Şaşırtıcı bir şekilde, Kutsal Kitap'ı İngilizce olarak basan ilk kişi oldu. Kuşkusuz bu yeteneği, İngiltere'den sürgün edildiği yıllar boyunca yetkililerden başarılı bir şekilde kaçmasını sağladı. Sonunda Bay Tyndale yakalandı ve sapkınlık ve vatana ihanet suçlarından tutuklandı. Ekim 1536'da, adil olmayan bir yargılama ve sefil koşullara sahip bir hapishanede beş yüz gün geçirdikten sonra, Bay Tyndale kazığa bağlanarak yakıldı. Tyndale House Publishers'ın bu muhteşem kahramanın adını taşıyan modern bir şirket olduğu kaydedilmektedir.

Martin Luther:

Roma Katolik Kilisesi çok uzun süredir hüküm sürüyordu ve Martin Luther'in kilise içindeki yozlaşmaya tahammülü yoktu. İnsanlara zorla dayatılan yanlış öğretilerden bıkmıştı. 1517 yılının Cadılar Bayramı'nda, 95 Tartışma Tezi'ni Wittenberg kilisesinde yayınladığında hiç tereddüt etmedi. Kilise tarafından oluşturulan Diet of Worms konseyi Martin Luther'i şehit etmeyi planladı. Katolik Kilisesi nihai olarak güç ve gelir kaybına uğramaktan korkuyordu. Artık günahlar için endüljans satamayacaklar ya da Katolik Kilisesi tarafından uydurulmuş bir doktrin olan "araf "tan sevdiklerini kurtaramayacaklardı.

Martin Luther, Tyndale'den önce davranmış ve 1522 yılının Eylül ayında Erasmus'un Yunanca-Latince Yeni Ahit'inin Almanca'ya ilk çevirisini yayınlamıştır. Tyndale aynı orijinal metni kullanmak istiyordu. Süreci başlattı ve yetkililer tarafından terörize edildi. 1525'te İngiltere'den ayrılarak Martin Luther'i nyanında çalışmak üzere

Almanya'ya gitti. O yılın sonunda Yeni Ahit İngilizceye çevrilmişti. 1526 yılında Tyndale'in Yeni Ahit'i, kutsal kitapların İngilizce dilinde basılan ilk baskısı oldu. Bu iyi bir şeydi! Eğer insanlar Kutsal Kitap'ı kendi dillerinde okuyabilirlerse, Katolik Kilisesi'nin onlar üzerinde bir etkisi ya da hâkimiyeti kalmayacaktı. İnsanları kontrol eden korku karanlığı artık bir tehdit olmaktan çıkacaktı. Halk, açığa çıkan herhangi bir yalan için kilise otoritesine meydan okuyabilecekti.

Özgürlük sonunda gelmişti; Kurtuluş, işler aracılığıyla değil, iman aracılığıyla herkes için özgürdü. Doğru olan her zaman Tanrı'nın Sözü olacaktır, insanların değil. Tanrı'nı nSözü doğrudur ve Gerçek sizi özgür kılacaktır.

Kral 6. James:

1603 yılında James VI kral olduğunda, İncil'in yeni bir çevirisi için taslak hazırlanmaktaydı. Yeni bir çeviriye ihtiyaç duyulmasının nedeni, kullanılmakta olan Büyük İncil, Mathew İncili, Piskopos İncili, Cenevre İncili ve Coverdale İncili'nin bozulmuş olmasıydı. Hampton Court Konferansı'nda Kral James İncil'in tercüme edilmesini onayladı. Bu büyük çeviri işi için kırk yedi Kutsal Kitap bilgini, ilahiyatçı ve dilbilimci özenle seçildi. Çevirmenler altı gruba ayrıldı ve Westminster, Cambridge ve Oxford Üniversitelerinde çalıştılar. Kutsal Kitap'ın farklı Kitapları bu İbranice, Yunanca, Latince ve İngilizce bilginlerine verildi. Bu çevirinin gerçekleşmesi için uyulması gereken belirli kurallar vardı. Kutsal Kitap'ın orijinal dillerden çevirisi 1611 yılında tamamlandı ve tüm dünyaya yayıldı.

Olay örgüsü 1: Şeytan Mısır'ın İskenderiye kentinde Tanrı'nın sözüne saldırır.

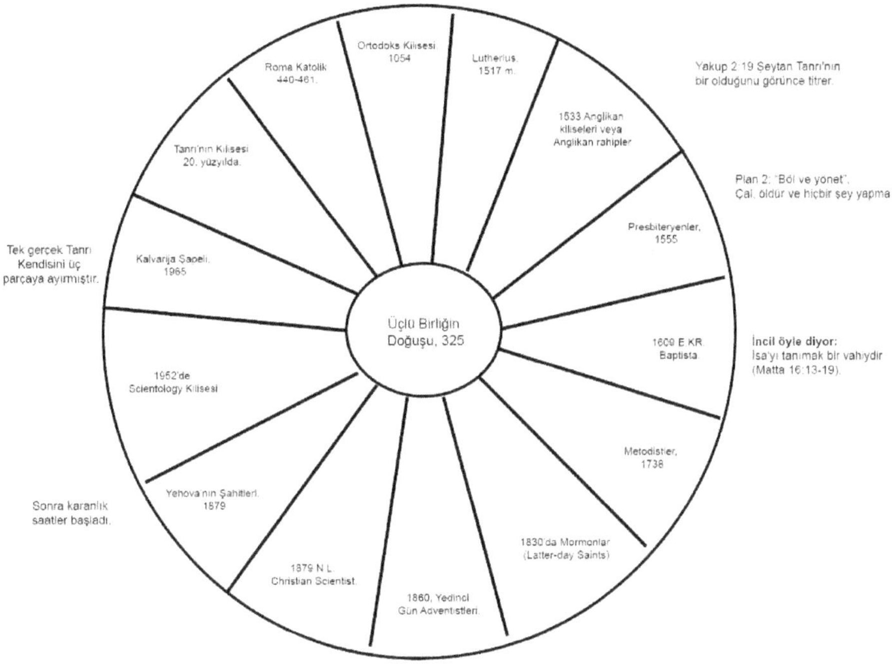

Sonra karanlık saatler başladı.

C.

Zamanımızın İncil Çevirileri:

Kutsal Kitap'ın farklı versiyonları hakkındaki gerçekler: Tanrı Sözü yaşamımız için Nihai Otoritedir.

Günümüzde Kutsal Kitap'ın Kral James Versiyonu (KJV) dışında birçok farklı çevirisi bulunmaktadır. Mesih'in gerçek takipçileri Kutsal Kitap'ın tüm versiyonlarının doğru olup olmadığını bilmek isterler. Kutsal Kitap'ın tüm bu farklı versiyonlarında gerçeği arayalım. NIV, NKJV, Katolik İncil, Latin İncil, Amerikan Standart Versiyonu, Gözden Geçirilmiş Standart Versiyon, İngiliz Standart Versiyonu, Yeni Amerikan Standart Versiyonu, Uluslararası Standart Versiyon, Yunanca ve İbranice İncil ve Yeni Dünya Çevirisi (Yehova'nı nŞahidi) İncil vb. Ayrıca farklı zamanlarda ve dönemlerde birçok farklı bilgin tarafından tercüme edilmiş birçok başka Kutsal Kitap da vardır. Tüm bu farklı versiyonların doğru olduğunu ya da bozulduğunu nasıl bilebiliriz? Bozulduysa, bu nasıl ve ne zaman oldu?

Gerçeği bulmak için bu çok sayıdaki varyasyon arasında yolculuğumuza başlayalım:

Bilmemiz gereken şey, hangisinin gerçek versiyon olduğunu belirleyebilmektir:

Yakın zamanda keşfedilen İskenderiye Orijinal Metni'nde kelime ve ayetlerin üzerinde çizgi, satır ya da tire işaretleri bulunmaktadır. Bu, söz konusu kelime ve ayetlerin çeviriden çıkarılması anlamına geliyordu. Bu çizgileri şu gibi kelimelerin üzerinde buldular: Kutsal, Mesih ve Ruh gibi sözcüklerin yanı sıra birçok başka sözcük ve ayetin üzerinde de bu çizgileri buldular. Bu el yazmalarını düzenleme işini üstlenen din bilginleri Rab İsa Mesih'in Mesih (Kurtarıcı) olduğuna inanmıyorlardı. Düzenlemeyi kim yaptıysa, birçok kelimeyi ve kutsal kitabı çıkarmış ve değiştirmiştir. Bu el yazması yakın zamanda İskenderiye, Mısır'da keşfedilmiştir.

Bu, Kutsal Kitap'ın İskenderiye'de yozlaşmış dini ve siyasi liderleri tarafından değiştirilip bozulduğunun harika bir kanıtıdır.

İncil'in Kral James Versiyonu der ki:

Bütün kutsal yazılar Tanrı esiniyle verilmiştir ve öğretiş, azarlama, düzeltme ve doğruluk eğitimi için yararlıdır: (2 Tim 3:16 KJV)

Öncelikle şunu bilin ki, Kutsal Yazılar'daki hiçbir peygamberlik sözünün özel bir yorumu yoktur. Çünkü peygamberlik eski zamanlarda insan isteğiyle gelmedi, ama Tanrı'nın kutsal adamları Kutsal Ruh tarafından harekete geçirildiklerinde konuştular. (2. Petrus 1: 20-21)

Tanrı'nın bu gerçek sözü tek ve biricik Tanrı tarafından yazılmıştır.

Tanrı'nın Sözü ebedidir:

Size doğrusunu söyleyeyim, yer ve gök ortadan kalkmadıkça, Kutsal Yasa'nın tümü yerine gelmedikçe, Kutsal Yasa'dan zerre kadar bir şey eksilmeyecektir. (Matta 5:18)

Yerin ve göğün yok olması, Kutsal Yasa'nın bir zerresinin bile yok olmasından daha kolaydır. (Luka 16:17)

Tanrı Sözü'ne ekleme ya da çıkarma yapmayın:

Tanrı Sözü çıkarılamaz, eklenemez ya da yanlış tanıtılamaz:

Bu kitaptaki peygamberlik sözlerini işiten herkese tanıklık ederim ki, kim bunlara bir şey eklerse, Tanrı da ona bu kitapta yazılı olan belaları ekleyecektir: Eğer bir kimse bu peygamberlik kitabının sözlerinden bir şey çıkarırsa, Tanrı da onun payını yaşam kitabından, kutsal kentten ve bu kitapta yazılı olanlardan çıkaracaktır. (Vahiy 22:18-19)

Tanrınız RAB'bin size buyurduğu buyrukları yerine getirmek için size buyurduğum söze hiçbir şey eklemeyecek, ondan hiçbir şey eksiltmeyeceksiniz. (Tesniye 4:2)

Tanrı Sözü canlıdır ve iki ucu keskin bir kılıçtan daha keskindir:

Tanrı'nın her sözü temizdir: O, kendisine güvenenlere kalkandır. (Atasözü 30:5)

Mezmurlar 119 bize Tanrı Sözü'nün saf kalmamıza ve imanda büyümemize yardım ettiğini söyler. Tanrı Sözü temiz bir yaşam sürmek için tek rehberdir.

*Sözün ayaklarıma **kandil**, yoluma **ışıktır**. (Mezmurlar 119:105)*

*Çürüyen tohumdan değil, çürümez tohumdan, yaşayan ve sonsuza dek yaşayacak olan **Tanrı'nın sözü** aracılığıyla yeniden doğmak. (1. Petrus 1:23)*

Bugün mevcut olan pek çok İngilizce versiyondan sadece Kral James Versiyonu (1611) üstün Geleneksel Masoretik İbranice metni hatasız bir şekilde takip etmektedir. Bu titiz yöntem, Masoritler tarafından Eski Antlaşma'nın kopyalarını çıkarırken kullanılmıştır. Tanrı'nı nSözü'nü koruma vaadinin güvenilir kanıtı, asla başarısız olmamıştır.

Tanrı kendi sözünü koruyacaktır:

RAB'bin sözleri ***saf*** *sözlerdir, Toprak fırında denenmiş, Yedi kez arıtılmış gümüş gibi. Onları koruyacaksın, ya RAB,* ***bu kuşaktan sonsuza dek koruyacaksın****. (Mezmurlar 12:6, 7)*

Günümüz teknolojisi Kral James Versiyonu Kutsal Kitap'ın ne kadar doğru ve gerçek olduğunu kanıtlamıştır.

The Journal of Royal Statistical Society and Statistical Science yeni bir araştırma ajansıdır:

İki Harvard ve iki Yale matematikçisi olan İbrani akademisyenler, bu iki istatistiksel bilimsel tekniği kullandılar ve KJV Kutsal Kitabının doğruluğu karşısında hayrete düştüler. Eşit aralıklı harf sıralamasını kullanarak bir bilgisayar bilgi çalışması yaptılar. KJV İncil'inin ilk beş Kitabından (Tevrat) bir isim girdiler ve bu ismi girdikten sonra, eşit aralıklı harf sıralama testi otomatik olarak o kişinin doğum ve ölüm tarihini ve doğduğu ve öldüğü şehri doldurabildi. Bunun en doğru rapor olduğunu tespit ettiler. Yüzyılın başlarında yaşamış kişileri kolaylıkla ve kesin sonuçlarla belirtmiştir. Bunlar basit testlerdi, ancak bulgular büyük bir doğrulukla akıyordu.

Aynı teknik, NIV, New American Standard Version, The Living Bible ve diğer dillerde kullanılan isimleri ve bu versiyonlardan yapılan çevirileri koyduklarında da başarısız olmuştur. Bu yöntem, Kutsal Kitap'ın bozulmuş kopyalarının yanlışlığını kanıtlamaktadır.

Aynı matematiksel analizi Samaritan Pentateuch'u ve İskenderiye Versiyonu için de denediler ve bu da işe yaramadı.

Vahiy Kitabı bize bunu söyler:

Eğer bir kimse bu peygamberlik kitabının sözlerinden bir şey çıkarırsa, Tanrı da onun payını yaşam kitabından, kutsal kentten ve bu kitapta yazılı olanlardan çıkaracaktır. *(Vahiy 22:19)*

Bu çalışmayla, KJV Kutsal Kitabı'nın bugün elimizde bulunan en doğru Kutsal Kitap olduğu sonucuna vardılar.

Masoretik Metin ve Textus Receptus'a dayanan bir Yunanca Metin: (basitçe herkes tarafından kabul edilen metinler anlamına gelir) orijinal olarak yazılmış olan KJV Kutsal Kitabının temelini oluşturur. Beş binden fazla el yazması KJV Kutsal Kitabı ile %99 oranında uyumludur.

KJV İncil'i kamu malıdır ve çeviri için kullanılması için izin alınması gerekmez.

Modern Kutsal Kitap versiyonları İbranice Masoretik Metni kullanmamaktadır. Eski Ahit'in bozuk bir Grekçe versiyonu olan Septuagint tarafından düzenlenmiş Leningrad El Yazması'nı kullanmışlardır. Bu sahte Biblia Hebraica İbranice metinlerinin her ikisi de kendi dipnotlarında önerilen değişiklikleri sunmaktadır. Sahte İbranice metinler, BHK veya BHS, çeviriler için tüm modern versiyonlarda Eski Ahit için kullanılmaktadır.

KJV'nin temelini oluşturan Geleneksel Masoretik İbranice metin, orijinal el yazması ile tamamen aynıdır. Bugün arkeologlar Kutsal Kitap'ın tüm kitaplarını bulmuşlardır ve bu da KJV İncil'inin orijinal Kitabın birebir çevirisi olduğunu kanıtlamaktadır.

Tanrı'nın Sözü değişti:

Kutsal Kitap Tanrı'nın sözünün kılıcımız olduğunu ve düşmana karşı tek saldırı silahı olarak kullanıldığını söyler; ancak modern çevirilerde Tanrı'nın Sözü düşmana karşı bir saldırı ya da kılıç olarak kullanılamaz. Tanrı Sözü'nde o kadar çok değişiklik olmuştur ki, modern çevirileri kullanan kişileri gördüğümüzde, dengesiz, depresif, endişeli ve duygusal sorunları olan kişilerdir.

Psikoloji ve tıbbın kiliseye girmesinin nedeni budur; yeni çeviriler bu nedenden sorumludur.

Birkaç değişikliği ve bunun arkasındaki ince nedeni görelim:

Kutsal Kitap'ın aşağıdaki versiyonlarında değişiklikler göreceğiz. Ben birkaç versiyondan bahsediyorum ama bu Kutsal Kitap'tan yapılan ve kendi araştırmanızı yapabileceğiniz başka versiyonlar ve çeviriler de vardır. New Living Translation, English Standard Version, New American Standard Bible, International Standard Version, American Standard Version, Jehovah's Witness Bible ve NIV Bible ve diğer çeviriler.

KJV: Luka 4:18 Rab'bin Ruhu üzerimdedir, çünkü beni yoksullara müjdeyi duyurmam için meshetti; ***kalbi kırık olanları iyileştirmem****, tutsaklara kurtuluş, körlere görme yetisini kazandırmam, yaralanmış olanları özgürlüğe kavuşturmam için beni gönderdi,*

Bu kutsal yazı O'nun kalbi kırık olanları iyileştirdiğini söyler.

NIV Luka 4:18'i okur: "Rab'bin Ruhu üzerimdedir, çünkü yoksullara müjdeyi duyurmam için beni meshetti. Beni tutsaklara özgürlük, körlere gözlerinin açılacağını duyurmak, ezilenleri özgürlüğe kavuşturmak için gönderdi;

(Kırık kalbi iyileştirmek NIV ve diğer versiyonlarda da yer almaz. Modern çeviriler kırık kalbi iyileştiremez).

KJV: Markos 3:15: Ve ***hastalıkları iyileştirme*** *ve şeytanları kovma* ***gücüne*** *sahip olmak:*

NIV: Markos 3:15: Ve cinleri kovma yetkisine sahip olmak.

("**Ve hastalıkları iyileştirme gücüne sahip olmak**" NIV ve diğer çevirilerde atlanmıştır. Hastaları iyileştirmeye gücünüz yetmez).

KJV: Elçilerin İşleri 3:11 ***İyileşen topal adam*** *Petrus*'la *Yuhanna'yı kucaklarken, bütün halk Süleyman'ın Yeri denen sundurmada onlara doğru koştu ve büyük bir şaşkınlık yaşadı.*

NIV: Elçilerin İşleri 3:11: Dilenci Petrus'la Yuhanna'ya tutunurken, Süleyman'ın Sütunu denilen yerde bütün halk şaşkınlık içinde koşarak yanlarına geldi.

NIV İncil'i kaldırılmıştır: Anahtar ayet olan "**İyileştirilen topal adam**".

Buna ek olarak NIV "Merhamet Koltuğu" ifadesini elli üç kez çıkarmıştır. Tanrı'nın Merhameti atlanmıştır. Kan sözcüğü kırk bir kez çıkarılmıştır.

Efesliler 6:4 ayeti kiliseyi beslemekten söz eder... Beslemek sözcüğü Hemşire sözcüğünden türemiştir. Bir bebeği tutmak ve ona bakmak gibi, Tanrı bizi besler ve alçaltır, ancak bazı modern versiyonlar "disiplin" ve "azarlama" demektedir.

KJV Daniel 3:25b şöyle der: ve dördüncünün biçimi ***Tanrı'nın Oğlu****'na benzer.*

NIV Daniel 3:25b: sözleri değiştirdi; ve dördüncüsü ***tanrıların oğluna*** *benziyor."*

Tanrı'nın oğlu tanrıların oğlu değildir... bu çoktanrıcılığı destekleyecektir.

"The" kelimesini "A" olarak değiştirmek diğer dinleri destekleyecektir. Örnek olarak: Bir müjde, bir oğul, bir kurtarıcı....İSA TEK KURTARICI DEĞİLDİR?!?!?

İncil der ki:

İsa ona, "Yol, gerçek ve yaşam benim" dedi, "Benden başka hiç kimse Baba'ya ulaşamaz. (KJV Yuhanna 14:6)

KJV: Matta 25:31: İnsanoğlu yüceliğiyle ve bütün ***kutsal meleklerle*** *birlikte geldiğinde, yüceliğinin tahtına oturacaktır.*

*NIV: Matta 25:31: İnsanoğlu, bütün **meleklerle** birlikte görkemi içinde gelince, göksel görkem içinde tahtına oturacak.*

(NIV "Kutsal" sözcüğünü çıkarmıştır. Kutsal Kitap'ın kötü ve kutsal olmayan Meleklerden de söz ettiğini biliyoruz)

Tanrı kutsaldır:

NIV ayrıca bazı yerlerden Kutsal Ruh ya da Kutsal Ruh'u çıkarmıştır. Bunlar, NIV, NKJV, Katolik İncil, Latin İncil, Amerikan Standart Versiyonu, Gözden Geçirilmiş Standart Versiyon, Yunanca ve İbranice İncil ve ayrıca eski, bozulmuş İskenderiye Elyazması ve NIV'den tercüme edilen İncil'in diğer versiyonlarındaki birçok değişikliğin sadece birkaç örneğidir.

Aşağıdakiler NIV İncilinin Deccal Olduğunu Kanıtlamaktadır:

İsa Mesih ya da Mesih, Mesih, Rab gibi birçok kelime NIV ve diğer Kutsal Kitap çevirilerinden çıkarılmıştır. Kutsal Kitap Deccal'in kim olduğunu söyler.

Deccal:

İsa'nın Mesih olduğunu inkâr edenden başka kim yalancıdır? Baba'yı ve Oğul'u inkâr eden Deccal'dir. (KJV 1 Yuhanna 2:22)

*Rabbimiz **İsa Mesih'**in lütfu hepinizle olsun. Amin. (KJV: Vahiy 22:21)*

*Rab İsa'nın lütfu Tanrı'nın halkıyla birlikte olsun. Amin. (NIV: Vahiy 22:21 **Mesih**'i ortadan kaldırmıştır).*

KJV Yuhanna 4:29: Gelin, yaptığım her şeyi bana anlatan bir adam görün: Bu Mesih değil mi?

NIV der ki Yuhanna 4:29 "Gelin, yaptığım her şeyi bana anlatan adamı görün. Bu Mesih olabilir mi?"

(Mesih'in Tanrılığı sorgulanır) Kelimeler çıkarılarak anlam değiştirilir.

Deccal Baba ve Oğul'u inkar ediyor...

*KJV: Yuhanna 9:35 "**Tanrı'nın Oğlu**'na iman ediyorsunuz".*

*NIV: "**İnsanoğlu'**na inanıyor musunuz?" olarak değiştirilmiştir.*

KJV Elçilerin İşleri 8:37 F"*ilipus, "Bütün yüreğinle inanıyorsan, inanabilirsin" dedi. O da, 'İsa Mesih'in Tanrı'nın Oğlu olduğuna inanıyorum' diye karşılık verdi."*

Elçilerin İşleri 8:37; ayetin tamamı NIV'den çıkarılmıştır.

*KJV: Galatyalılar 4:7 Bu nedenle artık bir hizmetçi değil, bir oğulsunuz; ve eğer bir oğulsa, o zaman **Mesih aracılığıyla Tanrı'nın** mirasçısıdır.*

NIV: Galatyalılar 4:7 Böylece artık köle değil, oğulsun; oğul olduğun için Tanrı seni mirasçı da yaptı.

NIV Mesih aracılığıyla Tanrı'nın mirasçısı oldu.

*KJV: Efesliler 3: 9 Ve tüm [erkeklerin] dünyanın başlangıcından beri **İsa Mesih tarafından** her şeyi yaratan Tanrı'da saklanan gizemin paydaşlığının ne olduğunu görmelerini sağlamak için:*

NIV: Efesliler 3:9 ve geçmiş çağlar boyunca her şeyi yaratan Tanrı'da saklı tutulan bu gizemin yönetimini herkese açıklamak için.

NIV "**İsa Mesih tarafından" ifadesini** kaldırmıştır**.** İsa her şeyin Yaratıcısı'dır.

İsa Mesih ete kemiğe bürünür:

*1 Yuhanna 4:3 KJV... **İsa Mesih'in beden alıp geldiğini** itiraf etmeyen her ruh Tanrı'dan değildir.*

NIV der ki: Ama İsa'yı kabul etmeyen her ruh Tanrı'dan değildir.

("İsa Mesih beden almıştır" ifadesi kaldırılmıştır)

Elçilerin İşleri Kitabı 3:13, 26 KJV O'nun Tanrı'nın Oğlu olduğunu söyler. NKJV Tanrı'nın Oğlu'nu çıkarmış ve Tanrı'nın hizmetkarı demiştir.

Yeni İncil versiyonları İsa'nın Ta"nrı'nın Oğlu" olmasını istemez. Tanrı'nın Oğlu, beden almış Tanrı demektir.

*Yuhanna 5:17-18 KJV ama İsa onlara cevap verdi, **Babam** şimdiye kadar çalışıyor ve ben çalışıyorum. Bu nedenle, Yahudiler onu öldürmek için daha fazla aradılar, çünkü sadece Şabat'ı kırmakla kalmadı, aynı zamanda **Tanrı'nın Babası olduğunu** ve kendisini **Tanrı ile eşit kıldığını** söyledi.*

KJV Kutsal Kitabı İsa'yı, İsa Mesih ya da Rab İsa olarak tanımlar. Ancak yeni modern çevirilerde bunun yerine "o ya da kendisi" denmektedir.

*KJV: Ve Tanrı'nın hizmetkârı Musa'nın ezgisini ve Kuzu'nun ezgisini söylerler: "İşlerin büyük ve harikadır, Her Şeye Gücü Yeten Rab Tanrı; yolların adil ve doğrudur, **ey azizlerin Kralı**. (Vahiy 15:3)*

*NIV: Tanrı'nın kulu Musa'nın ezgisini ve Kuzu'nun şarkısını söylediler: "Yaptıkların büyük ve harikadır, Her Şeye Egemen Rab Tanrı. Senin yolların adil ve doğrudur, **çağların Kralı**. (Vahiy 15:3)*

(O, yeniden doğan azizlerin Kralıdır. İsa'nın adıyla vaftiz edilen ve O'nun Ruhu'nu alanların).

*KJV: Ve **Tanrı** onların gözlerinden bütün yaşları silecektir; (Vahiy 21:4)*

NIV: Onların gözlerinden bütün yaşları silecek. (Vahiy 21:4)

"**Tanrı**", "O" olarak değiştirilmiştir. "O" kimdir? (Bu diğer dinleri destekleyecektir.)

*KJV: Ve baktım, ve işte, bir Kuzu Siyon dağında duruyordu, ve onunla birlikte yüz kırk [ve] dört bin, alınlarında **Babasının adı** yazılı olan. (Vahiy 14:1)*

*NIV: Sonra baktım, önümde Siyon Dağı'nda duran Kuzu ve onunla birlikte alınlarında **kendisinin ve Babası**'nı n**adı** yazılı 144.000 kişi vardı. (Vahiy14: 1)*

NIV, "O'nun adı "nı "Babası'nı nadı" ile birlikte iki isim olarak eklemiştir.

Yuhanna 5:43b: Ben Babam'ın adıyla geldim.

Yani Baba'nın adı İsa'dır. İbranice'de İsa şu anlama gelir
Yehova Kurtarıcı

*Zekeriya 14:9 RAB bütün yeryüzünün kralı olacak, O gün RAB tek olacak, **Adı** da **tek** olacak.*

*KJV Yeşaya 44:5 Biri, "Ben Rab'bim" diyecek, öbürü kendini Yakup adıyla çağıracak, bir başkası eliyle Rab'be adak adayacak, **soyadını** İsrail koyacak.*

NIV: Yeşaya 44:5 Biri, 'Ben RAB'be aitim' diyecek; bir başkası kendine Yakup adını verecek; bir başkası da eline, 'RAB'bin' diye yazacak ve İsrail adını alacak.

(NIV **Soyadı** kelimesini kaldırmıştır)

Şimdi "Hermas'ın Çobanı" kitabının İncil'in modern versiyonuna dahil edileceğini duyuyoruz. Hermas'ın Kitabı şöyle der: "İsmi alın, canavara teslim olun, tek bir dünya hükümeti kurun ve İsmi almayanları öldürün. (Burada kastedilen isim İsa değildir)

KJV Vahiy 13:17: İşarete, canavarın adına ya da adının sayısına sahip olanlar dışında hiç kimse alıp satamazdı.

Ve eğer Vahiy Kitabı Kutsal Kitap'tan kaybolursa şaşırmayın. Vahiy Kitabı geçmişin, bugünün ve gelecek şeylerin kaydedildiği yerdir. Hermas'ın Çobanı, NIV İncil'inin temelini oluşturan Sinaiticus El Yazması'nda yer almaktadır.

Semboller:

Sembolün anlamı nedir ve bu sembolü kim kullanır:
Sembol, bazı bilgileri temsil eden belirli bir işaret gibi bir şeydir, örneğin; kırmızı bir sekizgen "DUR" için bir **sembol** olabilir. Bir harita üzerinde, bir çadır resmi bir kamp alanını temsil edebilir.

666 = 

Kehanet kitabı diyor ki:

İşte bilgelik. Aklı olan canavarın sayısını saysın; çünkü o bir adamın sayısıdır; ve onun sayısı Altı yüz üç virgül altıdır. (Vahiy 13:18)

Bu sembol veya iç içe geçmiş 666 logosu (antik üçleme sembolü) Teslis doktrinine inanan insanlar tarafından kullanılmaktadır.

Tanrı üçleme ya da üç farklı kişi değildir. Tek Tanrı Yehova beden almıştır ve şimdi O'nun Ruhu Kilise'de çalışmaktadır. Tanrı Bir'dir ve her zaman Bir olacaktır.

Ama Elçilerin İşleri 17:29 şöyle der: Tanrı'nın soyundan olduğumuza göre, Tanrı'yı altın, gümüş ya da insan eliyle yontulmuş taş gibi görmemeliyiz.

(Tanrı'yı temsil etmek üzere bir sembol yaratmak Tanrı Sözü'ne aykırıdır) Yeni Çağcılar, iç içe geçmiş üç altı ya da "666 "nın Canavar'ın işareti olduğunu kabul etmektedir.

Kutsal Kitap bizi Şeytan'ın sahte olduğu konusunda uyarır:

"Ve bunda şaşılacak bir şey yok; çünkü Şeytan'ın kendisi bir ışık meleğine dönüşmüştür. Bu yüzden onun hizmetkârlarının da doğruluk hizmetkârlarına dönüşmesi büyük bir şey değildir." (2. Korintliler 11:14-15)

Şeytan nihayetinde bir taklittir:

Bulutların doruğuna çıkacağım, En yücelerdeki gibi olacağım. (Yeşaya 14:14)

En Yüce Tanrı gibi olacağım. Şeytan'ın Tanrı Sözü'nü değiştirerek İsa Mesih'in kimliğini ortadan kaldırmaya çalıştığı açıktır. Unutmayın Şeytan kurnazdır ve saldırısı "Tanrı Sözü" üzerinedir.

Yeni Kral James Versiyonu:

Kutsal Kitap'ın NKJV adlı bu versiyonunu görelim. Yeni Kral James Versiyonu bir Kral James Versiyonu **değildir.** Kral James Versiyonu İncil, 1611 yılında 54 İbrani Yunan ve Latin İlahiyatçı Bilgin tarafından tercüme edilmiştir.

Yeni Kral James Versiyonu ilk olarak 1979 yılında yayınlanmıştır. Yeni KJV'yi inceleyerek, bu Versiyonun sadece en ölümcül değil, aynı zamanda Mesih'in bedeni için çok aldatıcı olduğunu göreceğiz.

Neden??????

NKJV yayıncısı şöyle der:

.... Bunun bir Kral James İncili olduğu doğru değildir. KJV'nin kopyalama hakkı yoktur; izin almadan herhangi bir dile çevirebilirsiniz. NKJV'nin Thomas Nelson Publishers'a ait bir kopya hakkı vardır.

.... Textus Receptus'a dayandığını ki bu da sadece kısmi bir gerçektir. Bu da başka bir ince saldırıdır. Bu Yeni KJV konusunda dikkatli olun. Nedenini bir dakika içinde öğreneceksiniz.

Yeni Kral James İncili, Kral James İncili olduğunu iddia etmektedir, sadece daha iyisi. "NKJV", birçok ayeti atlamış ve değiştirmiştir.

"Cehennem" yirmi iki kez "Hades" ve "Sheol" olarak değiştirilmiştir. Yeni çağ şeytani hareketi "Hades "in bir arınma durumu olduğunu söyler!

Yunan halkı "Hades" ve "Sheol "un ölülerin yeraltındaki meskeni olduğuna inanır.

Tövbe, Tanrı, Rab, cennet ve kan sözcüklerinde birçok silinti vardır. Yehova, şeytanlar, lanet ve Yeni Antlaşma sözcükleri NKJV'den çıkarılmıştır.

Kurtuluş Hakkında Yanlış Anlamalar:

KJV	**NKJV**
1. Korintliler 1:18	
"Kurtarıldı"	Kurtarılmak.
İbranice 10:14	
"Kutsallaştırıldılar"	Kutsallaştırılıyor.
II Korintliler 10:5	
"Hayalleri yıkmak"	Tartışmaları düşürmek.
Matta 7:14	
"Dar Yol" II	Zor bir yol
Korintliler 2:15	

"Kurtarıldı" Kurtarılmak

"Sodomlular" ifadesi "sapkın kişiler" olarak değiştirilmiştir. NKJV Deccal'in çarpıtılmış bir versiyonudur

Şeytan'ın en büyük saldırısı Tanrı olarak İsa'ya yöneliktir.

NIV: Yeşaya 14:12**, Sabah Yıldızı** olarak bilinen Rab İsa'ya karşı ince bir saldırıdır.

Nasıl da düştün gökten, ey sabah yıldızı, şafağın oğlu! Yeryüzüne indirildin, bir zamanlar ulusları alçaltan sen!

(NIV'in bu ayet için dipnotları vardır. *2. Petrus 1:19 "Peygamberlerin sözünü daha da kesinleştirdik; gün ağarıp sabah yıldızı yüreklerinizde doğuncaya dek, karanlık yerde parlayan bir ışık gibi ona dikkat etmeniz iyi olur."*

Sabah Yıldızı'nı ekleyerek ve Vahiy 2:28'de başka bir referans vererek okuyucuyu İsa'nın düşmüş olan Sabah Yıldızı olduğu konusunda yanlış yönlendirir).

Ama KJV Yeşaya 14:12 şöyle der: "Nasıl da düştün gökten, ey sabahın oğlu Lusifer! [Ulusları zayıflatan sen, nasıl yere indirildin!"

(NIV İncil'i Lucifer' inadını kaldırmış ve s"abahın oğlu" yerine S"**abah Yıldızı** n"ı koymuştur. Vahiyler kitabında İsa'dan S"abah Yıldızı" olarak bahsedilir.

Ben İsa, kiliselerde size bu konularda tanıklık etmesi için meleğimi gönderdim. Ben Davut'un kökü ve soyuyum, parlak ve sabah yıldızıyım (KJV 22:16).

Bu nedenle, Yeşaya 14:12'nin NIV versiyonu, İsa'nın gökten düştüğünü ve ulusları alçalttığını söyleyerek İncil'deki anlamı yanlış yorumlamaktadır). KJV İncil'i İsa'nın Parlak ve Sabah Yıldızı olduğunu söyler.

"Ben İsa, kiliselerde size bunları bildirmesi için meleğimi gönderdim. Ben Davut'un kökü ve soyuyum, ***parlak ve Sabah yıldızıyım****."*
(Vahiy 22:16 KJV)

KJV:

Ayrıca daha kesin bir peygamberlik sözümüz var; gün ağarıncaya ve yüreklerinizde gündüz yıldızı doğuncaya kadar karanlık bir yerde parlayan bir ışık gibi dikkat etmeniz iyi olur:
(KJV 2 Petrus 1:19)

Onları demir bir değnekle yönetecek, Çömlekçinin kapları gibi kırılacaklar, Ben Babamdan aldığım gibi. Ve ona ***sabah yıldızını*** *vereceğim. (KJV Rev. 2:27-28)*

Günümüz çevirileri İsa, Mesih ya da Mesih yerine 'o' ya da 'o' kelimelerini kullanarak ve İsa'yla ilgili birçok kelime ve ayeti çıkararak tüm dinlere uyum sağlamaktadır. Bu çeviriler Rab İsa'nın Yaratıcı, Kurtarıcı ya da Beden Almış Tanrı olmadığını kanıtlamakta, O'nu sadece bir efsane haline getirmektedir.

Bu dinden dönmüş adamlar, kendi isteklerine daha uygun bir Kutsal Kitap taslağı hazırladılar. İsa Mesih'in tanrılığına ve İncil'deki diğer doktrinlere saldırdılar. Tek bir dünya dinini doğuracak Yeni Çağ İncil'inin yolu açılmış oldu. Tüm kiliselerin ve tüm dinlerin bir araya gelmesi "Tek Dünya Dini "ni getirecektir.

Şimdi Şeytan'ın ne kadar sinsi ve kurnaz bir plan tasarladığını anlıyorsunuz. Tanrı Sözü'nü değiştirmeye bile cüret etti. Şeytan insanların kafasını karıştırmak için aldatıcı bir plan geliştirdi!

Şeytan'ın ne dediğini hatırlayın:

Bulutların doruğuna çıkacağım, En yücelerdeki gibi olacağım. (Yeşaya 14:14)

D.

KJV Modern İncil'e Karşı: Eklenen veya Çıkarılan Değişiklikler.

NIV ÇEVIRISI:

Westcott & Hort'un Yunanca metni Sinaiticus ve Vaticanus el yazmalarından gelmektedir. İlk kilise, Kutsal Kitap'ın gerçeklerini atlayarak ve değiştirerek Tanrı Sözü'ne karşı ince bir saldırı olduğunu düşünmüştür. Sinaiticus (Aleph) ve Vaticanus (Codex-B) ilk kilise tarafından reddedilmiş ve sahte öğretmenler tarafından takdir edilmiştir. NIV İncil'inin kaynağı, NIV dip notlarında bulacağınız Westcott & Hort'un bozulmuş versiyonlarına dayanmaktadır. Westcott & Hort'un bu Yunanca metninin nasıl ve nereden kaynaklandığını kapsamlı bir araştırma yapmadan bilmemizin hiçbir yolu yoktur. Westcott ve Hort'tan verilen referansları gördüğümüzde, genellikle sorgulamadan inanırız, çünkü bunlar bir Kutsal Kitap'ta basılmıştır.

NIV Kutsal Kitap beğenilmektedir, çünkü insanlar eski İngilizcenin günümüz kelimeleriyle değiştirildiği için daha kolay anlaşıldığına inanmaktadır. Aslında KJV Kutsal Kitabı her yaştan insanın anlayabileceği en kolay dile sahiptir. KJV'nin sözcük dağarcığı NIV'nin sözcük dağarcığından daha basittir. Sadece sen, senin, sana ve senin gibi sözcükleri değiştirerek, insanlar okumanın daha kolay olduğunu düşünürler. Bildiğiniz gibi, Tanrı Sözü sadece Tanrı tarafından yazılmış olan Kutsal Ruh tarafından açıklanır. Tanrı'nın Ruhu, O'nun anlayışını kavramamıza yardımcı olan KJV'dedir. Tanrı'nı nSözü'nde değişikliğe ihtiyaç yoktur; ancak gerçek Söz'ün bizim düşüncelerimizi değiştirmesi gerekir.

Pek çok kilise artık KJV yerine NIV versiyonunu kabul etmektedir. Zaman içinde küçük değişiklikler yapmak düşüncelerimizi şartlandırır ve bu da beyin yıkamanın ince bir yolu haline gelir. NIV İncil'inin kendi versiyonunda yaptığı değişiklikler, Müjde'yi incelikle sulandırmaktadır. Bu değişiklikler çoğunlukla Rab İsa Mesih'in Rabliğine karşıdır. Bu başarıldığında, birçok din NIV İncilini kabul etmeyi daha kolay bulmaktadır, çünkü bu onların doktrinlerini desteklemektedir. Bu da Vahiy'de sözü edilen tek dünya dininin hedefi olan "dinlerarasılık" haline gelir.

KJV, genellikle Textus Receptus el yazmaları olarak adlandırılan Bizans el yazmaları ailesini temel almıştır. NKJV (Yeni Kral James Versiyonu) en kötü çeviridir. KJV'den 1200 kez farklıdır. Yeni Kral James Versiyonu kesinlikle Kral James Versiyonu ile aynı değildir. MKJV de KJV değildir. Kutsal Kitap çevirilerinin çoğu başka bir versiyon değil, bir saptırmadır ve gerçeklerden saptırılmıştır.

Aşağıdaki ayetler **NIV** ve **diğer modern çevirilerde** yer almamaktadır. Aşağıda NIV'deki "eksikliklerin" bir listesi bulunmaktadır.

Yeşaya 14:12

KJV: Isa.14:12: Gökten nasıl düştün, ***ey sabahın oğlu Lusifer****!*
Ulusları zayıflatan sen nasıl yere indirildin!

NIV Yeş.14:12 Nasıl da düştün gökten, ey ***sabah yıldızı****, şafağın oğlu!*
Yeryüzüne indirildin, bir zamanlar ulusları alçaltan sen!

(NIV İncil'i Lucifer'i çıkarmış ve s"abah yıldızının oğlu" yerine S"abah yıldızı "nı koymuştur. Bu sizi, "SABAH YILDIZI" olan "İSA "nın gökten düştüğüne inanmanız için yanıltmaktadır.

Ben İsa, kiliselerde size bu konularda tanıklık etmesi için meleğimi gönderdim. Ben Davut'un kökü ve soyuyum. ***sabah yıldızı****.*
(KJV Vahiy 22: 16)

(İsa sabah yıldızıdır)

Yeşaya 14:12 (NIV), çok kafa karıştırıcı bir ayettir. İnsanlar İsa'nın gökten düştüğünü ve kesildiğini düşünürler.

NIV Lucifer'i (Şeytan) İsa Mesih'le eşit tutmaktadır; bu en büyük küfürdür. Bu yüzden bazı insanlar İsa Mesih'i Şeytan'la eşit gördükleri için ona inanmazlar.

Daniel 3:25

KJV: Dan.3: 25 Cevap verdi ve dedi ki, Lo, dört adamın serbest kaldığını görüyorum, ateşin ortasında yürüyorlar ve incinmiyorlar; ve dördüncünün şekli ***Tanrı'nın Oğlu*** *gibidir.*

NIV: Dan. 3:25 "Bak!" dedi, "Ateşin içinde dolaşan dört adam görüyorum, bağsız ve zarar görmemişler, dördüncüsü ***de ilahların oğluna*** *benziyor."*

(Tanrı'nın Oğlu**'nun Tanrıların Oğlu** olarak değiştirilmesi çoktanrıcılık inancına uyum sağlayacak ve bu da diğer dinleri destekleyecektir).

Matta 5:22

KJV Mt.5:22 Ama ben size diyorum ki, kim ***kardeşine nedensiz yere kızarsa****, yargıdan kurtulacak; kim kardeşine, "Raca" derse, konseyden kurtulacak; ama kim kardeşine, "Seni budala" derse, cehennem ateşinden kurtulacak.*

*NIV Mt.5:22 Ama size şunu söyleyeyim, kardeşine **öfkelenen** herkes yargılanacaktır. Yine kardeşine, 'Raca' diyen herkes **Sanhedrin**'e **hesap verecektir**. Ama "Seni aptal!" diyen herkes cehennem ateşi tehlikesiyle karşı karşıya kalacaktır.*

(KJV İncil'i **sebepsiz kızgınlık** diyor NIV sadece kızgınlık diyor. Sözün gerçeği şudur ki, eğer bir neden varsa **öfkelenebiliriz**, ama bunun üzerine güneşin batmasına izin vermeyeceğiz).

Matta 5:44

*KJV Mt.5:44 Ama ben **size** diyorum ki, düşmanlarınızı sevin, size **lanet edenleri** kutsayın, sizden nefret edenlere iyilik yapın, sizi **hor gören** ve size zulmedenler **için** dua edin;*

NIV Mt.5:44 Ama ben size diyorum ki, düşmanlarınızı sevin ve size zulmedenler için dua edin,

(KJV'de vurgulananlar NIV İncil'den çıkarılmıştır)

Matta 6:13

*KJV Mt. 6:13 Bizi ayartmaya kalkışma, bizi kötülükten koru: **Çünkü krallık, güç ve yücelik sonsuza dek senindir. Amin**.*

*NIV Mt. 6:13 Bizi ayartıya sürükleme, bizi kötülükten koru. **Şeytani** olan.*

(Kötü olan kötü değildir. ***Çünkü krallık, güç ve yücelik sonsuza dek senindir. Amin***: NIV'den çıkarılmıştır)

Matta 6:33

*KJV Mt 6:33 Ama önce **Tanrı'nın Egemenliğini** ve O'nun doğruluğunu arayın; bütün bunlar size eklenecektir.*

*NIV Mt 6:33 Ama önce O'**nun** Egemenliğini ve doğruluğunu arayın, bütün bunlar size de verilecektir.*

(**Tanrı'nın krallığının** yerini "onun" krallığı almıştır... NIV Tanrı'nın yerine "onun" demiştir. "Onun" kim?)

Matta 8:29

*KJV Mt.8:29 Ve, işte, diye bağırdılar, Seninle ne işimiz var, **İsa,** sen Tanrı'nın Oğlu? Zamanından önce bize işkence etmek için mi geldin? (Belirli)*

*NIV Mt.8:29 "**Tanrı'nın Oğlu**, bizden ne istiyorsun?" diye bağırdılar. "Buraya belirlenen zamandan önce bize işkence etmeye mi geldiniz?"*

(**İsa,** NIV İncil'inden çıkarılmış ve sadece Tanrı'nın Oğlu kalmıştır... *İsa,* Tanrı'nın Oğlu'dur. Tanrı'nın Oğlu, Yüce Tanrı'nın bedene girmesi anlamına gelir).

Matta 9:13b

*KJV Mt.9:13b Çünkü ben doğruları değil, günahkârları **tövbeye** çağırmaya geldim.*

NIV Mt.9:13b Çünkü ben doğruları değil, günahkârları çağırmaya geldim.

(**Tövbe etmek** dışarıda. Tövbe ilk adımdır; hatalı olduğunuzu fark ve itiraf ederek günahtan ve günahkâr bir yaşam tarzından dönersiniz).

Matta 9:18

*KJV: Mt 9:18 Onlara bunları söylerken, işte, belirli bir yönetici geldi ve **ona taptı**, "Kızım şimdi bile öldü: ama gel ve elini onun üzerine koy, o da yaşayacak" dedi.*

(İsa'ya tapındı)

NIV Mt.9:18 O bunları söylerken bir yönetici gelip ***önünde diz çöktü*** *ve" ,Kızım az önce öldü. Ama gel, elini onun üzerine koy, o zaman yaşar" dedi.*

(İbadet **diz çökmek** olarak **değiştirilir.** İbadet İsa'yı Tanrı yapar.)

Matta 13:51

KJV Matta 13:51 İsa onlara, "Bütün bunları anladınız mı?" diye sordu. Onlar da, ***"Evet, Rab"*** *dediler.*

NIV Matta 13:51 "Bütün bunları anladın mı?" İsa sordu.

(İSA RAB'DIR. NIV **Yea Lord**'u çıkarmıştır; İsa Mesih' inRabliğini dışarıda bırakarak)

Matta 16:20

KJV Mt 16:20 Sonra öğrencilerini, kendisinin Mesih ***İsa*** *olduğunu kimseye söylememeleri için görevlendirdi.*

("İSA" ismi NIV İncil'inin bazı ayetlerinden çıkarılmıştır).

NIV Matta 16:20 Sonra öğrencilerini, kendisinin Mesih olduğunu kimseye söylememeleri konusunda uyardı.

("O" kimdir? Neden İsa, Mesih değil? "Mesih" Mesih, bu dünyanın Kurtarıcısı anlamına gelir: Yuhanna 4:42.)

Matta 17:21

KJV: Mt 17:21: Ama bu tür dua ve oruç dışında dışarı çıkmaz.

(Dua etmek ve oruç tutmak Şeytan'ın güçlü kalesini yıkacaktır. Oruç bedenimizi öldürür).

NIV bu ayeti tamamen çıkarmıştır. Yehova'nı nŞahidi "Kutsal Kitap "tan da silinmiştir. Şimdiki zamanda oruç Daniels diyeti olarak değiştirilmiştir. Bu da başka bir yalandır. (Oruç, yemek yememek ve su içmemektir. Yemek oruç değildir ve oruç yemek ya da içmek değildir)

KJV Kutsal Kitabında Oruçla İlgili Birkaç Örnek

Ester 4:16 KJV:

*Git, Şuşan'da bulunan bütün Yahudileri topla, benim için **oruç tut, üç** gün gece gündüz ne bir şey **ye, ne de iç:** Ben ve kızlarım da aynı şekilde **oruç tut**acağız; ben de kralın yanına gideceğim, ki bu yasaya uygun değildir; ve eğer yok olursam, yok olurum.*

*Yunus 3:5, 7 KJV Böylece Ninova halkı Tanrı'ya inandı, **oruç ilan etti** ve en büyüğünden en küçüğüne kadar çul giydi. Kralın ve soylularının buyruğuyla Ninova'da ilan edilip duyurulmasını **sağladı:** "Ne insan ne hayvan, ne sürü ne sürü, **hiçbir şey tatmasınlar; yem yemesinler, su içmesinler**.*

Matta 18:11

*KJV Matta 18:11: **Çünkü İnsanoğlu kaybolmuş olanı kurtarmak için geldi**.*

(Bu ayet NIV'den ve Kutsal Kitap'ın diğer birçok versiyonundan çıkarılmıştır. İsa tek Kurtarıcı değildir. Mason kendimizi kurtarabileceğimizi ve İsa'ya ihtiyacımız olmadığını öğretir).

Matta 19:9

*KJV: Mt 19:9: Size derim ki, zina suçu dışında karısını bırakıp başkasıyla evlenen zina etmiş olur; bıraktığı karısıyla **evlenen de zina** etmiş olur.*

NIV: Matta 19:9 Size şunu söyleyeyim, evlilikte sadakatsizlik dışında karısını boşayıp başka bir kadınla evlenen herkes zina etmiş olur."

("kim böyle bir kadınla evlenirse zina etmiş olur;" ifadesi çıkarılmıştır)

Matta 19:16,17

*KJV Matta 19:16 Biri gelip O'na, "**Efendimiz**, sonsuz yaşama kavuşmak için ne yapmalıyım?" diye sordu.*

17 O da ona, "Bana neden iyi diyorsun?" dedi. Bir kişiden, yani Tanrı'dan başka iyi yoktur; ama yaşama girmek istiyorsan, buyrukları yerine getir.

NIV Matta 19:16 Adamın biri İsa'ya gelip, Ö"*ğretmen, sonsuz yaşama kavuşmak için hangi iyi şeyi yapmalıyım?" diye sordu.*

17 "Neden bana neyin iyi olduğunu soruyorsun?" İsa yanıtladı. "İyi olan tek bir kişi vardır. Yaşama girmek istiyorsan, buyrukları yerine getir.

(İsa, B"ana neden iyi diyorsunuz?" dedi. Sadece Tanrı iyidir ve eğer İsa iyiyse o zaman Tanrı olmalıdır. İyi Efendi, NIV'de Ö"ğretmen" olarak değiştirilmiş ve anlam kaybolmuştur. Ayrıca bazı dinler kendi kendini kurtarma inancını destekler).

Matta 20:16

*KJV Mt 20:16: Böylece sonuncu ilk, ilk sonuncu **olacak; çünkü çok kişi çağrılır, ama az kişi seçilir.***

(Ne seçtiğimiz önemlidir. Doğru seçim yapmazsanız kaybolabilirsiniz)

NIV VE RSV

NIV Mt. 20:16:" Böylece sonuncu ilk olacak ve ilk sonuncu olacak."

(seçmeyi umursamayın)

Matta 20:20

*KJV Matta 20:20: O zaman Zebedilerin annesi oğullarıyla birlikte ona geldi, **ona tapındı** ve ondan belirli bir şey istedi.*

*NIV Matta 20:20: Zebedi'nin oğullarının annesi oğullarıyla birlikte İsa'nın yanına geldi ve **diz çökerek** O'ndan bir iyilik istedi.*

(**Tapınma ya da diz çökme**...? İsa Mesih'in Rabliğini dışarıda bırakan Yahudiler yalnızca Tek Tanrı'ya taparlar)

Matta 20:22, 23

*KJV Matta 20:22, 23: İsa, "Siz ne istediğinizi bilmiyorsunuz" diye karşılık verdi. Benim içeceğim **kâseden** içmeye ve **benim vaftiz olduğum vaftizle vaftiz** olmaya gücünüz yeter mi? Ona şöyle dediler, yapabiliyoruz.*

*Onlara, "Benim kâsemden içeceksiniz ve benim vaftiz edildiğim **vaftizle v**aftiz edileceksiniz" dedi, "Ama sağımda ya da solumda oturmak bana ait değil, Babam'ın kendileri için hazırladığı kişilere verilecektir.*

(Benim yaşadığım acıları siz yaşayabilir misiniz?)

NIV Matta 20:22, 23: İsa onlara, N"*e istediğinizi bilmiyorsunuz" dedi. "Benim içeceğim kâseyi siz içebilir misiniz?" "İçebiliriz" diye yanıtladılar. İsa onlara şöyle dedi:* B"*enim kâsemden içeceksiniz, ama sağımda ya da solumda oturmak bana düşmez. Bu yerler Babam tarafından kendileri için hazırlanmış olanlara aittir."*

(KJV'de vurgulanan ve altı çizilen tüm ifadeler NIV'den çıkarılmıştır)

Matta 21:44

*KJV Matta 21:44: Bu taş kimin üzerine düşerse kırılacak, ama kimin üzerine düşerse **onu öğütüp toz haline getirecek**.*

*NIV Mt 21:44: "Bu taşın üzerine düşen **parçalanacak**, ama taş kimin üzerine düşerse o ezilecek."*

(Toz haline getirme kaldırıldı)

Matta 23:10

*KJV Matta 23:10: Size **efendi** de denmez; çünkü sizin **efendiniz** tektir, **Mesih** bile.*

NIV Matta 23:10: Size 'öğretmen' de denmeyecek, çünkü sizin tek bir Öğretmeniniz var, o da Mesih'tir.

(İsa'nın başka bir mistik olması için Tanrı'yı mistiklerin seviyesine indirmeniz gerekir. Gerçek şu ki, Mesih herkesi tatmin eder).

Matta 23:14

KJV: Mt 23:14: Yazıklar olsun size, din bilginleri ve Ferisiler, ikiyüzlüler! Çünkü dul kadınları n*evlerini yakıp yıkıyorsunuz, gösteriş için uzun uzun dua ediyorsunuz; bu yüzden daha büyük lanet alacaksınız.*

(NIV, New L T, English Standard Version New American Standard Bible ve New world çevirilerinde bu ayet silinmiştir. İncil'inizde kendiniz kontrol edin).

Matta 24:36

KJV: Mt 24:36: Ama o günü ve saati hiç kimse bilmez, hayır, gökteki melekler değil, yalnızca Babam bilir.

*NIV: Mt.24:36: "O günü ya da saati ne gökteki melekler, **ne Oğul**, yalnızca Baba bilir.*

("ne de oğul" ifadesi NIV İncil'inde eklenmiştir. Yuhanna 10:30 **Ben ve Babam biriz**. Yani İsa kendi geleceği zamanı bilir. Bu, İsa'nın Tanrı katında olmadığını gösterir. Ama o günlerde, o sıkıntıdan sonra güneş kararacak, ay ışık vermeyecek, Markos 13:24. Zamanı söylemek zor olacak).

Matta 25:13

KJV: Mt 25:13 Bu nedenle dikkat edin, çünkü ***İnsanoğlu'nun geleceği*** *günü de saati de bilmiyorsunuz.*

NIV: Mt 25:13 "Bu nedenle nöbet tutun, çünkü günü de saati de bilmiyorsunuz."

("**İnsanoğlu'nun geldiği yer**." Kimin geri geleceğini dışarıda bırakarak? Ne saati?)

Matta 25:31

KJV: Mt 25:31İnsanoğlu görkemiyle ve onunla birlikte bütün ***kutsal meleklerle*** *geldiğinde, görkeminin tahtına oturacaktır.*

NIV: Mt.25:31 "İnsanoğlu görkemiyle ve bütün ***meleklerle*** *birlikte gelince, göksel görkem içinde tahtına oturacak."*

(KJV tüm "kutsal" melekler der. NIV ise sadece "melekler" der. Bu, düşmüş ya da kutsal olmayan meleklerin İsa'yla birlikte geleceğini ima eder. Öyle değil mi? İyi ya da kötü ne yaptığınızın önemli olmadığına, yine de cennete gideceğinize dair bir sapkınlık ortalıkta dolaşıyor. İsa'ya hiç inanmamış olan ölmüş sevdiklerimizin ruhlarının geri gelip sevdiklerine cennette iyi olduklarını ve cennete girmek için hiçbir şey yapmanıza gerek olmadığını söylemeleri beklenir. Bu şeytanın bir doktrinidir).

Matta 27:35

*KJV MT 27:35: Onu çarmıha gerdiler, giysilerini bölüp kura çektiler**: Peygamberin, "Giysilerimi aralarında bölüştürdüler" sözü yerine gelsin diye, giysilerim üzerine kura çektiler.***

NIV MT 27:35: O'nu çarmıha gerdikten sonra giysilerini kurayla paylaştırdılar.

("Peygamberin söylediği yerine gelsin diye, giysilerimi aralarında paylaştılar ve giysimin üzerine kura attılar." Tamamen NIV İncil'inden alınmıştır)

Markos 1:14

*KJV MARKOS 1:14: Yahya'nın hapse atılmasından sonra İsa, **Tanrı'nın Egemenliği'yle ilgili Müjde'yi duyurarak** Celile'ye geldi.*

*NIV MARKOS 1:14: Yahya'nın hapse atılmasından sonra İsa**, Tanrı'nın müjdesini duyurmak** üzere Celile'ye gitti.*

(Tanrı'nın Krallığı Müjdesi NIV'den çıkarılmıştır)

Markos 2:17

*KJV Markos 2:17: İsa bunu duyunca onlara, "Sağlam olanların hekime ihtiyacı yoktur, ama hasta olanların vardır" dedi: Ben doğruları değil, günahkârları **tövbeye** çağırmaya geldim.*

NIV Markos 2:17: İsa bunu duyunca onlara, D"*oktora ihtiyacı olan sağlıklılar değil, hastalardır" dedi. Ben doğru kişileri değil, günahkârları çağırmaya geldim."*

(Sorun olmadığına inandığınız sürece, her şeyi yapabilirsiniz ve sorun olmaz. Kutsal kitabı biraz değiştirerek Günah hoş karşılanır).

Markos 5:6

KJV Markos 5:6: Ama İsa'yı uzaktan görünce koşup ***O'na tapındı,***

(İsa'nın Rab Tanrı olduğunu kabul eder.)

NIV Markos 5:6: İsa'yı uzaktan görünce ***koşup önünde diz çöktü.***

(Bir insan olarak saygı gösterir ama onu Rab Tanrı olarak tanımaz).

Markos 6:11

KJV: Markos 6:11 "Oradan ayrıldığınızda sizi kabul etmeyen, sizi dinlemeyen kim olursa olsun, onlara karşı bir tanıklık için ayaklarınızın altındaki tozu silkeleyin. ***Size doğrusunu söyleyeyim, yargı gününde Sodom ve Gomora'nın başına gelecekler, bu kentin başına geleceklerden daha ağır olacaktır****.*

NIV Markos 6:11 "Eğer bir yer sizi kabul etmez ya da dinlemezse, onlara karşı bir tanıklık olsun diye oradan ayrılırken ayaklarınızın tozunu silkeleyin."

(NIV, "Size doğrusunu söyleyeyim, yargı gününde Sodom ve Gomora'nın durumu bu kentin durumundan daha iyi olacak" ifadesini çıkarmıştır. Yargıya inanmadıkları için yargı kaldırılmıştır ve hangi seçimi yaptığınız önemli değildir. Tüm yanlış sözler ve eylemler arafta ya da reenkarnasyonda düzeltilecektir).

Markos 7:16

KJV Markos 7:16: Eğer işitecek kulağı olan varsa, işitsin.

(NIV, Yehova'nı nŞahitleri İncili ve modern çeviriler bu ayeti çıkarmıştır. VAY CANINA!)

Markos 9:24

*KJV Markos 9:24: Çocuğun babası hemen feryat etti ve gözyaşları içinde, "**Rab**, iman ettim; imansızlığıma yardım et" dedi.*

NIV Markos 9:24: Çocuğun babası hemen, "İman ettim, imansızlığımı yenmeme yardım et!" diye haykırdı.

(Rab NIV'de eksiktir. İsa Mesih' inRabliği atlanmıştır)

Markos 9:29

*KJV Markos 9:29: Onlara, "Böyle bir şey ancak dua ve **oruçla** gerçekleşir" dedi.*

NIV Markos 9:29: "Bu tür şeyler ancak dua ederek ortaya çıkabilir" diye karşılık verdi.

(**Oruç** kaldırılır. Oruç tutarak Şeytan'ın güçlü tutamaklarını yıkarız. Kutsal Kitap'a uygun oruç ve duayla Tanrı'nın yüzünü aramak özel meshi ve gücü getirir).

Markos 9:44

KJV Markos 9:44: Solucanlarının ölmediği, ateşin sönmediği yer.

(Kutsal Yazılar NIV, modern geçiş ve Yehova'nı nŞahitleri İncil'inden çıkarılmıştır. Onlar cehennemde cezalandırılmaya inanmazlar).

Markos 9:46

KJV: Markos 9:46: Solucanlarının ölmediği ve ateşin sönmediği yer.

(Kutsal Yazılar NIV'den, modern çeviriden ve Yehova'nı nŞahidi Kutsal Kitabı'ndan çıkarılmıştır. Yine, onlar yargıya inanmazlar).

Markos 10:21

KJV Markos 10:21: İsa onu görünce sevdi ve ona, "Bir eksiğin var" dedi, "Git, nen varsa sat, yoksullara ver, gökte hazinen olsun." "Gel, ***çarmıhı*** *yüklen, beni izle.*

(Hıristiyan'ın taşıması gereken bir çarmıhı vardır. Hayatınızda bir değişiklik olur).

NIV Markos 10:21: İsa ona baktı ve onu sevdi. "Tek bir eksiğin var" dedi. "Git, sahip olduğun her şeyi satıp yoksullara ver, böylece gökte hazinen olur. Sonra gel, beni izle."

(NIV, "çarmıhı yüklenin" ifadesini çıkarmıştır. Gerçek için acı çekmeye gerek yoktur. Nasıl yaşamak istiyorsanız öyle yaşayın. Çarmıh Hıristiyan yürüyüşü için çok önemlidir).

Markos 10:24

KJV Markos 10:24: Öğrenciler onun bu sözleri karşısında şaşkına döndüler. Ama İsa onlara yine şöyle karşılık verdi: "Çocuklar, ***zenginliğe güvenenlerin*** *Tanrı'nın Egemenliği'ne girmesi ne kadar zordur!*

NIV Markos 10:24: Öğrenciler İsa'nın sözlerine şaştılar. Ama İsa yine, Ç"ocuklar, Tanrı'nın Egemenliği'ne girmek ne kadar zordur!" dedi.

("**zenginliğe güvenen**" ifadesi kaldırılmıştır; sadaka istedikleri için NIV İncil'inde bu kelimelere gerek yoktur. Bu da Tanrı'nın Egemenliği'ne girmenin zor olduğunu hissettirir ve cesaretinizi kırar).

Markos 11:10

KJV Markos 11:10: ***Rab'bin adıyla gelen*** *babamız Davut'un krallığı kutlu olsun: En yücelerde hosanna.*

NIV Markos 11:10: "Babamız Davut'un ***gelecek olan krallığı*** *kutludur!" "En yücelerde Hosanna!"*

(NIV: "Rab'bin adıyla gelen" ifadesi çıkarılmıştır)

Markos 11:26

KJV: Markos 11:26 Ama siz bağışlamazsanız, göklerdeki Babanız da suçlarınızı bağışlamayacaktır.

(Bu Kutsal Yazı NIV, Yehova'nı nŞahitleri Kutsal Kitabı (Yeni Dünya Çevirisi olarak adlandırılır) ve diğer birçok modern çeviriden tamamen çıkarılmıştır. Eğer bağışlanmak istiyorsanız, bağışlamak çok önemlidir).

Markos 13:14

KJV Markos 13:14: Ama ***Daniel peygamberin sözünü*** *ettiği ıssızlık iğrençliğinin olmaması gereken yerde durduğunu gördüğünüzde, (okuyanlar anlasın) Yahudiye'de yaşayanlar dağlara kaçsın:*

NIV Markos 13:14: "Ait olmadığı yerde duran 'ıssızlığa neden olan iğrenç şeyi' gördüğünüzde -okuyucu anlasın- Yahudiye'de olanlar dağlara kaçsın.

(Daniel Kitabı'yla ilgili bilgiler NIV'den çıkarılmıştır. Daniel ve Vahiy kitaplarında son zamanları inceliyoruz. NE MUTLU BU KITABIN SÖZLERINI OKUYANLARA! Ne mutlu okuyanlara, bu **peygamberlik** sözlerini işitenlere ve burada yazılı olanları yerine getirenlere; çünkü zaman yakındır. (Vahiy 1:3) Daniel'in adını kaldırarak, kafanızın karışmasına neden olur)

Markos 15:28

KJV: Markos 15:28: Ve kutsal yazı yerine getirildi, o da günah işleyenlerle birlikte sayıldı.

(NIV, Yehova'nı nŞahitleri İncili ve modern çevirilerden çıkarılmıştır)

Luka 2:14

*KJV: Luka 2:14 En yücelerde Tanrı'ya yücelik olsun, yeryüzünde barış, **insanlara karşı iyi niyet olsun.***

NIV Luka 2:14: "En yücelerde Tanrı'ya yücelik olsun, yeryüzünde O'nun lütfunun üzerinde olduğu insanlara esenlik olsun."

(İnce bir değişiklik. İ"nsanlara karşı iyi niyet" yerine; NIV İncil'i sadece Tanrı'nın kayırdığı belirli insanlar için barış diyor. Bu da Tanrı'nı nilkesine aykırıdır).

Luka 2:33

*KJV Luka 2:33: Ve **Yusuf** ve annesi*

NIV Luka 2:33: Çocuğun annesiyle babası.

(**Joseph** çıkarıldı)

Luka 4:4

*KJV Luka 4:4 İsa ona, "İnsan yalnız ekmekle değil, **Tanrı'nın her sözüyle** yaşar" diye yazılmıştır, diye karşılık verdi.*

NIV Luka 4:4 İsa şöyle yanıtladı: Y"*azılmıştır: 'İnsan yalnız ekmekle yaşamaz' diye yazılmıştır.*

Yaratılış 3'te Şeytan'ın saldırısı **TANRI SÖZÜ**'ne yöneliktir: Şeytan TANRI SÖZÜ'ne saldırmıştır. İnce bir saldırısı vardır A"**ma Tanrı'nın her sözüyle**" NIV'den çıkarılmıştır

NIV ve Kutsal Kitap'ın modern çevirileri Tanrı Sözü'nü umursamamaktadır. İfadeleri kendi doktrinlerine uyacak şekilde, ne söylemesi gerektiğini düşündüklerine dair tarafgirliklerine göre değiştirirler. Tanrı'nın sözü canlıdır ve kişinin kendisine mahkûmiyet getirir. Tanrı sizi günaha mahkûm ettiğinde, bu tövbe getirir. Eğer Tanrı'nın sözü değiştirilmişse, gerçek mahkumiyet getiremez; bu nedenle tövbe aranmayacaktır. NIV bunu yaparak, doğru olmadığını bildiğimiz tüm dinlerin iyi olduğunu belirtir.

Luka 4:8

KJV Luka 4:8 İsa ona, ***"Arkama geç, Şeytan"*** *diye karşılık verdi, "Tanrın Rab'be tapacaksın, yalnız O'na kulluk edeceksin" diye yazılmıştır.*

(İsa Şeytan'ı azarladı. Siz ve ben de İsa'nın adıyla Şeytan'ı azarlayabiliriz).

NIV Luka 4:8 İsa şöyle yanıtladı: Y"*azılmıştır: 'Tanrınız Rab'be tapın ve yalnız O'na kulluk edin.*

("**Arkama geç, Şeytan**" ifadesi NIV'den alınmıştır).

Luka 4:18

KJV Luka 4:18: Rab'bin Ruhu üzerimdedir, çünkü beni yoksullara Müjde'yi duyurmakla görevlendirdi; ***yüreği kırıklara şifa*** *vermem, tutsaklara kurtuluş, körlere görme yeteneği kazandırmam, ezilmiş olanları özgürlüğe kavuşturmam için beni gönderdi,*

NIV Luka 4:18 "Rab'bin Ruhu üzerimdedir, çünkü yoksullara müjdeyi duyurmam için beni meshetti. Beni tutsaklara özgürlük, körlere gözlerinin açılacağını müjdelemem, ezilenleri serbest bırakmam için gönderdi."

("**kalbi kırık olanları iyileştirmek**" ifadesi NIV'den çıkarılmıştır: Bu bozuk versiyonu kullanan kişiler genellikle kaygılı, duygusal açıdan dengesiz ve depresiftir. Tanrı Sözü'nü değiştirmek Söz'ün gücünü ortadan kaldırır. Gerçek sizi özgür kılacaktır, bu yüzden modern İncil'den gerçeği çıkardılar).

Luka 4:41

*KJV Luka 4:41: Birçoklarının içinden çıkan cinler, "**Sen Tanrı'nın Oğlu Mesih'sin**" diye bağırdılar. O da onları azarlayarak konuşmalarına izin vermedi, çünkü onun Mesih olduğunu biliyorlardı.*

(İnsanlar S"en Tanrı'nın Oğlu Mesih'sin" diye itiraf ederler mi? O'nun Ruhu tarafından açıklanmadıkça hayır).

*NIV Luka 4:41: Birçok kişinin içinden çıkan cinler, "**Sen Tanrı'nın Oğlu**'sun!" diye bağırdılar. Ama İsa onları azarladı ve konuşmalarına izin vermedi, çünkü kendisinin Mesih olduğunu biliyorlardı.*

(**"Mesih** "i kaldırarak, iblis Mesih'i Tanrı'nın Oğlu olarak itiraf etmemiştir. Şeytan insanların İsa'yı Yehova'nın Kurtarıcısı olarak kabul etmelerini istemez, bu yüzden Tanrı Sözü'nü daha derin bir niyetle değiştirir. İblis İsa'nın beden almış Tanrı olduğunu biliyordu).

Luka 8:48

*KJV Luka 8:48: Adam kadına, "Kızım, **rahat ol**" dedi, "İmanın seni bütün kıldı; esenlikle git.*

NIV Luka 8:48: Sonra ona, "Kızım, imanın seni iyileştirdi" dedi. Esenlik içinde git."

("Be of good comfort," NIV'den çıkarılmıştır. Yani rahatlık ortadan kalkmıştır, NIV İncil'ini okuyarak rahatlayamazsınız)

Luka 9:55

*KJV Luka 9:55: Ama dönüp onları azarladı ve, **"Nasıl bir ruha sahip olduğunuzu bilmiyorsunuz"** dedi.*

NIV Luka 9:55: Ama İsa dönüp onları azarladı.

(NIV şu sözleri çıkarmıştır: "**Nasıl bir ruha sahip olduğunuzu bilmiyorsunuz**.")

Luka 9:56

*KJV: Luka 9:56: Çünkü **İnsanoğlu insanların canını yok etmeye değil, onları kurtarmaya geldi**. Ve başka bir köye gittiler.*

NIV Luka 9:56 ve başka bir köye gittiler.

(NIV ÇIKARILMIŞTIR: **İnsanoğlu** insanları n**yaşamlarını yok etmek için değil, onları kurtarmak için geldi**. İsa'nın geliş nedeni kutsal kitabın bu bölümünün çıkarılmasıyla yok edilmiştir).

Luka 11:2-4

*KJV Luka 11:2-4: Onlara, **"Dua ederken, 'Göklerdeki Babamız' deyin"** dedi, "Adın kutsal kılınsın. Egemenliğin gelsin. **Gökte olduğu gibi, yerde de senin istediğin olsun**. Bize her gün günlük ekmeğimizi ver. Ve günahlarımızı bağışla; çünkü biz de bize borçlu olan herkesi bağışlarız. Ve bizi günaha sokma; **ama bizi kötülükten kurtar**.*

NIV Luka 11:2-4: Onlara, "Dua ederken şöyle deyin" dedi: "Baba, adın kutsal kılınsın, Egemenliğin gelsin. Bize her gün günlük ekmeğimizi ver. Bize karşı günah işleyen herkesi bağışladığımız gibi, sen de bizim günahlarımızı bağışla. Ve bizi günaha sokma."

(NIV spesifik değildir.KJV'den vurgulanan her şey NIV ve İncil'in diğer modern versiyonlarından çıkarılmıştır)

Luka 17:36

KJV Luka 17:36 Tarlada iki adam olacak; biri alınacak, öbürü bırakılacak.

(NIV, Modern versiyon ve Yehova'nı nŞahitleri İncil'i ayetin tamamını çıkarmıştır)

Luka 23:17

Luka 23:17: (Çünkü bayramda onlardan birini salıvermesi gerekiyordu.)

(NIV, Yehova'nı nŞahitleri İncili ve birçok modern İncil versiyonu bu ayeti tamamen çıkarmıştır).

Luka 23:38

KJV Luka 23:38: Üzerine ***Grekçe, Latince ve İbranice harflerle,*** *"YAHUDİLERİN KRALI BU" diye bir yazı da yazılmıştı.*

NIV Luka 23:38: Üzerinde yazılı bir bildiri vardı: BU YAHUDİLERİN KRALIDIR.

(NIV ve diğer modern çeviriler bu ifadeyi çıkarmıştır: "**Yunanca, Latince ve İbranice harflerle**," O dönemde konuşulan dillerin kanıtını ortadan kaldırır).

Luka 23:42

*KJV Luka 23:42: İsa'ya, "Y**a Rab,** krallığına girdiğin zaman beni anımsa" dedi.*

(Hırsız İsa'nın Rab olduğunu anladı)

NIV Luka 23:42: Sonra, "İsa, krallığına girdiğinde beni anımsa" dedi.

(İsa'nı nRabliğini tanımak istememek)

Luka 24:42

*KJV Luka 24:42: Ona bir parça kızarmış balık ve **bal peteği** verdiler.*

NIV Luka 24:42: Ona bir parça kızarmış balık verdiler.

(Günümüz İncilleri bu bilginin yarısını vermektedir. "Bal peteği" NIV ve diğer Kutsal Kitap versiyonlarında yoktur)

Yuhanna 5:3

*KJV Yuhanna 5:3: Bunların içinde **suyun hareket etmesini bekleyen** büyük bir iktidarsızlar, körler, durmuşlar, solmuşlar topluluğu vardı.*

NIV Yuhanna 5:3: Burada körler, topallar, felçliler gibi çok sayıda özürlü yatardı.

("Suyun hareket etmesini beklerken" o yerde bir mucize gerçekleştiği bilgisini kaldırdılar.)

Yuhanna 5:4

KJV: Yuhanna 5:4: Bir melek belirli bir zamanda havuza indi ve suyu bulandırdı: Suyun bulandırılmasından sonra havuza ilk kim girdiyse, hastalığı ne olursa olsun iyileşti.

(NIV ve modern çeviriler ile Yehova Şahitleri İncil'i bu ayeti tamamen çıkarmıştır).

Yuhanna 6:47

*KJV: Yuhanna 6:47: Doğrusu, doğrusu size derim ki, **bana iman edenin** sonsuz yaşamı vardır.*

NIV: Yuhanna 6:47: Size doğrusunu söyleyeyim, iman edenin sonsuz yaşamı vardır.

(**Believeth on me**, **Believes** olarak değiştirilmiştir. Kime inanır? Believeth kelimesinin sonunda "eth" vardır, bu da kelimenin sürekli olduğu anlamına gelir. Sonunda "eth" olan herhangi bir kelime, sadece bir kez değil, sürekli olduğu anlamına gelir).

Yuhanna 8:9a

*KJV Yuhanna 8:9a: Bunu duyanlar **kendi vicdanlarında mahkûm** olarak dışarı çıktılar.*

NIV Yuhanna 8:9a: Duyanlar uzaklaşmaya başladı.

(NIV "**kendi vicdanları tarafından mahkum edilmek**" ifadesini çıkarmıştır, çünkü vicdan sahibi olmaya inanmamaktadırlar).

Yuhanna 9:4a

KJV Yuhanna 9:4a: Beni gönderenin işlerini yapmalıyım.

NIV Yuhanna 9:4a: Beni gönderenin işini yapmalıyız.

(İsa B"**en**" dedi, NIV ve diğer birkaç versiyon B"**en** "i B"**iz**" olarak değiştirdi)

Yuhanna 10:30

KJV: Yuhanna 10:30: Ben ve Babam biriz.

NIV: Yuhanna 10:30: "Ben ve Baba biriz."

(Ben ve babam **biriz**, iki değiliz. "Babam" İsa'yı Tanrı'nın Oğlu yapar. Bu da Tanrı'nın beden alması anlamına gelir. NIV "benim" sözcüğünü çıkarmış ve kutsal kitabın anlamını tamamen değiştirmiştir).

Yuhanna 16:16

KJV: Yuhanna 16:16: Kısa bir süre sonra beni göremeyeceksiniz: ve yine kısa bir süre sonra beni göreceksiniz, ***çünkü Baba'ya gidiyorum****.*

NIV: Yuhanna 16:16: "Kısa bir süre sonra beni artık görmeyeceksiniz, kısa bir süre sonra da beni göreceksiniz."

(NIV, "çünkü ben Baba'ya gidiyorum ifadesini "çıkarmıştır. Birçok din İsa'nın Himalaya'ya ya da başka bir yere gittiğine ve ölmediğine inanır).

Elçilerin İşleri 2:30

KJV: Elçilerin İşleri 2:30: Bu nedenle, bir peygamber olarak ve Tanrı'nın ona yemin ettiğini bilerek, bellerinin meyvesinden, bedene ***göre, tahtına oturmak için Mesih'****i* ***diriltecekti.***

NIV: Elçilerin İşleri 2:30: Ama o bir peygamberdi ve Tanrı'nın kendi soyundan birini kendi tahtına oturtacağına ant içerek söz verdiğini biliyordu.

(**NIV**" de'**tahtına oturması için Mesih'i diriltecekti**" ifadesi **kaldırılmış**, İsa'nın beden alarak geleceğine ilişkin peygamberlik ortadan kaldırılmıştır).

Elçilerin İşleri 3:11

KJV: Elçilerin İşleri3:11: ***İyileşen topal adam*** *Petrus'*la *Yuhanna'yı kucaklarken, bütün halk Süleyman'ın Yeri denen sundurmada onlara doğru koştu ve büyük bir şaşkınlık yaşadı.*

NIV: Elçilerin İşleri3:11: Dilenci Petrus'la Yuhanna'ya tutunurken, Süleyman'ın Sütunu denilen yerde bütün halk şaşkınlık içinde koşarak yanlarına geldi.

("**İyileştirilen topal adam**" bu ayetin anahtar kısmıdır, NIV bunu çıkarmıştır)

Elçilerin İşleri 4:24

KJV: Elçilerin İşleri 4:24: Ve bunu duyduklarında, seslerini tek bir ağızdan ***Tanrı'ya*** *yükselttiler ve dediler ki, Rab,* ***sen*** *göğü, yeri, denizi ve içlerindeki her şeyi yaratan* ***Tanrı'sın:***

NIV: Elçilerin İşleri 4:24: Bunu duyunca hep birlikte seslerini yükselterek Tanrı'ya dua ettiler. "Egemen Rab" dediler, "göğü, yeri, denizi ve bunların içindeki her şeyi sen yarattın.

(NIV ve modern çeviriler "sen Tanrı'sın" ifadesini çıkarmıştır. Mucize yaratan tek gerçek Tanrı'yı itiraf etmemek).

Elçilerin İşleri 8:37

KJV: Elçilerin İşleri 8:37: Filipus, "Bütün yüreğinle inanıyorsan, inanabilirsin" dedi. O da, "İsa Mesih'in Tanrı'nın Oğlu olduğuna inanıyorum" diye karşılık verdi.

(NIV ve modern versiyon İnciller bu ayeti tamamen çıkarmıştır)

KJV'deki "Efendi" kelimesi İncil'in modern versiyonlarında kaldırılmış ve İsa'yı farklı dinlerin diğer tüm öğretmenleriyle aynı sınıfa koyan ö"ğretmen" olarak değiştirilmiştir. Bu değişikliğin nedeni, İsa'yı kurtuluşun tek yolu olarak gösteremeyeceğinizi, çünkü bunun İsa'nın tek ve gerçek Kurtarıcımız olduğuna inanmayan diğer tüm inançları aşağıladığını belirten Ekümenik harekettir. Örneğin Hindular ve diğer tüm doğu dinleri gibi.

Elçilerin İşleri 9:5

KJV Elçilerin İşleri 9:5: Ve dedi: Sen kimsin, Rab? Ve Rab dedi: Ben senin zulmettiğin İsa'yım; ***iğnelere karşı tekme atmak senin için zordur****.*

NIV: Elçilerin İşleri 9:5: "Sen kimsin, Rab?" Saul sordu. "Ben senin zulmettiğin İsa'yım" diye*yanıtladı.*

(NIV ve modern çeviriler "**dikenlere karşı tekme atmak senin için zordur**" ifadesini çıkarmıştır. Yani tüm bu ayetleri çıkararak üstün gelemeyeceklerdir).

Elçilerin İşleri 15:34

KJV: Elçilerin İşleri 15:34: Yine de Silas'ın orada kalması hoşuna gitti.

(NIV İncil'i ve diğer modern İncil çevirileri bu ayeti çıkarmıştır).

Elçilerin İşleri 18:7

KJV Elçilerin İşleri 18:7: Oradan ayrıldı ve ***evi havraya*** *çok yakın olan, Tanrı'ya tapınan Justus adında bir adamın evine girdi.*

NIV: Elçilerin İşleri 18:7: Sonra Pavlus sinagogdan ayrılıp Tanrı'ya tapınan Titius Justus'un evine gitti.

("**evi sinagoga sıkı sıkıya bağlı olan**" ifadesi çıkarılmıştır)

Elçilerin İşleri 23:9b

KJV... ***Tanrı'ya karşı savaşmayalım***

(NIV, modern İncil ve Yehova'nı nŞahitleri İncili Ta"**nrı'ya karşı savaşmayalım"** ifadesini kaldırmıştır. Bunun nedeni açıktır, Tanrı'ya karşı savaşmaya cesaret eden insanlar vardır).

Elçilerin İşleri 24:7

KJV: Elçilerin İşleri 24:7: Ama başkomiser Lysias üzerimize geldi ve büyük bir şiddetle onu elimizden aldı,

(NIV ve modern versiyon İnciller bu ayeti tamamen çıkarmıştır).

Elçilerin İşleri 28:29

KJV: ACTS: 28: 29: Ve bu sözleri söylediğinde, Yahudiler ayrıldı ve kendi aralarında büyük bir muhakeme yaptılar.

(NIV ve Kutsal Kitap'ın diğer versiyonları bu ayeti tamamen çıkarmıştır. Gördüğünüz gibi burada bir çelişki var. Akıl yürütme İsa'nın kim olduğuyla ilgiliydi. Bu yüzden bu ayeti kaldırmak bir zorunluluktur).

Romalılar 1:16

KJV: Romalılar1:16: Çünkü ***Mesih****'in müjdesinden utanmıyorum: çünkü bu, iman eden herkes için Tanrı'nın kurtuluş gücüdür; önce Yahudi'ye ve ayrıca Yunanlıya.*

NIV: Romalılar 1:16: Müjde'den utanmıyorum, çünkü Müjde iman eden herkesin kurtuluşu için Tanrı'nın gücüdür: Önce Yahudi'nin, sonra öteki ulusların kurtuluşu için.

(NIV, "Mesih" Müjdesi'ni kaldırmış ve sadece "Müjde "yi muhafaza etmiştir. Saldırıların çoğu Mesih olarak İsa'ya yöneliktir. Müjde, İsa Mesih'in ölümü, gömülmesi ve dirilişidir. Bu ayete gerek yoktur).

Romalılar 8:1

KJV: Romalılar 8:1: Bu nedenle Mesih İsa'da olan, ***bedenin değil, Ruh'un ardından yürüyenler*** *için artık hiçbir mahkûmiyet yoktur.*

NIV: Romalılar 8:1: Bu nedenle, Mesih İsa'da olanlar için artık hiçbir mahkûmiyet yoktur.

("**Benliğin ardından değil, Ruh'un ardından yürüyenler**." ifadesi NIV'den çıkarılmıştır, böylece istediğiniz gibi yaşayabilirsiniz).

Romalılar 11:6

KJV: Roman 11: 6 Ve eğer lütufla, o zaman artık işlerden değil: aksi takdirde lütuf artık lütuf değildir. ***Ama işlerden kaynaklanıyorsa, o zaman artık lütuf değildir: aksi takdirde iş artık iş değildir.***

NIV: Romalılar 11:6 Eğer lütuf sayesindeyse, o zaman artık işler sayesinde değildir; eğer öyle olsaydı, lütuf artık lütuf olmazdı.

("Ama eğer işlerden kaynaklanıyorsa, o zaman artık lütuf değildir; aksi takdirde iş artık iş değildir." Kutsal yazının bir kısmı NIV ve diğer versiyonlardan çıkarılmıştır).

Romalılar13:9b

KJV: Romalılar13:9b: ***Yalan yere tanıklık etmeyeceksin.***

(NIV bu sözcükleri Kutsal Yazılar'dan çıkarmıştır. Kutsal Kitap der ki, ekleme yapmayın, çıkarma yapmayın)

Romalılar 16:24

KJV: Romalılar 16:24: Rabbimiz İsa Mesih'in lütfu hepinizle olsun. Amin.

NIV: Romalılar 16:24: (NIV ve diğer modern İnciller bu ayeti tamamen çıkarmıştır).

1 Korintliler 6:20

*KJV:1Korintliler 6:20: Çünkü bir bedelle satın alındınız; bu nedenle Tanrı'****nın olan*** *bedeninizde* ***ve ruhunuzda*** *Tanrı'yı yüceltin.*

NIV:1Korintliler 6:20: Bir bedel karşılığında satın alındınız. Bu nedenle bedenlerinizle Tanrı'yı onurlandırın.

(Modern İncil ve NIV, v"e Tanrı'ya ait olan ruhunuzda" ifadesini çıkarmıştır.)

1 Korintliler 7:5

KJV:1 Korintliler 7:5: Kendinizi ***oruca ve duaya*** *vermeniz için bir süre için rıza göstermeniz dışında birbirinizi aldatmayın; tekrar bir araya gelin ki, şeytan sizi tutamamanız için ayartmasın.*

NIV:1. Korintliler 7:5: Karşılıklı rıza dışında ve kendinizi ***duaya*** *adayabileceğiniz bir süre için birbirinizden yoksun kalmayın. Sonra tekrar bir araya gelin ki, kendinize hakim olamamanız yüzünden Şeytan sizi ayartmasın.*

(NIV ve Kutsal Kitap'ın modern versiyonları, Şeytan'ın güçlü tutamaklarını yıkmak için olduğu için "oruç" ifadesini kaldırmıştır. Oruç aynı zamanda bedeni de öldürür).

2 Korintliler 6:5

KJV:2 Korintliler 6:5: Çizgilerde, hapislerde, kargaşalıklarda, işlerde, nöbetlerde, ***oruçlarda****;*

NIV:2 Korintliler 6:5: dayaklarda, hapislerde ve ayaklanmalarda; ağır işlerde, uykusuz gecelerde ve ***açlıkta****;*

(**Oruç açlık değildir**, Hakikat Sözü'nü değiştirmektir. Şeytan, Tanrı'yla daha yakın, güçlü ve derin bir ilişkiye sahip olmanızı istemez. Hatırlayın, Kraliçe Ester ve Yahudiler oruç tuttular ve Tanrı Şeytan'ı n planını düşmana geri çevirdi)

2 Korintliler 11:27

KJV: 2Korintliler 11:27: Yorgunluk ve acı içinde, sık sık nöbet tutarak, açlık ve susuzluk içinde, ***sık sık oruç tutarak****, soğukta ve çıplakken.*

NIV:2Korintliler 11:27: Çalıştım, didindim, çoğu kez uykusuz kaldım; açlık ve susuzluk çektim, çoğu kez yiyeceksiz kaldım; üşüdüm ve çıplak kaldım.

(Yine, oruç Kutsal Kitap'ın NIV ve modern versiyonlarından çıkarılmıştır).

Efesliler 3:9

*KJV Efesliler 3:9: Ve dünyanın başlangıcından beri **her şeyi İsa Mesih** aracılığıyla yaratan Tanrı'da saklı olan gizemin paydaşlığının ne olduğunu bütün insanların görmesini sağlamak için:*

NIV Efesliler 3:9: Ve geçmiş çağlar boyunca her şeyi yaratan Tanrı'da saklı tutulan bu gizemin yönetimini herkese açıklamak için.

(NIV ve Kutsal Kitap'ın diğer versiyonları "**her şey İsa Mesih aracılığıyla" ifadesini** çıkarmıştır**.** İsa Tanrı'dır ve her şeyin Yaratıcısı'dır)

Efesliler 3:14

*KJV: Efesliler 3:14: Bu nedenle **Rabbimiz İsa Mesih**'in Babası'nın önünde diz çöküyorum,*

NIV:Efesliler 3:14: Bu nedenle Baba'nın önünde diz çöküyorum,

("**Rabbimiz İsa Mesih'in"** ifadesi NIV ve diğer versiyonlardan çıkarılmıştır. Bu, İsa'nın Tanrı'nın Oğlu olduğunun kanıtıdır. "Tanrı'nın Oğlu", sizin ve benim için kan dökmeye gelen beden almış Kudretli bir Tanrı'dır. Unutmayın, Şeytan tek bir Tanrı olduğuna inanır ve titrer. Yakup 2:19)

Efesliler 5:30

KJV:Efesliler 5:30:Çünkü biz onun bedeninin, etinin ve ***kemiklerinin*** *üyeleriyiz.*

NIV:Efesliler 5:30: Çünkü bizler O'nun bedeninin üyeleriyiz.

("**Etten ve kemikten**." Kutsal Yazılar'ın bir kısmı NIV'den ve Kutsal Kitap'ın diğer birçok versiyonundan çıkarılmıştır).

Koloseliler 1:14

KJV:Koloseliler 1:14: ***O'nun kanı aracılığıyla*** *kurtuluşa, hatta günahlarımızın bağışlanmasına sahibiz:*

NIV:Koloseliler 1:14: O'nda kurtuluşa, günahların bağışlanmasına sahibiz.

("**kanı aracılığıyla**", İsa bu dünyanın günahlarını ortadan kaldırmak için gelen Tanrı Kuzusu olarak adlandırılır. Kurtuluş **yalnızca** kan aracılığıyla gerçekleşir. Kan dökülmeden günahların bağışlanması mümkün değildir İbraniler 9:22. Bu nedenle İsa'nın adıyla, O'nun kanını günahlarımızın üzerine sürmek için vaftiz ederiz).

1 Timoteos 3:16b

KJV:1 Timoteos 3:16b: ***Tanrı*** *beden alıp göründü.*

NIV:1 ***Timoteos****3:16b: Bir beden içinde göründü.*

(Hepimiz bir bedende görünmüyor muyuz? NIV ve çoğu modern versiyon "onun" bir bedende göründüğünü söyler. Ben de bir bedende görünüyorum. "O" kim? Yukarıdaki ayette yine ifadeyi değiştirerek "O "nun başka bir tanrı olduğunu iddia ediyorlar. Ancak KJV'de açıkça görebiliriz "Ve tartışmasız tanrısallığın gizemi büyüktür: "**Tanrı** bedende göründü." Sadece tek bir Tanrı vardır. Bu yüzden İsa beni gördüyseniz Baba'yı görmüşsünüzdür demiştir. Baba bir ruhtur, ruhu göremezsiniz. Ama ruh bedene büründüğünde onu görebilirsiniz).

Elçilerin İşleri 20:28b şöyle der: ***Kendi kanıyla*** *satın aldığı* ***Tanrı'nın kilisesini*** *beslemek için.*

Tanrı bir ruhtur ve kan dökmek için etten ve kandan bir bedene ihtiyacı vardır. Bedene bürünen **tek Tanrı.**

Basit bir örnek: Buz, su ve buhar, aynı şey ama farklı bir tezahür.

KJV 1.Yuhanna 5:7: "Çünkü gökte kayıt tutan üç kişi vardır: Baba, Söz ve Kutsal Ruh; bu ***üçü birdir****."*

Tanrı, İsa (beden alan Söz) ve Kutsal Ruh üç değil birdir. (1. Yuhanna 5:7 NIV ve diğer güncel çevirilerden tamamen çıkarılmıştır).

2 Timoteos 3:16

KJV: 2 Timoteos 3:16: Kutsal Yazılar'ın tümü Tanrı esiniyle yazılmıştır ve öğretiş, azarlama, düzeltme ve doğruluk eğitimi için yararlıdır:

ASV: 2 Timoteos 3:16: Tanrı esiniyle yazılmış ***her*** *kutsal yazı öğretmek için de yararlıdır.*

(Burada hangisinin dindar olup olmadığına karar vereceklerdir. Sapkınlık ölümle cezalandırılacak).

1 Selanikliler 1:1

KJV: 1. Selanikliler 1:1: Pavlus, Silvanus ve Timotheus, Baba Tanrı'da ve Rab İsa Mesih'te olan Selanikliler kilisesine: ***Babamız Tanrı'dan ve Rab İsa Mesih'ten*** *size lütuf ve esenlik olsun.*

NIV:1 Selanikliler 1:1: Pavlus, Silas ve Timoteos, Baba Tanrı ve Rab İsa Mesih aracılığıyla Selanikliler Kilisesi'ne: Size lütuf ve esenlik olsun.

("Babamız Tanrı'dan ve Rab İsa Mesih'ten." ifadesi modern çevirilerden ve NIV'den çıkarılmıştır).

İbraniler 7:21

*KJV: İbraniler 7:21: (**Çünkü o kâhinler yeminsiz yapılmışlardı;** ama bu, ona, Rab yemin etti ve pişman olmayacak, **Melkisedek düzeninden sonra** sonsuza dek bir kâhinsin diyen bir yeminle):*

*NIV: İbraniler 7:21: Ama Tanrı ona, 'Rab ant içti ve sözünden dönmeyecektir' dediğinde **ant içerek** kâhin oldu: ' Sen sonsuza dek rahipsin."*

(NIV, "Çünkü o kâhinler yeminsiz yapıldılar" ve "Melkisedek düzeninden sonra" ifadelerini çıkarmıştır).

Yakup 5:16

*KJV: Yakup 5:16: **Hatalarınızı** birbirinize itiraf edin ve birbiriniz için dua edin ki, iyileşebilesiniz. Dürüst bir adamın etkili ve içten duası çok yarar sağlar.*

*NIV: Yakup 5:16: Bu nedenle **günahlarınızı** birbirinize itiraf edin ve birbiriniz için dua edin ki, iyileşebilesiniz. Doğru bir insanın duası güçlü ve etkilidir.*

(**Hatalar ve Günahlar**: Günahları Tanrı'ya itiraf edersiniz, çünkü yalnızca O affedebilir. "Hatalar" kelimesini "günahlar" olarak değiştirmek Katoliklerin "günahları" bir rahibe itiraf etme görüşünü desteklemeye yardımcı olur).

1 Petrus 1:22

*KJV: 1 Petrus 1:22: **Ruh aracılığıyla** gerçeğe itaat **ederek** canlarınızı kardeşlerin içten sevgisiyle arındırdığınıza göre, birbirinizi **saf bir yürekle hararetle** sevdiğinizi görün:*

NIV: 1.Petrus 1:22: Kardeşlerinize içten sevgi duymak için gerçeğe uyarak kendinizi arındırdığınıza göre, birbirinizi içtenlikle, yürekten sevin.

("**Ruh aracılığıyla**" ve "**saf yürekle hararetle**" ifadeleri NIV ve diğer modern versiyonlardan çıkarılmıştır).

1 Petrus 4:14

*KJV:1 Petrus 4:14: Eğer Mesih'in adı yüzünden kınanırsanız, ne mutlu size; çünkü yüceliğin ve Tanrı'nın ruhu üzerinizdedir**: Onların yanında O'ndan kötü söz edilir, ama sizin yanınızda O** yüceltilir.*

NIV:1 Petrus 4:14: Mesih'in adı yüzünden hakarete uğrarsanız, yüceliğin ve Tanrı'nın ruhu üzerinizde olduğu için kutsanmış sayılırsınız.

("**Onların yanında kötü anılır, ama sizin yanınızda yüceltilir**." ifadesi NIV ve diğer modern versiyonlardan çıkarılmıştır).

1 Yuhanna 4:3a

*KJV:1.Yuhanna 4:3a: İsa **Mesih'in beden alıp geldiğini** itiraf etmeyen her ruh Tanrı'dan değildir.*

NIV:1.Yuhanna 4:3a: Ama İsa'yı tanımayan her ruh Tanrı'dan değildir.

("**Mesih beden almıştır**" NIV ve diğer versiyonlar bu kelimeleri çıkararak Deccal olduklarını kanıtlamaktadırlar).

1 Yuhanna 5:7-8

KJV: 1 Yuhanna 5:7: ***Çünkü gökte kayıt tutan üç kişi vardır: Baba, Söz ve Kutsal Ruh; bu üçü birdir.***

(NIV'den çıkarılmıştır)

KJV: 1. Yuhanna 5:8: Yeryüzünde tanıklık eden üç kişi vardır: Ruh, su ve kan.

NIV: 1.Yuhanna 5:7, 8: ***Çünkü tanıklık eden üç kişi vardır****: 8 Ruh, su ve kan; üçü de birbiriyle uyumludur.*

(Bu, Tanrı'nın varlığına tanıklık eden EN BÜYÜK ayetlerden biridir. Tek Tanrı, üç tanrı değil. **Üçlü** Birlik İncil'de yoktur. **Üçlü Birlik** kelimesi Kutsal Kitap'ta yer almaz. Bu yüzden NIV, Kutsal Kitap'ın modern versiyonları ve Yehova'nı nŞahitleri bu ayetten bu kelimeyi çıkarmışlardır. Onlar Tanrı'nın varlığına inanmazlar ve İsa'da Tanrı'nın tüm doluluğunun bedensel olarak yaşadığına inanmazlar. Kutsal Kitap'ta **Üçlü Birlik**'in kabul edilmesi için hiçbir kök ya da kanıt yoktur. NIV bunu neden dışarıda bırakıyor...? Bu ayetin Kutsal Kitap'ta yer almasını destekleyen el yazması kanıtlar üzerine koca kitaplar yazılmıştır. Tanrı'nın varlığına inanıyor musunuz? Eğer öyleyse, bu çıkarma sizi rahatsız etmelidir. Üçlü Birlik İsa tarafından asla öğretilmemiştir ve O'nun tarafından asla bahsedilmemiştir. Şeytan insanları bölebilmek ve yönetebilmek için tek bir Tanrı'yı bölmüştür).

1 Yuhanna 5:13

KJV:1Yuhanna 5:13: Tanrı'nın Oğlu'nun adına iman eden sizlere bunları yazdım; sonsuz yaşama sahip olduğunuzu bilesiniz ***ve Tanrı'nın Oğlu'nun adına iman edesiniz diye****.*

NIV:1Yuhanna 5:13: Bunları Tanrı'nın Oğlu'nun adına iman eden sizlere yazıyorum ki, sonsuz yaşama sahip olduğunuzu bilesiniz.

("**Ve Tanrı'nın Oğlu'nun adına iman edesiniz diye**." NIV ve diğer modern çevirilerden çıkarılmıştır)

Vahiy 1:8

*KJV: Vahiy 1:8: Ben Alfa ve Omega'yım, **başlangıç ve sonum**, var olan, var olmuş ve var olacak olan, Her Şeye Gücü Yeten Rab diyor*

NIV: Vahiy1:8: "Ben Alfa ve Omega'yım" diyor Rab Tanrı, "Her Şeye Gücü Yeten, var olan ve var olacak olan."

(NIV **başlangıç ve sonu** çıkarmıştır)

Vahiy 1:11

*KJV:Vahiy 1:11: **"Ben Alfa ve Omega'yım, ilk ve sonum" diyerek, "Gördüklerini bir kitaba yaz ve Asya'daki yedi kiliseye**, Efes'e, İzmir'e ve Bergama'ya, Tiyatira'ya, Sardis'e, Filadelfiya'ya ve Laodikya'ya*

NIV: Vahiy 1:11: şöyle diyordu: "Gördüklerinizi bir tomara yazın ve yedi kiliseye gönderin: Efes, İzmir, Bergama, Thyatira, Sardis, Philadelphia ve Laodikya'ya."

(Alfa ve Omega, başlangıç ve son, ilk ve son; bu unvanlar Eski Ahit'te Yehova Tanrı'ya verilir ve Vahiy'de de İsa'ya verilir. Ancak NIV ve diğer modern versiyonlar, İsa'nın Yehova Tanrı olmadığını kanıtlamak için bunu Vahiy'den çıkarmıştır).

Vahiy 5:14

*KJV:Vahiy 5:14: **Dört canavar**, "Amin" dedi. **Dört ve yirmi** ihtiyar yere kapanıp **sonsuza dek yaşayacak olana** tapındılar.*

NIV: Vahiy 5:14: Dört canlı yaratık, "Amin" dedi ve ihtiyarlar yere kapanıp tapındılar.

(NIV ve diğer versiyonlar bilginin sadece yarısını vermektedir. "**dört canavar**", "dört yaratık", "**dört ve yirmi**" olarak değiştirilmiş, "**sonsuza dek yaşayan**" ifadesi çıkarılmıştır).

Vahiy 20:9b

*KJV: Vahiy 20:9b: **Tanrı'dan** gökten ateş indi.*

NIV: Vahiy 20:9b: Gökten ateş indi

(NIV ve diğer versiyonlarda "**Tanrı'dan**" ifadesi kaldırılmıştır).

Vahiy 21:24a

*KJV: Vahiy 21:24a: **Kurtulmuş olan** uluslar onun ışığında yürüyecekler.*

NIV: Vahiy 21:24a: Uluslar onun ışığında yürüyecek.

("**Kurtulmuş olanlardan**" ifadesi NIV ve Kutsal Kitap'ın modern versiyonlarından çıkarılmıştır. Herkes değil, kurtulmuş olanlar cennete gidecektir).

2 Samuel 21:19

*KJV: 2 Samuel 21:19: Ve Gob'da yine bir savaş oldu.Filistliler, Beytlehemli Jaareoregim oğlu Elhanan'ın, mızrağı dokumacı kirişi gibi olan Gititli **Golyat**'ın **kardeşini** öldürdüğü yer.*

*NIV:2 Samuel 21:19: Filistliler'le Gob'da yapılan bir başka savaşta Beytlehemli Jaare-Oregim oğlu Elhanan, sapı dokumacı değneğine benzeyen mızrağı olan Gititli **Golyat**'ı **öldürdü**.*

(Burada Golyat değil, Golyat'ı nkardeşi öldürülmüştür. "Davut Golyat'ı öldürdü. "NIV bu bilgiyi yanlış aktarmaktadır).

Hoşea 11:12

KJV: Hoşea 11:12: Efrayim beni yalanlarla, İsrail evi de hileyle kuşattı. ***Ama Yahuda Tanrı'yla birlikte hüküm sürer ve kutsallara sadık kalır.***

NIV: Hoşea 11:12: Efrayim yalanla, İsrail evi hileyle kuşattı beni. Yahuda Tanrı'ya, sadık Kutsal Olan'a ***karşı*** *bile* ***asi****.*

(NIV bu ayeti sözcüğün anlamını çarpıtarak yanlış aktarır.) "Yehova" sözcüğü KJV Kutsal Kitabı'nda dört kez geçer. NIV bunların hepsini çıkarmıştır. NIV İncil'inde yapılan ince DEĞİŞİKLİKLER ile Şeytan'ın misyonu netleşmektedir. Yukarıdaki ayetlerden saldırının İsa'ya olduğunu görebilirsiniz. Tanrı, Mesih, Tanrı Oğlu ve Yaratıcı unvanları İsa'yı Tanrı yapar. Bu unvanları kaldırarak, kafa karışıklığı ilginizi kaybetmenize ve Tanrı Sözü'ne güvenmemenize neden olur. (I.Korintliler 14:33 Çünkü Tanrı karışıklığın değil, esenliğin yazarıdır).

Yehova'nı nŞahitleri Kutsal Kitabı (Yeni Dünya Çevirisi) NIV ile aynı silme işlemlerine sahiptir. NIV ile Yeni Dünya Çevirisi'ndeki silintiler arasındaki tek fark, Yehova'nı nŞahitleri İncil'inde dipnot bulunmamasıdır! Bu yöntemler sizi Tanrı'nı nSözü'nde yavaş yavaş ve sürekli olarak yapılan ince değişikliklere karşı duyarsızlaştırmaktadır.

Günümüzü nmeşgul ve tembel nesli, tembel bir ruhun yollarını benimseyen birçok Hıristiyan olduğunu iddia eden kişiyi etkilemiştir. Çalışmak ve bize verilen bilgilerin doğruluğundan emin olmak için zaman ayırmak zor bir iştir. Önemsiz olaylar ve şeylerle dolu günlük yaşamla çok meşgul hale geldik. Sonsuz yaşam için gerçekten önemli olan şeylere ilişkin önceliklerimiz sulandırılmış ve karıştırılmıştır. Bize verilen bilgilerin çoğunu sorgulamadan kabul ediyoruz; ister hükümetten, ister tıbbi, bilimsel, isterse de yiyeceklerimizin içeriği olsun ve liste uzayıp gidiyor.

Modern Kutsal Kitap versiyonlarımızın çoğu, el yazmalarının gerçekte ne söylediği yerine size kendi yorumlarını ve doktrinlerini anlatan erkekler tarafından yazılmıştır. Örneğin, "cinsiyet kapsayıcılığı" orijinal el yazmalarında yoktu. Bu, İSYAN'dan doğan modern feminist bir kavramdır. Kral James Versiyonu bir İncil edinmenizi tavsiye ederim. Eğer modern bir İncil okuyorsanız, kutsal yazıları karşılaştırmak için zaman ayırın; doğru kararı vermeyi arzulayın. Kararlarımızdan sorumlu tutulacağız. Cennete ya da cehenneme gitmek arasındaki fark, O'nun Sözü'nü seçtiğinizden emin olmanız için yeterli bir nedendir! Yeni Uluslararası Versiyon'un aşağıdaki gibi birçok sözcüğü sildiğini unutmayın: Tanrılık, yenilenme, kefaret, değişmez, Yehova, Calvary, merhamet koltuğu, Kutsal Ruh, Yorgan, Mesih, çabuklaştırılmış, her şeye gücü yeten, yanılmaz, vb. Modern İncillerin çoğu, Yeni Dünya Çevirisi İncili (Yehova'nı nŞahitlerinin İncili) ile birlikte NIV ile yakından uyumludur.

Bu Deccal'in işidir....(Aşağıdaki Kutsal Yazılardan alınmıştır. KJV)

*Küçük çocuklar, bu son zamandır: **Deccal**'in geleceğini duyduğunuz gibi, şimdi bile birçok **Deccal** var; bu nedenle bunun son zaman olduğunu biliyoruz. (1. Yuhanna 2:18)*

*İsa'nın Mesih olduğunu inkâr edenden başka kim yalancıdır? O, Baba'yı ve Oğul'u inkâr **eden Deccal**'dir. (1. Yuhanna 2:22)*

*İsa Mesih'in beden alıp geldiğini itiraf etmeyen her ruh Tanrı'dan değildir; ve bu, geleceğini duyduğunuz **Deccal'**in ruhudur; ve şimdi bile dünyadadır. (1. Yuhanna 4:3)*

*Çünkü İsa Mesih'in beden alıp geldiğini itiraf etmeyen birçok aldatıcı dünyaya girmiştir. Bu bir aldatıcı ve **deccaldir**.*
(2. Yuhanna 1:7)

Bu bize "TOHUMUN KISSASI" nı hatırlatmaktadır.
Kutsal Kitap'ta "TANRI SÖZÜ"

Onlara başka bir benzetme anlatarak şöyle dediler: "Göklerin Egemenliği, tarlasına iyi tohum eken bir adama benzer: Ama insanlar uyurken düşmanı gelip buğdayların arasına dara ekti ve yoluna gitti. Buğday başak verip meyve verince, darılar da ortaya çıktı. Bunun üzerine ev sahibinin hizmetkârları gelip ona, "Efendim, sen tarlana iyi tohum ekmedin mi?" diye sordular. O da onlara, "Bunu bir düşman yaptı" dedi. Hizmetkârlar, "Gidip onları toplayalım mı?" dediler. Ama o, "Hayır" dedi, "Darıları toplarken buğdayları da onlarla birlikte kökünden söküp atarsınız. Bırakın, hasat zamanına dek ikisi birlikte büyüsün. Hasat zamanı orakçılara, "Önce daraları toplayın, yakmak için demet yapın, ama buğdayı ambarıma toplayın" diyeceğim. Amin! (Matta 13:24-30)

AMİN!

www.ingramcontent.com/pod-product-compliance
Lightning Source LLC
Chambersburg PA
CBHW071414090426
42737CB00011B/1462
9781961625693